班主任专业化
BANZHURENZHUANYEHUA
PEIXUNCONGSHU
培训丛书

班主任
专业化发展的
自我修养

BANZHUREN
ZHUANYEHUA FAZHAN DE ZIWO XIUYANG

杨连山 杨照 著

天津出版传媒集团
天津教育出版社
TIANJIN EDUCATION PRESS

图书在版编目(CIP)数据

班主任专业化发展的自我修养/杨连山,杨照著
.—天津:天津教育出版社,2016.11(2019.11 重印)
ISBN 978-7-5309-7976-1

Ⅰ.①班… Ⅱ.①杨… ②杨… Ⅲ.①班主任工作
Ⅳ.①G451.6

中国版本图书馆 CIP 数据核字(2016)第 280553 号

班主任专业化发展的自我修养

出 版 人	黄　沛
作　　者	杨连山　杨　照
选题策划	齐　力
责任编辑	齐　力
装帧设计	郭亚非
出版发行	天津出版传媒集团 天津教育出版社 天津市和平区西康路 35 号　邮政编码:300051 http://www.tjeph.com.cn
经　　销	新华书店
印　　刷	嘉业印刷(天津)有限公司
版　　次	2017 年 2 月第 1 版
印　　次	2019 年 11 月第 2 次印刷
规　　格	16 开(787 毫米×1092 毫米)
字　　数	260 千字
印　　张	15
定　　价	35.00 元

前　言

随着班主任专业化研究的不断深化，探讨的焦点已经从班主任专业化发展的外部控制、影响，转向班主任在自我发展中的主体意识和主观能动性，即自主专业化发展。班主任自主专业化发展是自觉主动的自我规划与选择，而不是盲动摸索中的放任自流。其在班主任专业化发展中的作用得到了越来越多的关注，成为研究班主任专业化发展的新视角。

我和一些优秀的班主任，常常在一起谈起自身的专业化发展问题，他们都具有较高的专业水平、执着追求和创新精神，也成为班主任们的榜样。可当我走进他们的学校时，却发现同在一所学校，浸润着同一种办学理念，接受着同一种文化熏陶的很多班主任却依然坚守着一些陈旧的教育理念与方法，而对自己的专业化发展茫然不知所措。为什么会是这样？那就是太多的班主任满足于凭自己的一些浮浅的经验工作着，日复一日地重复来时的路，且乐此不疲，他们习惯于被支配，墨守成规，不做半点更改。而一旦涉及"自主成长"需要抛开好多固守的东西重新选择时，不少人会选择逃避、妥协和放弃。可见，离开了内在的坚持和努力，任何外在鼓励和支持都会在成长中败下阵来。是的，对于生命来说，环境只是赖以存在的一个空间，真正源自内心的需要才能迸发出成长的激情。对于班主任而言"内需"才是成长的力量。

一个班主任想实现自主专业成长，就会像一粒种子要生根、发芽、开花、结果，是谁也阻止不了的。而那些所谓困难、挫折，只能吓退懦弱者，对于强者则是挑战。那些所谓的机遇之类的外在因素，也并非天上掉下的馅饼，毫无准备的班主任一定会失之交臂，而有自主专业化需要和愿望的班主任，才能把握机遇，并在挑战挫折与机遇中不断成长，听到自己"拔节"的声音，享受到最大的幸福。

在尚未完全摆脱浮躁的现实生活中，有些班主任因为长时间找不到努力的方向,在简单重复中,消磨着自己的锐气和才华,蹉跎了美好的时光,到头来,只落得一声叹息,两手空空。看来要自主专业化发展,就必须寻找提高自己专业素养的突破口。总之,班主任专业化发展必须高度重视专业自主。

本书把大量优秀班主任专业化成长过程中的经验和创新成果进行系统梳理后,将他们实现自主专业化的成果呈现给广大班主任。

目　录

一、专业化发展靠自己规划,靠自己拼搏

班主任专业化发展,不是自然的过程,必须走自主规划之路,其关键是提升自己的核心竞争力,而这种竞争力,也不是自然形成的,需要有意识的规划和持之以恒的奋力拼搏。

(一)专业成长规划先行

在倡导班主任自主专业化发展的今天,越来越多的学校要求班主任规划个人的专业生涯,撰写"个人发展规划",说明学校也在积极推动教师的自主专业化发展。但是领导的要求与班主任的实际之间仍处于"剃头挑子——一头热"的状况。有的班主任甚至说:"只要自己有实干精神,还怕它不发展!"有的班主任认为:"要什么专业发展规划,那都是纸上谈兵,最重要的还得实干。"这些话仅仅说对了一半,自主专业化发展,的确需要自己百分之九十九的汗水加上百分之一的智慧,但是如果方向选不准,目标不科学,"最近发展区"不清楚,再努力也会事倍功半,甚至越是有干劲越容易南辕北辙。

有这样一个故事:

> 比塞尔是西撒哈拉沙漠中的一个小村庄,在 1936 年被发现之前,这里的人没有一个走出过大沙漠。从他们的经验得出这样一个认识:从村庄出发无论向哪个方向走,最后都还是要回到村庄来。比塞尔人之所以走不出沙漠,是因为他们不认识北斗星。

这个故事告诉我们,新生活是从选定方向开始的。因此,必须提高制定个人专业发展规划重要性的认识,提高自觉性。班主任的专业素质的提高不经过在

履行班主任职责的实践过程中的千锤百炼，很难走向成熟。因此要实现自主专业化发展，必须给自己绘制一份提升专业化水平的专业化发展蓝图，即我们常说的撰写"个人专业发展规划"。尽管对此重视的程度在不断提高，但对"个人发展规划好似灯塔，能照亮自己发展的方向，能给我们提供原动力"的认识仍然不足，只有我们充分认识它的重要性，从心灵深处接受它、重视它，才能增强专业自觉。

专业自觉是专业化发展的核心动力，也是班主任专业化的必由之路。其关键是对自己专业岗位的价值、意义及专业性的深刻理解和认同，是坚持对自己践行班主任任职条件和履行班主任职责过程中的批判性反思，从而形成专业理想和目标、实现自我超越。

有了这种自觉，才能真正制定出切实可行的规划。但是也必须正视目前不少教师和班主任对撰写个人专业发展规划仍处于应付的状况，规划的质量也不高，很难发挥规划的作用。一位长期做中小幼督导的朋友说："现在教师写的规划多数内容千篇一律，德能勤绩泛泛而谈，空洞无物，目标或大而空的口号或根本不知向哪发展。"因此，班主任有必要在提高撰写专业发展规划意义认识的基础上，了解它的基本结构和具体写法。下面是我从某区"班主任专业发展规划"评比中选录的一篇写得较好，一篇写得毛病较多的两个文本，一并提供给大家参阅。

下面我们先共同读一篇班主任制定的个人发展规划（保持原样），分析一下存在的问题。

发展目标

1. 加强师德师风的修养，有高尚人格，时常保持一颗向上的进取心，努力使自己具备组织和管理学生的能力，研究学生的能力，不断更新自己的教育观念，勤于学习，勇于反思，不断拓宽自己的知识视野，增加自身知识的含金量。

2. 热爱教育，热爱学校，尽职尽责，教书育人，认真上课，在课堂上努力培养学生自主学习的能力，为人师表，以身作则，注重身教，做学生的表率。

3. 热爱学生，对学生以诚相待，不歧视任何学生，要宽容学生，有强烈的责任感，提高自己洞察学生、预知学生发生事件的能力。对学生的思想行为、智力活动、情感表现有敏锐的观察能力。

4. 继续营造良好班风、学风，使学生在德智体美等方面全面发展，使全班形成团结、友爱、互助、融洽的班集体，树立正确的人生观价值观，使学生养成良好的学习习惯。进一步完善班级管理制度，以德育人，以爱救人，以心取人，以理服人，做到心心相连、事事相扣，发挥班干部力量，携手共进，完善班风。

基本原则

以终身教育为主要理念，以班主任个体专业成长中的"计划—学习—实践—反思"为主要线索，以教学相长为有效的促进手段，以具体的目标导向来对自身的专业成长实施有效的干预。在实施中坚持以下原则。

1. 主体性原则。实现以人为本，激发班主任的内部动力，创造良好的学习氛围，促进自身个性的自由发展，最终达到班主任职业需要与个人理想的统一。

2. 动态性原则。班主任的专业成长是一个动态的过程，根据发展需要，在各个阶段提供必要的支持，促进持续发展。

3. 开放性原则。由于班主任的专业水平、态度、方法、要求各异，在时间安排上，对主题的确定、研究视角的选择和教学方法的运用等方面，力求做到更灵活。

4. 互动性原则。注重与专业活动环境的积极互动，一方面以理论学习与实践经验的互动相结合，另一方面加强与其他教师之间的交流、互助、研讨。

主要措施

1. 加强与任课教师的合作、沟通，及时掌握第一手材料，发现问题及时解决。

2. 确立和谐民主的师生关系。

3. 加强与家长沟通。

4. 强化自己理论学习。

5. 经常和其他班主任沟通、学习。

6.及时发现学生的学习、思想等方面的情况,及时解决,做到日事日毕。

7.充分利用学校组织的各项活动,培养学生热爱集体的思想。

这个规划主要存在以下几个问题。

第一,是规划结构不完整。它没有个人的基本情况,没有对自己的专业素养的现状做出恰当的评价,没有对自己所处环境进行客观分析,此规划脱离了自己专业化发展的内在需求和个性化诉求,缺乏针对性。

第二,所制定的目标、原则和措施大而空的内容较多,缺具体可检测的目标。制定专业发展目标是最关键的一环,但目标必须结合自己专业素养的现状和所要达到的目标,符合自己专业素养的"最近发展区",并将宏观目标微观化、长远目标近期化、抽象目标具体化。而这位班主任所设定的目标则是口号多于具体的内容,缺乏个性。

第三,"原则"大可不必多费笔墨,而且有些内容可归入具体措施。

第四,措施不具体,有的与个人专业素养的提高关联不密切,很难架起"目标"与提高专业素养之间的桥梁。

实施策略,很多是根据自己需要达到的目标和自身的需要而选择的,不是将所有可以促进自主专业化发展的策略都写进规划就好,而是要考虑自己的具体情况,突出针对性和实用性,缺什么选什么。

再请大家读读下面这篇规划,分析一下写得怎么样,还有没有值得注意的地方。

个人专业发展规划(2010—2011学年度)　赵伟

一、个人基本情况(略)

二、个人专业发展现状分析

1.优势:从事初一班主任工作整整三年了,在有经验的班主任指导下,对如何建设与管理班集体也积累了一些经验。每接一个新班,都能在全面了解学生的基础上,组建班委会,制定班级发展目标和班规,狠抓行为习惯的养成,使班级很快稳定下来,正常运转。日常管理能力有了提高。

(1)能组织开展学生喜闻乐见的班(队)活动,通过活动对学生进行养成教育,组织活动的经验也在区内交流。设计组织班(队)活动能力在增强。

(2)能在校领导指导下,对自己工作中出现的问题进行反思,思考解决问题的办法,最后写成教育案例,并有两篇案例分别获市级二等奖、区级一等奖。个案研究能力有所提高。

2.劣势:

(1)有时缺乏爱心和耐心,因情绪急躁而出现让学生罚站、罚做卫生的不当行为。

(2)当学生与任课教师发生矛盾冲突时,有时束手无策,缺乏协调能力。

(3)缺乏理论知识,不能将自己的成功经验用文字总结出来。

三、个人发展目标

1.做一个有高尚师爱的班主任,克服自己的无益情绪。

2.巩固成绩,克服不足,把班级工作做得更好。今年领导让我随班升入初三,争取把这个班建成校级优秀班集体。

3.加强理论学习,争取把自己的带班经验用文字总结出来。

四、实现目标的具体措施

1.深入学习《中小学教师职业道德规范》,积极参加校本师德培训,向优秀班主任学习,克服急躁情绪,提高师德水平。

2.认真学习《班主任工作指南》和《班主任工作行为的八项修炼》等著作,全面总结三年带班育人经验、教训,改进教育方法,提高管理能力和协调能力。

3.加强写作练习,通过写读书笔记、教育随笔、教育案例,提高写作能力。

4.拜我校市级优秀班主任王芳老师为师,并在实践中,虚心向优秀教师、优秀班主任学习,争取做一个优秀班主任。

我认为,这是一份较好的个人专业发展规划,个人基本情况写得翔实、具体(根据本人要求将这部分内容删去)。对个人专业发展的现状认识清楚、分析透彻,为个人专业素养提高目标的制定奠定基础。在其制定的目标中也比较符合个人具体情况,不高不低,经过努力可以实现。而且符合"最近发展区"理论。赵老师为自己选择的实现目标的三条措施具体且可操作。略显不足的是对其所处的学校环境没有分析。为了更好地帮助班主任写好"个人专业发展规划",下面谈一下第二个问题"个人专业化发展规划的基本结构"。

（二）个人专业化发展规划的基本结构

班主任要实现自主专业成长需要有意识地制定个人专业发展规划,对此许多优秀班主任都非常认同。深刻认识到设计"个人专业发展规划",可以减少自我发展的盲目性,防止在自我发展的道路上走弯路,提高班主任自我发展的有效性、成就感和幸福感。苏格拉底曾说:"没有反思的生活,是不值得过的生活。"对一个班主任而言,没有规划的职业生活,是乏味的生活。"凡事预则立,不预则废",实践证明,一个班主任如果没有科学有效的"个人专业发展规划",其专业化成长会处于盲目的状态,不仅成长速度受影响,而且也容易走很多弯路,其专业动力和成效感、幸福感都会受到影响。班主任实现个人专业发展必须从"他律"走向"自律"。这就需要有一个符合个人实际的"专业发展规划",为自己专业发展绘制一幅蓝图,认真撰写"个人专业发展规划"。有些班主任尽管开始撰写个人专业发展规划,但对写这样的规划比较陌生,不像写班主任工作计划那样轻车熟路。因此,班主任(教师)有必要在认清撰写个人专业发展规划目的意义基础上,了解"个人专业发展规划"的基本结构和具体写法。

一个完整的"个人专业发展规划"的基本结构包括以下几个方面。

1. 个人基本情况

"个人专业发展规划"首先要写清个人的姓名、性别、年龄、学历,专业,所教学科,担任班主任年限,获得过什么荣誉,参与了什么级别的教育科研,个人进行了哪些叙事研究,取得了什么成果,发表过什么文章、受过何种奖励……

2. 个人专业发展现状分析

一个较好的"个人专业发展规划",一定要把个人专业素养发展的现状,实事求是地做出准确、具体的分析,找准自己的优势和劣势,明确自己专业发展的目标和近期的主攻方向。具体地说就是分析自己的"最近发展区",找准自己专业发展水平的现状和要达到目标之间的差距。

3. 自己所处环境优劣的分析

每个人的成长都受遗传、环境和教育三个因素的影响,班主任专业化发展也毫不例外。这里说的环境,主要是指学校的环境,特别是学校的文化氛围对自己专业化发展的熏陶,以及学习型组织建设的情况对自己的影响。把有利于促进自己专业素养提高的因素和可能影响自己发展速度的环境分析清楚,写清自己如何借良好的文化氛围为我所用,如何主动改造不良文化环境氛围,变不利为有利。

4. 确定自己专业发展的目标

目标是指自己专业素养提高的预期结果,如提高哪些师德水平、丰富哪些专业知识与技能等,也包括什么时间建成优秀班集体、什么时间搞好学生的养成教育,做好这些具体工作是我们提高专业素养后的必然结果。目标包括长期目标和近期目标,规划好近期目标尤为重要。从目前班主任制定的"个人专业发展规划"看,少数做的是三年规划,多数是一年规划。三年规划除了要提出三年应达到的目标(我们称之为长远目标)外,还应分解成每一年的具体目标(可称为近期目标),这样更容易一步一个脚印地达到三年目标。

5. 实现目标的具体策略或方法

目标确定后就应设计实现目标的措施和要采取的具体方法,有效构建起措施、方法与实现目标之间的桥梁。

这些具体内容将在下个问题细说。

(三)关于个人专业化发展现状分析

对自我专业化发展的现状做出实事求是的、客观的分析和评价,找准自己专业成长的"最近发展区",这是制定切实可行的"个人专业发展规划"的前提和基础。它不但能说明班主任现在"处在哪个层次上",而且将决定自己奔向"哪个层次"(即发展目标)。由于班主任专业发展规划制定必须以自己的专业发展的现状为基础,即要了解你是谁?或者说你的专业现状处在哪个位置?你希望成为谁?或者说你希望达到的专业目标是什么?你的优势是什么,以及可能的限制是什么?你的劣势对你的专业发展会造成什么后果?

尽管班主任对自身专业化发展状况应该是最熟悉不过的了,但由于长期形成的思维习惯,对自己的分析评价反而"成见"很深,"不识庐山真面目,只缘身在此山中"就是这个意思。解决的办法是虚心听听领导和同事是怎样评价自己的,也可以请学生为自己写评语……这样会帮助我们客观地评价自己，找准自己的优势和劣势。个人专业发展现状分析，主要是从专业伦理、专业精神、专业知识和专业能力等方面，分析自己专业素养现状与履行班主任职责对班主任专业素养要求之间的差距（最近发展区），以便确定个人发展目标，明确努力方向。具体地说要从以下三方面进行分析。

1.对自己专业发展所处阶段的分析

班主任专业化发展一般都经历适应期、成熟期、骨干期、科研期四个阶段。不同阶段有不同的标准，这个标准就是自身专业水平现状与专业要求之间的差距，即"最近发展区"，以便瞄准自己自主发展的最近的那个目标，一步一个脚印地向上攀登。

2.分析自己专业素养的现状

看看自己专业素养的优势在哪里，劣势是什么，只有做到"知己"才能确定符合实际的专业化发展目标。分析的重点包括：

（1）自己的教育观是否符合时代的要求，是否真正确立了以学生素质和谐可持续发展为本的价值取向。

（2）对教师职业道德规范的要求做得怎样？是否已内化为自己的精神需求，并将其变成自觉的行动。

（3）自己从事班主任工作所需要的专业知识和理论的不足在哪里，以便有选择地阅读相关的教育文献。

（4）在班主任必备的专业能力方面的薄弱环节是什么？从而决定自己如何在实践中加以锻炼，或借鉴他人的经验。总之，要全面分析自己的优势和劣势，自己的兴趣和爱好等。

3.对自己所处环境的分析

外部环境对自己的专业化发展是有关联、有影响的。哪些有助于自己的专业化发展，哪些可能不利于自己的专业成长，把这些情况应当分析清楚，做到"知彼"才能有效地利用有利环境为自己专业成长服务。对于一些不利因素要设法克服，或变不利因素为有利因素。分析环境主要包括以下几项。

（1）学校的工作要求是否有利于自己的专业化发展。

（2）学校是否已成为学习型组织。

（3）班级学生的思想是否积极向上、是否有较高的求知欲望。

（4）家长对班主任有什么要求，对自己有何促进作用。

（5）周围同事有哪些值得自己学习借鉴的地方等等。并进一步分析哪些情况对自己专业化发展有利，哪些可利用的优势资源需要充分利用；对自主专业化发展不利的因素是什么，需要尽量排除、或将其转化为有利因素。只有知己知彼，才能在制定规划、确立目标时，更加实际，有针对性。

（四）确定自主专业化发展目标

目标是一种积极的自我期待和发展的方向，目标对自己专业发展具有动力和导向作用。本来这也是一种常识性的问题，然而一些班主任却不以为然。读了下面这个故事会对我们有所启发。

> 一天，著名人力资源培训师鲁柏祥博士应邀从杭州乘飞机去深圳某公司考察，由该公司浙江区总经理小余陪同。飞机着陆之后在跑道上滑行，小余和其他旅客一样，站起来打开行李舱。鲁博士把小余拉回座位，问他："为什么刚上飞机时大家都很安静，而现在却乱糟糟的呢？"小余一时被问住了。鲁博士说："其实这里隐藏着一个管理上的大学问。乘客与飞机之间是靠什么联系起来的？""机票。""对，机票表示飞机把我们从杭州带到深圳，也就是说，飞机的目标与旅客的目标是一致的。那么现在到达深圳了，机票还有价值吗？""没有了。""对，现在旅客的目标与飞机的目标不一致了，所以大家乱哄哄地急着要离开飞机。"

其实鲁博士提到的现象再普通不过了，然而，正因为普通，人们才容易忽视其中所蕴含的道理。仔细想一想，班主任自主专业化发展与乘飞机的道理相同。一旦目标没有了，专业化发展就会失去动力。所以，班主任专业化发展要有一张"联程机票"，使我们不断地从一个目的地飞向另一个目的地。这里所说的"联程机票"就是我们班主任"自主专业化发展"每一阶段的奋斗目标。这个目标不是别人给你定的，而是作为主体的班主任根据实际情况和需要制定的，并根据目标形成一个自主发展的规划。

教育部《关于进一步加强中小学班主任工作的意见》中指出："班主任岗位是具有较高素质和人格要求的重要专业性岗位。"其中，"较高素质和人格要求"的内涵十分丰富。深入了解其内涵是制定"自主专业发展"目标的依据。

我们班主任要走专业化发展之路,首先要有自我期待,明确自己走专业化发展道路是自己的理想追求,还是为了生存而存在;是把自己发展成一名普通的教书匠,还是教学能手或者是教育家。所以,我们要立足实际,正确分析自身的情况,然后,根据班主任专业素养的结构要素(专业伦理、专业精神、专业知识和专业能力……)提出自我期待的目标,制定近期、中期和长期目标,并在发展过程中不断调整自己的期待。总体上说,目标一经确立,一般不变。但因内外种种因素的变化与发展,目标也可以进行适当调整,不断注入新的内容。班主任自主专业化发展是无止境的动态过程,即便已达到成熟期班主任的水平,也还有更高层次的目标即向教育家的目标发展——只要我们系统地读一读李镇西的著作和对他的报道,就会理解这个道理。这就是阶段实现与不断追求相结合,扎扎实实地走自主专业化发展之路。

(五)明确实现规划的自律策略

21世纪是一个智能化的时代,知识更新的速度愈来愈快,人的主体地位和作用将日益增强,社会活动将以知识的丰富为基石,以人格的独立为前提,以创新精神为动力。在教育教学实践、班主任工作和现实生活中,注重自我学习,自我约束,自我调控,自我塑造,修炼"自律精神"。

阿基米德曾说:"假如给我一根杠杆,我就会撬动整个地球。"这种夸张式的说理,却蕴含着深刻的道理:如果一个人,没有找到用一根杠杆"撬动地球"的智慧和手段,没有"撬动地球"的自信和勇气,那么,在很多事上,是很难取得最终成功的。

班主任的专业成长,何尝不是如此呢? 一些班主任正是缺乏"撬动地球"的自信、勇气和方法,日复一日,月复一月,疲惫着自己,痛苦着学生,于己于人,害莫大焉。我认为,专业化发展的自律策略和方法,就是我们"撬动地球"的杠杆,也是"专业化发展规划"的重要组成部分,班主任要根据自己的目标和专业发展的薄弱环节,选择实现专业发展目标的策略和方法。那么,作为班主任,怎样为自己的专业成长,找到一根有力的"杠杆",并通过严格自律、努力拼搏得以实现呢? 一位优秀班主任告诉我,他说:一个想发展的班主任就应立下"做最好的自我的目标"。他说要做最好的自我,应从以下几方面不懈地努力:一是关注自我,唤醒主体意识;二是发现自我,扬长避短;三是提升自我,厚积薄发;四是超越自我,追求卓越;五是发展自我,自成一家。这五条经验对我们选择自主专业化发展,一定会受到很大的启发。

下面几条策略仅供参考。

1.严于解剖自己,永远保持清醒的头脑

"吾日三省吾身"。严于解剖自己,认真进行自我批评,是班主任提高专业素养的重要方法。人非圣贤,孰能无过?班主任亦非圣贤,在"三育人"过程中也不可避免地出现这样那样的缺点和错误。优秀的班主任不是不会发生失误,而是他总会善于汲取错误教训,善于总结经验,善于从失误中汲取力量。泰戈尔有句诗:"真理之川从错误之渠中流过。"著名翻译家傅雷说:"真正的英雄不是没有卑贱的情操,而是永不会被卑贱的情操所征服;真正的光明不是没有黑暗的时候,而是不会被黑暗所湮没。"对待工作中的缺点和错误有两种态度:一种是善于把教育失误转化为教育财富,一种是无视错误、文过饰非,这是一名班主任专业素养高低的一个分水岭。对于一位优秀的班主任来说,每一次教育失误都是一个进步的台阶,一次道德的升华。而自我原谅、文过饰非于改正错误无补,反而使自己陷入另一个错误的陷阱,陷入更加尴尬的境地。

一位班主任在讲课中把"莘莘学子"解释成了"辛辛苦苦的学生们"。一位同学立即举手纠正老师的错误。老师说:"我们可能没有认真查字典,今后注意!"老师满以为可以模糊过去,不料那位同学又立即说:"老师,这不公平,是您错了,而不是'我们'。"结果弄得老师更加尴尬。

相反,四川省井研县一位小学老师在《人民教育》上发表了一篇文章《一个错字伤了一颗心》。

一个调皮的学生写作文时,写道:"我的妈妈真辛苦,每天一大早就去挑水,白天还要忙活。一个雨天的傍晚,她又去挑水……"小学生把"挑"字写成了"跳"字。这个同学平时比较顽皮,老师想,这一下好了,有机会了:在全班读一下,一来可以纠正错别字,二来可以"教训"一下这个"小捣蛋鬼"。当读到这段"精彩"处,全班乐得前仰后合,而那个学生则羞得面红耳赤,含着泪,低着头,默不作声。老师心里暗暗自喜:这下你老实了吧?从此,他再也抬不起头来,见了老师低着头躲开,上课无精打采,学习成绩直线下降。

学期结束后,他再也没有回到学校,他辍学了。

这件事过去十多年了,但这位老师一直自责自省:"作为老师,这是不可饶恕的错误。如果换一种方法,就不会伤害学生的心。真是后悔莫及!这件事时时警示着我:教育无小事,教师千万不要伤害了学生美好的心灵。"

教师给学生的"教训",实际是让学生当众出丑,羞辱他一下,是以伤害学生自尊为代价的,其后果是严重的,是教育上的严重失败。但这位老师十余年后仍然对此事愧疚不已,深深自责自省,表现了人民教师高度的责任感、事业心,表现了他严于律己、严于责己的高尚情操。更难能可贵的是他不仅能够从自己的失误中深刻接受教训,而且勇敢地发表出来,也让广大同仁们从自己的失误中接受教训,表现了他坦荡无私的胸襟。

班主任在专业素养的提高上应做到高标准、严要求,不断克服自己头脑中陈旧的道德观、教育观,逐步树立正确的道德观、教育观。班主任要不断地严格检查自己,严格解剖自己,一日三省,有则改之,无则加勉。同时,还要正确地对待别人对自己的批评,在别人的批评中正确认识自己,升华自己。

李镇西老师写过一篇短文《勇于承认自己的错误》,短文真实地记载了李老师主动征求意见、勇于承认错误的宽阔胸怀,体现了李老师高尚的师德修养和由此而建立的亲密无间的师生关系。让我们共享这篇短文,它可以让我们深深体会师德修养的高尚境界换来的"化腐朽为神奇,化失误为财富"的力量。

1994年9月开学不久,便迎来了又一个教师节,学校要求各班利用班会课举行庆祝活动。这天,我吩咐班干部在教室黑板上写了一行大字:"教师节——献给老师的礼物!"

班会开始时,我笑着对大家说:"今天是我的节日,所以,我想向同学们索取'礼物'。"学生们顿时笑了起来,显然是不相信我的话。可我却认真地说:"在过去的高二学年里,由于李老师修养不好,再加上工作繁重,所以,我的工作越来越简单急躁,在各方面都存在许多问题。今天,我诚心诚意请同学们对我的工作提出意见。这对我来说,的确是最好不过的礼物啊!"

接着,我又拿出事先买好的钢笔、圆珠笔和铅笔:"为了鼓励和感谢同学们,今天我来个'有奖征谏'——同学们可不要坐失良机呀!"

同学们又是一阵大笑，气氛开始活跃了。他们见我十分真诚，便也认真思考起来……开头炮的是黄金涛："李老师，我们都记得，高一时您和我们没有师生界限，我们甚至可以对您直呼其名，可是到了高二，您越来越爱对我们发脾气，师生之间有了明显的心理距离。希望李老师能恢复高一时亲切的笑容！"

我走下讲台，来到黄金涛的面前，双手递给他一支钢笔："谢谢你的批评！"班长吴冬妮站了起来："李老师，上学期班上运动会的会徽设计，您没征求同学们的意见！"

我略略回忆了那件事的经过，说："好吧，我接受班长的批评，今后班里的事儿多和大家商量。"说完，我送给她一支圆珠笔。

平时常挨我批评的郭坤仑也发言了："李老师有时太爱冲动。那次林川用脚狠狠踢教室门当然应该挨批评，但您当时拍着桌子厉声斥责他，写了检讨又请家长，使林川事过很久还感到抬不起头。"

我同时拿起两支圆珠笔，一支递给郭坤仑："谢谢你的直率！"一支递给林川："请原谅李老师！"

提意见的学生越来越多了……

下课铃响了，我总结道："永远感谢同学们！愿在新的一学年，我们高九五级一班的全体同学和我这个班主任精诚团结，同舟共济，共同创造明年7月的辉煌！"

回答我的，是一阵雷鸣般的掌声！

一年后，学生们果然以出色的高考成绩为我班画上了一个完美的叹号。离校之际，学生们来向我告别，他们送我一张同学们签字的尊师卡，我打开一看，里面有黄金涛代表全班写的一句话——

"镇西兄：血脉虽不相连，心灵永远沟通！"

让我们以李镇西这样的老师为榜样，努力修炼自己吧！

2. 自我期待，做自己专业成长的"皮格马利翁"

皮格马利翁是一个流传很久的故事的主人公。他是一名雕塑师。一次，皮格马利翁对自己正在雕刻的一尊少女像萌生了爱意，并强烈地期望少女像被赋予生命。结果他如愿了。最后，皮格马利翁与自己心爱的作品喜结良缘。无独有偶，美国心理学家曾做过一个试验。在大学低年级选定一个成绩平平，其他条件也一般的女学生,他告知老师和同学,这个女生"具有各方面优异发展的特殊资质",并嘱咐要保密。结果是,师生们在各方面对这个女生另眼相看,有意无意地倾以厚爱。这个女生不知不觉中自尊心、自信心大增,各方面分外努力。一年以后,她的各门功课都有了明显的长进,进入了优等生的行列,连衣着打扮也与从前不同,甚至她的外貌和举止也变得楚楚动人了。

我一直在想,我们班主任能不能成为塑造自己的皮格马利翁呢?换句话说,班主任如果没有第二者的期望与激励,能够通过自我激励实现自己的专业发展吗?能够通过自我期待改变自己的教育行为,优化自己的班主任工作吗?答案是肯定的。自主专业化发展理论研究表明,班主任专业素养的提高,绝大部分是"自塑"的结果,是后天习得的。如班主任的专业理论的提高,当然需要专家的指导,学校领导的帮助(外塑),但更重要的还得靠内因,靠自己强烈的自我期待,明确自主发展目标和具有强烈的自主专业化发展的愿望,并在行动上不懈地努力,加上自己所掌握的有关行为科学知识,你就会成为自己的皮格马利翁。要成为自己的皮格马利翁,应当做到以下几点。

(1)自我期待。

班主任要根据专业化发展阶段论的理论,分析自己专业发展所处阶段(适应期、成熟期、骨干期、研究期),及其"最近发展区"(现阶段专业发展的现状与发展目标之间存在的差距),制定出自己近期自主专业发展目标,这就是按照皮格马利翁效应,对自己提出的目标期望与自我激励。有了合理的目标,就会形成自主专业化发展的动力,就会产生具体的行动方案和行动措施,你的美好愿景就会在你的目标激励下而实现,就会像皮格马利翁一样如愿以偿。

一位班主任的自主专业化发展,不是一蹴而就的,这个长远目标的实现,需要一个个近期目标的实现而达成。"登门槛效应"告诉我们,班主任不管是对学生还是对自己,要提出适度的期望,就要把终极目标分解成一个个经过努力即可实现的小目标,才能一步步登上终极目标的巅峰。同样的方法也适用于自己的专业发展,一个多么要强、多么有才能的刚参加工作的年轻班主任,也不可能在短期内成为专家型的班主任,而必须经过长期努力才能实现。即按照优秀班主任专业发展的每个阶段,制定自己的专业发展规划,并根据每个阶段应达到的目标,找准自己的最近发展区,适时适度地提出自我期待,一步一个台阶地走好专业发展之路,渐渐地,你就变成了塑造自己人格形象和学术形象的皮格马利翁。

(2)自我调控。

如前所述,班主任自主专业化发展,要不断克服不良行为习惯,养成良好的行为习惯,为此,也可以利用皮格马利翁的暗示效应。众所周知,班主任工作最有效的方法是言传身教,而且身教最为重要。能够影响班主任某种教育行为习惯的原因很多,既有外在的,更有内在的,而且内驱力才是形成某种良好教育行为,纠止某种不良行为的最重要动力。为了有效地自我控制某种不良行为,首先就要找到能够暗示我们产生不良教育行为的诱发事件。例如,班主任脾气暴躁,爱发火,只要班上出现一些问题就沉不住气,常常怒火中烧,以至休罚、变相体罚学生,使一些学生经常提心吊胆,小心翼翼,也造成了不少学生与之顶牛的逆反现象。爱发火是一种专业不成熟的表现,要想克服自己的无益激情,改掉爱发火的不良习惯,形成较强的自我控制情绪的能力,就可以借助皮格马利翁效应的"暗示"作用,进行"自我暗示"。首先,应当回忆容易引起自己发火的事件,然后将它们一一列举出来:第一,学生做错事情的时候;第二,班级评优失利的时候;第三,自己心情不佳的时候。接下来,再按照皮格马利翁的"期望效应",对自己提出期望,并通过反思问问自己:"遇到这些情况就发火能够解决问题吗?""我怎样才能减少、避免或克服这些消极暗示?"最后,把发火可能带来的负面影响和解决的方法也列出来:第一,发火只能增加师生的心理隔阂,甚至顶牛,对纠正学生的错误和评优毫无帮助,解决办法是调整心态、宽容学生、沟通理解。第二,把自己生活中的不快迁怒到学生身上,不仅是不公平的,也会影响师生关系的和谐,解决的办法是提高自身修养,调节好自己的情绪。总之,为了彻底改变这种坏脾气,最好按照上述方式列一张更详细更具体的表格,然后针对这些暗示物,对自己的修养提出有针对性的期望,即可逐步克服。

(3)自我激励。

皮格马利翁效应的暗示性激励也是显而易见的。罗森塔尔也曾利用此效应做过一个实验:他到一个学校里做完调查后,在学生名单上随意圈画了一部分学生告诉校长和老师:这些学生很有发展潜力,但要求老师不要告诉学生。从此以后,老师们对这些学生寄予了厚望和特别的关注,一个学期后发现这些学生进步很快。这个实验告诉我们,真诚的期待和不懈的努力,终会结出预期的果实。平时,老师的期望和关心,发挥了积极的暗示作用,使这种真诚的暗示性期待(强化物)成为学生发展的动力和方向。

班主任在自我塑造中,强化物的控制是非常重要的。行为强化物,通俗地说就是引起某一特定行为反复出现,或立即停止的刺激物(也称激励诱因)。如,在工作中,我们通过努力,获得领导的奖赏,这奖赏即是强化物。不难理解,强化物可以使某种行为频繁出现,并且巩固下来。这种强化就是正强化激励。当然,有时我们工作出了问题,受到领导批评或舆论谴责,这是否定性强化物,即能引起某一特定行为终止的刺激物,但这些都是外因(外动力),班主任的自主专业化发展更需要自我激励,即自我肯定、自我批评和惩戒。如有的班主任总觉得自己的知识足以应付班主任工作的需要,有的觉得自己太忙,无暇读书学习。其结果是影响了自己知识结构的更新、专业理论的提升和班主任工作的创新。按照皮格马利翁效应进行自我激励也是解决这个问题有效的方法。

如何进行自我激励呢? 具体做法是,可以先扪心自问(即反思):"满足自己现有知识和工作太忙,无暇学习的想法对吗? 不对,错在哪里?"你就会发现在知识迅速更新的时代,我们如不加紧学习,自己的知识就跟不上时代的步伐,更不能满足学生求知的需要。而且面对独立自主性强、不盲从,敢于挑战、质疑班主任的学生,你就会手足无措。如果你的知识结构和教育观念不能及时更新,你就不可能把课教好,把班带好;你就会感到自己知识的不足,能力的欠缺、观念的陈旧,因而产生了刻苦学习的强烈愿望。然后根据皮格马利翁效应,对自己提出合理的期望——做终生学习者。这样,克服错误认识的办法就会应运而生,然后,再把所想到的措施写下来,如:

①合理安排工作、学习和生活的时间(可安排一个有一定弹性的时间表)。

②找准自己知识结构中的薄弱环节,制订一个读书学习的计划。

③为自己选择一些有不同特点的班主任或教师作为自己的榜样,经常向其请教。

3. 自主学习,更新知识结构

"中小学教师职业道德规范"中,要求教师要坚持"终身学习",这也是根据教师的职业的专业性特点提出的。"因为我们都是教书者,不可一日不读书。"朱永新先生在他的《我心中的理想教师》中深刻地指出:"……你不读《论语》、不读陶行知、不读杜威、不读苏霍姆林斯基,恐怕很难成为教育家。"

不读书学习,就不能获取新知识,更新知识结构,原有知识随着知识爆炸不断老化而逐步落伍;不读书学习,就不能形成新的思想,孕育新的智慧;不读书学习，不坚持用专业理论武装头脑，就不能适应专业性岗位对班主任工作的要求；不读书学习，就不能获取中华民族的人文知识，涵养人文精神，就很难对学生实施精神关怀。读书可以使人心胸开阔、境界高远；读书可以使智慧跃动、心灵飞扬。总之，读书学习是班主任增长知识、使自己的思想更加深刻、见识更加高远的基础。一位有知有识有思想有见地的班主任，在自己的专业性岗位上，才能得心应手、游刃有余，有效地完成好工作任务（下文"把学习作为自主专业化发展的第一选择"也谈及这个问题）。

班主任规划和实现自己的专业发展，必须建立在不断读书学习的基础上，以便获取丰富的专业知识和人文知识，形成横向文化知识广博，纵向专业知识深邃的"T型"知识结构。

目前一些中小学在组织教师读书活动时，比较重视专业理论的学习，却很少向老师推荐文史哲方面的书。存在着重理论轻人文的倾向，甚至有的教师读小说、诗歌被批评为故弄风雅、不务正业。显然这是一种唯科学主义的思想在作怪。殊不知，读史使人明智、读诗使人聪慧、读哲理使人思想深刻。班主任工作理论方面的书不可不读，文史哲方面的书也不可等闲视之。因为提高人文知识，可以形成宽厚仁爱的人文精神、独具魅力的人格品质，有了它才能有效完成对学生实施精神关怀的历史使命。

先说读什么书，王力教授说："现在的书浩如烟海，一辈子也读不完，因此，选择书很重要。如果读的是一本没用的书，或者是一本坏书，那就是在浪费时间——有时还接受些错误的东西。到底读什么不读什么？这要根据各人的专业来定。"班主任工作这个专业的书，也越来越多，书的质量也参差不齐，因此必须注意选择。专业报刊上的荐书也不少，我们还要据此做适当的选择。除了读专业书外，还应读些文史哲类的书，目的在于提高我们的人文知识，涵养我们的人文素养。

至于怎么读书这个问题，王力先生提了三点建议：首先应读书的序言和凡例。其次，要摘录、做笔记。第三，应考虑试着作眉批。另外，要写读书报告。总之要养成"不动笔墨不读书"的好习惯。除王力先生提出的"作眉批""写读书报告"之外，我们还可以结合班主任工作实践，写读后感，这种习惯是最可宝贵的。

有的学者还提出除读纸质书外，还要读"无字书"，要向生活、向工作实践学习，在信息化社会读网络书也是不可忽视的。

联合国教科文组织在《教育——财富孕育其中》里旗帜鲜明地指出："终身学习是打开世纪光明之门的钥匙。"作为学生学习的指导者，人类文明的传播者，中华民族传统文化的继承者与发扬者，教师理应成为终身学习者，终身阅读的示范者，并在读书中增长知识、享受快乐。

要坚持自主学习、反思以及专业写作。做班主任和教师工作并不仅是谋生的手段，更是成就自己梦想的最佳途径。但在现实中，懒惰与享乐，是成长和上进的潜在威胁；繁忙和烦琐的工作，是一些班主任无法静心学习、潜心研究的借口和理由。其实，如果下定决心，学会逼自己读书，逼自己写反思日记和教育案例（随笔），逼自己寻找一切机会参与各种研讨会、报告会，一定会弥补自己专业素养之不足，改进自己工作中的缺点，解决工作中的突出问题。只有在这种自己逼自己的学习中，才有所得，才有所获，才会在不知不觉中自我改变。

除了向书本学习之外，还要向他人学习。积极参加各种班主任的专业活动，多听报告，拜访名班主任和专家学者，以此来开阔眼界、增长见识、丰富知识。向网络学习也是一条好途径。许多优秀班主任都重视构建自己的网络学习策略，建立自己的博客、微信。这样可以不受时间和空间的限制，与同行交流，提高自己的专业水平。

4.自主实践，提升专业能力

教育是实践之学。美国学者舍恩认为：人们职业水平的提高，最主要的渠道不是离开职业活动的专门学习，而是在职业实践当中不断反思。事实上，65%以上的教师专业技能都是在任职以后的实践环节中形成的，实践可以弥补职前师范教育的不足。

我国杰出的班主任、教育家李镇西说得好：

> 实践，就是不停地做。这里的做又不只是"拿着旧船票"简单地重复"昨天的故事"，而是绝不重复自己，要不断地创新，不断超越自己。他说："我在班主任工作中，一直都在探索。我带的每一个班都有不同的研究主题。最早的'未来班'是我教育的处女作，显然不完善，于是我对第二个'未来班'便有了许多改进，接下来，第三个班，我着力研究了'青春期教育'。后来的班，我先后研究了'集体主义教育''班级民主管理''公民教育'……30年过去了，我的班主任历程有着清晰的足印，见证着我的成长与成绩。"

通过班主任工作实践积累经验、增长才干。履行班主任的五项职责，完成教育教学任务，是班主任最基本的实践活动。班主任的专业成长是离不开这个大舞台的。这个舞台是班主任专业化的重要载体，是班主任专业成长、成熟的肥沃土壤。俗话说，"实践出真知"，班主任的专业成长应牢牢地植根于实践这块沃土之上。教育作为一门科学，是以实践哲学为基础的，教育的原野很辽阔，教育的土壤很肥沃，必须根据每个班主任不同的工作环境和事业重心来决定自己思考、历练的重点。

众所周知，班主任的专业能力是班主任专业化的关键性指标，而能力的提高是在履行班主任职责的实践中历练的结果。如，组织管理能力，只有在班集体组织管理的实践中才能逐步掌握如何制定班级发展目标、如何带领学生共同制定科学的、人性化的、师生都认同的班级规章制度，如何选拔和培养班干部，使他们在班级管理中发挥骨干作用，这些能力都是在班级管理的实践中形成的。不亲自去组织班集体活动，策划、设计、实施班集体活动的能力就难以形成；不在实践中与任课教师、学生及其家长沟通，不善于尊重他们、虚心向他们学习，班主任的交往与协调能力也不可能有所提高。班主任的专业能力包括基础能力（如终身学习能力、了解研究学生的能力、运用话语的能力……）和核心能力（如驾驭课堂的能力、德育工作能力、教育科研能力……），哪一样能力的提高也离不开实践。因此，在班主任专业化的进程中，必须像魏书生倡导的那样"想干事、会干事、干成事"。在实实在在的工作实践中历练才干。

在实践中刻苦磨炼是自主专业化化发展的有效方法。要学会自己"磨"自己。磨中增耐性，磨中出悟性，磨中长才干。只有自己磨自己，才能建构起属于自己不断成长的"心灵磨房"，打造属于自己长足发展的精神"特区"。对于班主任来说，磨好一节班会课，磨好一个班级文化，磨好一篇案例和论文，磨出一副好口才，"磨"好一个班级……"十年磨一剑"，在磨中才能形成自己带班育人的独特风格，走上具有个性的自主专业化发展之路。这个过程不是一蹴而就的，需要有一种不达目的决不罢休的勇气、信念和刻苦精神。这个过程始终受自律精神的支配。

特别值得一提的是，没有工作实践就不可能有经验的产生。而班主任必须在工作实践中不断积累升华自己的工作经验，这种积累的过程是一个由量变到质变的过程。经验在初始阶段，往往处在只可意会，难以言传的"隐性"状态，经验积累多了，再经过不断反思、升华，就会产生质的飞跃，转化为可以用文字表述出来的"显性"状态(案例、论文)，就形成了标志自己专业成长的"实践性理论知识"。这就是班主任在理论指导下进行实践，又在实践中进行理论创造的过程，也是班主任专业成熟的重要标志。

5. 自主反思，生成专业智慧

美国心理学家波斯纳提出了教师成长的公式：经验＋反思＝成长。这个公式的正确性已经被大量的实践证明。朱小蔓教授在她的《教育的问题与挑战——思想的回应》一书中说："反思的本质是一种理解与实践之间的对话，是这两者之间相互沟通的桥梁，又是理想自我与现实自我的心灵上的沟通。"

任何一位班主任在履行班主任职责的实践中都会产生种种困惑和遗憾，而这些问题恰恰是契机，如果能够将这些问题课题化，进行行动研究，想方设法去解决它，问题就成了班主任专业成长的宝贵资源。要想"做一个有思想的班主任"就必须坚持在工作实践中反思，反思是一种内在的醒悟过程。反思什么？学生思想工作、班级管理成败、活动组织理念、协调各种教育力量、读书学习情况等班主任工作中的任何问题，都可以成为反思的对象。怎样反思？要把班主任在履行职责中应坚持的正确教育理念作为反思的着眼点，对照理念审视班主任工作的成败，结合自己的班级工作思考自己在多大程度上体现了理念的要求。还需要在以后的工作中做些什么，有何改进。特别是在工作出现明显失误或突出成绩时都要及时进行反思，对出现的失误，要分析原因，把原因找准了，立即需要提出解决问题的方法策略，并将其投入再实践，问题解决了，紧跟着是用文字把这个过程记录下来，形成教育案例、教育随笔或论文。对于工作取得的成绩，同样要及时反思，分析成功的原因和经验，并将其用文字表述出来，这样坚持日积月累，就会出现量变到质变的飞跃，形成自己的教育智慧。这也被称之为"案例研究"，它是班主任参与教育科研的最便捷的方式，也是最理想的选择。日常教育教学反思是在日常教育教学活动中，对专业实践中的经验、问题进行回忆、思考、评价，总结和探讨问题解决的办法。教育反思，撰写教育随笔、案例或论文，开拓了班主任专业成长的途径。这个途径就是个人行动研究。个人行动研究要解决的不仅仅是"如何做"，而且是"应该怎么做""为什么这样做"，就是说要"发明"此"理"。班主任带着问题，通过实践探索问题解答的一般原理，或者在理论的指导下去解决和验证某些现象与问题,都属于个人行动研究。此外,根据自己的兴趣和发展方向,还可以开展富有成效的个性化研究。教育(教学)是实践之学,我们甚至可以说只有教师和班主任才能做真正的叙事研究。当前,班主任缺乏的是敢于发出自己声音和相信自己感受的那种自信。教师通过行动研究,哪怕是一个很小的问题,只要长期关注、探索,日积月累就会形成自己的"实践性理论",并由此弘扬开来,辐射教育整体,感悟教育真谛,提升专业水平。

总之,班主任搞科研与专家学者比具有得天独厚的条件,学生就是我们研究的对象,班级就是我们的实验场。班主任在工作中会经常遇到各种各样的困难和问题,这些困难和问题就是我们研究的课题。这个"问题—反思(分析产生问题的原因)—提出解决问题的新方法—再实践—观察记录实践效果—写成教育案例"的过程就是完整的研究过程,也是我们自主专业化发展的过程。

每个班主任都有自己的特长和不足,只有扬长补短,才能找到适合自己的专业成长之路。面对劣势不自卑、面对优势不自傲。在人生坐标系中,不断经营自己的优势,并且保持清醒的头脑、浓厚的兴趣,使自己的优势发扬光大,不断地用自己的优势克服自己的劣势,用自己的坚定取代自己的怯懦。

6. 找准最近发展区,脚踏实地攀登每一级台阶

记得一个故事:

一位年仅 8 岁的小演员,顺着躺在地上的女演员用双脚蹬起的高高的梯子,小心地翻转上攀。当这位小演员攀到梯子的第 8 级——还剩下 4 级才能到梯顶时,可能是由于体力不支(已经连续演出了好几场),她极度疲惫、紧张、焦虑和害怕,竟哭了起来。这时,观众甚至包括杂技团演员在内的人,眼睁睁地看着她,但都爱莫能助。这位小演员在第 8 级梯子上整整停滞了近 3 分钟。观众的心哪,都在为这位小演员担忧。这时,从后台出来一位年龄较大的演员,可能是杂技团的团长吧,只见他朝梯子上的小演员大声喊:"瞄准最近的梯级,稳住神,慢慢上!"这时大家发现,这位小演员之所以被卡在第 8 级梯子上,是因为她的目光一直瞄准的是第 12 级梯顶。她小小的年纪,争胜心太强了。可是,疲惫的身体,这么多的梯级,怎能上去呢?但经过这样的提醒,观众们也如梦初醒,都一同喊起来,"快抓住第 9 个梯横(梯子中间的横杆)!""第 10 个!""11 个!"终于到了梯顶,随后一个漂亮的倒空翻,身如轻燕,稳稳地落在舞台中央。

这个故事使我想起维果茨基提出的"最近发展区"理论。他在 20 世纪 30 年代就提出了"最近发展区"概念,并将其引入心理学研究。他指出"儿童的实际发展水平与潜在发展水平之间存在差距,前者由儿童独立解决问题的能力而定,后者则是在成人指导下或与能力较强的伙伴合作时,所表现出来的解决问题的能力。"这一观点阐明了教学、学习与学生发展之间的关系,明确了研究人的发展至少要确定两种发展水平,一个是现有的发展水平,即已经达到的发展水平及其形成的心理;另一个则是期望达到的水平,即经过教育、别人的帮助和自身努力而达到的水平。这种现有水平与期望达到水平之间的差距,就是"最近发展区"。小演员所处的第 8 梯级就是现有水平,第 9 梯级就是现有水平与要达到的发展水平之间的差距,即"最近发展区"。

根据维果茨基的观点,班主任(任课教师)的专业发展水平也包括现有的专业发展水平与期望达到的专业发展水平(发展目标),这两个水平之间的差距,就是"最近发展区"。我们常说班主任的专业发展的过程(即专业素养提高的过程),好比小演员攀登梯子,已经达到的第 8 梯级,就是班主任现有的专业发展水平,到达顶端第 12 梯级,就是班主任专业发展的终极目标。而要达到第 12 梯级,又需要一级一级地向上攀登,否则就会欲速则不达。如此说来,这第 9 梯级就是班主任专业成长的"最近发展区"。当攀上第 9 梯级时,这第 9 梯级又成了班主任的现有专业发展水平,而第 10 梯级则成了"最近发展区",以此类推。可见,只有登上离自己最近的那个梯级("最近发展区",也即近期目标),才能逐步达到最终目标。我也曾把班主任的专业成长比作登山,你已经到达的那个台阶就是班主任现有的专业水平,离到达最近的上一级台阶就是班主任专业成长的"最近发展区",而专业发展的过程就是不断地推动"最近发展区"的向上移动的过程。因此理解"最近发展区"理论,对于班主任和任课教师专业化发展具有重要的意义。

所以,我们特别强调班主任一定要客观、实事求是地分析自己专业发展的现状(即专业素养发展的现实水平),把自己师德水平、专业知识、专业能力等诸方面的实际水平,有一个清楚的了解,看看自己在专业素养方面的优势是什么,劣势在哪里,据此确定自己的近期发展目标。

不了解自己专业素养的现状，就不知自己处在什么位置上，也就把不准自己到底向什么目标发展。这种脱离自己专业发展需要的目标即便提了出来，也难免失之准确，或盲目拔高，欲速则不达，或目标太低，失去激励奋斗的作用。

班主任的专业化发展可分为以下四个阶段，即适应期、成熟期、骨干期和科研期。每个阶段没有严格的时间界限，只是体现了班主任专业成长的倾向性。处于不同阶段的班主任，其专业素养都有不同的表现和水平，由于个人专业意识强弱、形成专业理想与信念的速度、自主学习的积极性、把握"关键人物"和"关键事件"意识与能力的差异，以及个性心理品质不同等因素，有的班主任专业成长快一些，有的可能慢一些。但是其前提都是严格地遵循班主任任职条件、履行班主任职责，又以班主任工作的基本规范为自己的行为准则，而且贯穿于班主任专业成长的全过程。为了准确地确定自己的"最近发展区"，必须认真分析自己专业化发展所处的阶段，下面就班主任专业化成长阶段及其"最近发展区"问题略陈管见。

第一，适应期。许多地区和学校要求新入职的青年教师做一年的见习（助理）班主任，在有经验班主任带领下，了解班主任任职条件、岗位职责及其基本的工作规范，学习怎样做班主任工作。这些刚离开大学校门的年轻教师工作热情高涨，通过向有经验的班主任学习，能够比较快地掌握班主任工作的一般程序，明确班主任任职条件和工作职责、体会班主任工作性质，以有经验的班主任为榜样，在履行师德规范和工作规范中有较快的提高。这也是适应期的重要组成部分。

一年的见习后，大多数青年教师开始独立工作，独立履行班主任职责，按班主任工作规范要求自己。他们对班主任工作、对学生都充满新奇感，有把工作做好的强烈进取心，工作热情高，希望做出成绩，但是，也时时受到现实中的许多严重事件的冲击，处在理想与现实、意愿与困难的较量之中，意志品质和心理素质受到考验，得到锻炼，于是对专业知识、技能的需求迫切。但一般情况下谁能把握住关键人物（校长、优秀班主任、报刊编辑、专家学者）对自己的影响，谁能把握住关键事件（受到挫折、奖励、在某项大赛中取得好成绩）对自己专业成长的契机，并通过学习、反思加以利用，谁的进步就会快，就会适应工作要求，能够积极主动地践行班主任工作基本规范、任职条件，完成好班主任的工作职责。

这个时期的专业技能目标是把握履行班主任职责的一般程序，掌握履行职责的基本规范,但是多数新班主任仍处在模仿阶段,专业理论知识与工作实际仍是两张皮状况,专业能力亟待提高。

这个阶段的专业道德目标是了解和践行班主任任职条件和师德规范。但多数班主任还不能自觉践行师德规范,这就是这个阶段班主任专业发展目标及其现状之间的差距。应该强调的是,不同的班主任,要根据自己的具体情况找准自己的"最近发展区",并采取相应措施缩小这种差距,实现快速发展。除学校要采取多种措施保护他们的积极性,宽容他们的不足,多方予以帮助外,个人要树立信心,针对不足,缺什么补什么,迎头赶上。

第二,成熟期。进入这个阶段的班主任,应该自觉按照班主任任职条件和基本工作规范要求自己。把履行好班主任职责作为自己义不容辞的责任。明确自己的专业理想、增强自己岗位意识,在学习专业理论知识的基础上,不断积累工作经验,提高自己的专业能力。其中有一些班主任也产生了更高的职业追求,即做优秀班主任的理想。他们能够根据时代的发展,开展班主任工作,关注学生素质的可持续发展和对自己工作的科学性与艺术性的提升,带班风格初步形成,各项成果和荣誉也纷至沓来。

但是这个时候也有不少班主任满足于现状,丧失了更高的专业追求,这样的班主任的专业发展也就产生了一种高原现象。其客观原因是,班主任既要完成教学任务,又要完成繁重的班主任工作。长期处在超负荷工作的情况之下,导致精神压力较大,一些班主任的身体也处在亚健康状态,有担心身体被拖垮的忧虑,这时有些老师的家庭负担也重了起来,催生了班主任的职业倦怠。于是在进入成熟期后,有的班主任,因满足于轻车熟路,凭经验办事,吃老本,放弃曾有过的教育理想,丧失了曾经点燃的人生梦想的专业热情。专业理想与信仰开始滑坡,从而放弃了对人格独立和教育尊严的鼎力维护,放弃了学习思考,有人索性把丰富多彩的充满创造性的班主任工作,变成了简单的凭经验办事的机械性行为,使其简缩成程序化的操作,以致自己的专业思想迟钝,专业意识淡化,忘了自己的专业角色及其重要作用。尽管高原现象仅是班主任专业成熟期的一个短暂过渡期,如不迅速加以解决,不仅影响学生的发展,也使自己专业发展停滞下来,导致一辈子处在这个阶段。

解决的办法,除了学校要考虑减轻班主任工作负担、加强理想与信仰教育,树立这方面的典型之外,关键还得靠自我批判性反思和心理调节,防止职业倦怠,实现自己的思想革命和自我解放。主动摆脱职业倦怠,自觉追寻教育理想,积极品味教育人生,重燃教育激情,树立教育信仰,这才是走出职业倦怠,实现专业化发展的动力。

第三,骨干期。班主任在进入成熟期后,一部分人会坚持自己的教育理想和信念,强化自己的角色意识和责任意识,以成熟期所获得的奖励、荣誉为动力和契机,充满自信地乘势而进,脱颖而出,很快成为班主任队伍中的佼佼者——骨干班主任。处在发展期的班主任基本达到了贯彻班主任工任职条件(师德规范)和工作基本规范已成为履行班主任职责的良好习惯,做一名优秀班主任已成为他们的最高需要和动机,并形成了自己的带班风格和育人艺术。专业理论知识进一步丰富,专业能力不断提高,并自觉用于指导班主任的工作实践。成为骨干班主任后,也有的开始产生了"船到码头,车到站"的想法,加上对教育科研存在神秘感和畏难情绪,不能将自己工作中的经验教训进行批判性反思,并将其处于隐性状态的经验用文字表述出来,其发展曲线又进入一个水平发展状况,只有克服了这个问题才能进入班主任专业化发展最高阶段——科研期。

第四,科研期。进入科研期的班主任,已将读书学习、实践反思和教育科研作为自己创新教育教学工作的自觉追求,其履行班主任职责的多种能力(科研能力和创新能力、班级组织管理能力、组织班级活动的能力和协调能力)大大提高。他们对自己的工作经验有了明确的认识,开始进入从量变到质变的程度,并千方百计地将这些隐性的经验用文字表述出来,基本形成了属于自己的"实践性理论知识",实现了由经验型班主任向科研型班主任的转化,其研究成果逐步丰硕,专业影响力越来越大。此时班主任才进入快速发展期,基本达到了自主专业发展的新境界,形成了专业自主的本领。

由此可见,班主任专业成长的过程是有阶段性的,了解这些内容,并能够科学地分析每个阶段应达到的专业水平与自己实际水平之间的差距("最近发展区")并通过自己的努力,缩小这个差距,才能快速地成长起来,向着专家型班主任阔步前进。

只有掌握了自己处于哪个发展阶段(时期),才更容易准确分析自己的专业素养的现实水平,确定自己专业化发展目标。可是目前教师和班主任撰写的"个人专业发展规划"还存在不少问题。

（六）实现目标关键在坚持不懈地拼搏

制定个人专业发展规划，不是给别人看的，不是纸上谈兵，必须按照规划付诸实施，并进行坚持不懈的努力，要有一种不达目标决不罢休的毅力，才能真正实现自主专业化发展。有一个大家耳熟能详的掘井的故事，值得我们借鉴。

第一个人灵活变通，挖了很多地方，但都挖得不深，另一个人性格执着，他选准一个地方后，就一直挖下去，最终先打出水来。先打出水的重要原因是选准目标，且目标专一，并持之以恒。同理，班主任在认真、实事求是地确定好自己的专业化发展目标和达到目标的策略之后，要对自己要达到的目标必须具备的专业知识和专业能力了然在胸。接着就是执着奋斗，不懈追求。

成大事者必须有这种精神。叶剑英元帅在一首诗中说："攻城不怕坚，攻书莫畏难。"赵朴初1982年2月也写了一首诗，诗是这样说的："一志金可镂，多闻道不穷，艰难成学业，终达妙高峰。"茅以升先生在他的《学习研究十六字诀》中说："博闻强记，多思多问，取法乎上，持之以恒。"

在这一点上，李镇西老师将永远是我们的榜样，他的目标是努力做最好的自己。是的，当你成为一名人民教师，走上三尺讲台的时候，就要给自己树立一个标准：做一名优秀的人民教师。

一个人如果对于自己所从事的职业缺乏一种社会的、人文的、奉献的责任，缺乏对于自身职业、对于世界、对于他人的意义的领会，那么，实际上是对自己的人生意义的否定。爱因斯坦有句名言："人只有献身社会，才能找出那实际上是短暂而有风险的生命的意义。"人是有精神的，精神性是人的最高属性，精神追求是人的最高追求。只为自己或只为谋生而从事教育是不会快乐和幸福的。你看特级教师、班主任的楷模李镇西是怎样看待自己工作的："踏踏实实上好每一堂课，仔仔细细批改每一本作业，认认真真对待每一次谈心，开开心心组织每一次活动，我高兴，学生也快乐。这样做教师，多么有意思！"在这样的心态下，教育从容了！"每天都有新的发现，每天都有新的领悟，每天都有新的收获，因而每天都有新的快乐。"

因此，班主任要追求高标准，即追求优秀——崇高的灵魂和智慧的头脑，要在自己的工作中深刻感悟生命的最高意义，努力获得心智能力的积极实现，从而树立起对于自己工作的高远立意。

努力做最好的自己,要从工作中的每一个环节做起。李镇西老师曾经对自己的学生说:"你也许不是最美丽的,但你可以最可爱;你也许不是最聪明的,但你可以最勤奋;你也许不会最富有,但你可以最充实;你也许不会最顺利,但你可以最乐观……因此,你若是工人,就要当技术最出色的工人;你若是营业员,就要当服务质量最佳的营业员;你若是医生,就要当医术最高明的医生;你若是教师,就要当最负责的教师;甚至你哪怕只是一名'个体户',也要当最受顾客称道的劳动者! 你也许不能成名成家,不能名垂青史,但你可以成为同行业中千千万万普通人里最好的那一个!"通过努力,你完全可以成为最好的自己! 李镇西老师对学生是这样讲的,自己也是这样做的。他努力地实践着:今天要比昨天好,明天要比今天更好! 他认为做最好的自己,是一种平和的心态,也是一种激情的行动;是对某种欲望的放弃,也是对某种理想的追求;是平凡的细节,也是辉煌的人生;是"竹杖芒鞋轻胜马"的闲适从容,也是"惊涛拍岸,卷起千堆雪"的荡气回肠。在这种心境下,他踏实地稳健地一步步地攀登着。

我今天备课是不是比昨天更认真? 我今天上课是不是比昨天更精彩? 我今天找学生谈心是不是比昨天更诚恳? 我今天处理突发事件是不是比昨天更智慧? 我今天组织的班集体活动是不是比昨天更有趣? 我今天帮助"后进生"是不是比昨天更细心? 我今天所积累的教育智慧是不是比昨天更丰富? 我今天所进行的教育反思是不是比昨天更深刻? 我今天面对学生的教育教学建议或意见是不是比昨天更虚心? 我今天所听到各种"不理解"后是不是比昨天更冷静……每天都不是最好,甚至每天都有遗憾,但每天都这样自己和自己比,坚持不懈,我便不断地向"最好的教师"的境界靠近。

我认为,如果我们所有教师和班主任都能像李镇西老师这样修炼师德、修炼师智、修炼师能、修炼师风,我不敢说大家都会成为他那样的知名教育家,但我敢说,大家会成为他那样的优秀教师、杰出的班主任或优秀的校长。努力吧! 榜样的力量是无穷的!

二、没有主动参与就没有自主专业化发展

目前,各种优质教育资源,为班主任专业化发展提供了许多自主选择的机会和内容,但是由于一些班主任专业意识的失落,对自己的教育生涯的整体性反思的失落,自主专业化发展意识不强,依赖性反倒凸显出来,直接影响着班主任专业化发展的速度和质量,不能不引起班主任的注意。

这种依赖症主要表现在以下三个方面。

首先是依赖学校领导,总觉得自己是千里马,希望领导是伯乐能慧眼识才,而自己却不知努力。

其次是依赖培训,一些班主任存在着一种盼培训、等培训、靠培训的依赖思想,似乎忘了那些依赖外力的思想,抱怨环境的论调,立竿见影的速成心理,影响了班主任实现专业化的步伐。

第三是依赖网络。网络资源丰富,平时却不能多留心、多收集筛选信息,多学习思考,为自己的班主任工作、为提高专业素养服务,而是一旦需要写什么论文、搞什么班会活动大赛,则依赖网络资源一抄了之。

其实,依赖已经成某些班主任自身专业化的绊脚石。时代呼唤班主任主体意识的回归,倡导班主任自主专业化发展,班主任必须树立崇高的专业理想和高度的事业心和责任感。2012 年 11 月在天津市第二届"班主任专业化发展论坛"上,北辰区西堤头小学刘佳音老师的《新班主任迅速成长秘籍》让与会者颇受启发。现将这位农村小学的青年班主任的发言摘录如下。

2008 年 8 月,我怀着激动和忐忑的心情开始我的教育生涯。大学刚毕业的我,不知道怎样才能当好一名老师,更不知道该怎样当一名优秀的班主任。那年,我接了一个一年级的班,面对着一群调皮而天真的学生,面对着

家长对我的质疑与不信任,我不知所措。

但是不到半学期,班级已经被我管理得井然有序,调皮的学生变成守纪律、爱学习的学生,家长口中的我变成了受学生爱戴、受家长尊敬的老师。

在这四年里,我们班取得了无数喜人的成绩,我被评为北辰区优秀班主任,我们班也被评为北辰区优秀班集体。

我相信还有很多新班主任也有着跟我一样的困惑,学校也需要新班主任快速成长起来,因此,我愿意把我的经验介绍给大家。

向自己以前喜欢的班主任学习

当我刚接这个班不知所措的时候,我就在想我以前的那些班主任:有的我非常喜欢,令我至今难忘,现在还经常联系;有的令我痛恨,甚至厌学,差点儿因为他们而耽误我的前途。

于是,我就在心里告诉自己,向那些我喜欢的班主任、喜欢的老师学习,想一想他们曾经是怎样管理班级的、怎样进行班级建设的,想一想他们曾经是怎样处理老师和学生之间关系的,想一想他们为什么会成为一名受学生爱戴的班主任的。同时也想一想,我不喜欢的班主任,他们哪些方面做得不好,我在今后的工作中一定要注意这些方面,既然当年的我讨厌班主任这样做,那么我绝对不做令自己讨厌的人。

所以我认为新班主任当班里出现问题不知该怎么办时,就想想我们以前的班主任或者某位老师是怎么做的,我们的老师教我们的不仅仅是知识,还有很多做人的态度和做事的方法,值得我们去学习。

所以,多想想我们以前的老师,是新班主任迅速成长的秘籍之一。

做一个聪明的"偷艺者"

有些新教师虽然总是手忙脚乱,却苦于不知该向谁请教,其实我们身边就有很多宝贵的资源。当时我们一年级和二年级的老师在一个办公室,他们都是工作20年以上非常有经验的老教师,在我看来他们就是宝库,有什么问题我都会向他们请教。

当然我们在工作中也许会遇到有些老师不愿意告诉,或者是其他老师也说不出来该怎么做的时候,我们就要开始"偷艺"了。多看看老教师是怎样管班的,多听听老教师是怎样跟学生说话的,特别是怎样批评教育学生的。

我刚上班的时候就不会批评学生，总怕伤了学生的自尊，说学生几句总是让学生感觉皮疼肉不疼，说完后他该什么样还什么样。于是我多注意听老教师是怎么批评学生的，我总结了一下就是打了一巴掌再给个甜枣吃。一定要让学生知道自己错在哪儿了，而且要发挥老师的语言艺术，要说得学生心服口服，最后别忘了给予学生期待与鼓励，让学生知道老师这样做是为了他们好。

这个秘籍被我掌握了之后，我就更乐于"偷艺"了，甚至连老师留了什么作业、老师是怎样与家长交流的，我都要"偷艺"一番。当然这都使我受益匪浅，因为这些方法都是老师多年教学经验的总结，这比我们自己去探索要省时省力。

但是，我们也要做个聪明的"偷艺者"，从其他老师那学来的东西，我们首先要"过滤"一下：这样做到底是不是正确的。那些不符合规定、有悖常理的事，即使十分有效也绝对不能去做。其次，我们要"加工"一下，别人的方法也许只适合别人的班，不一定完全适合自己班，所以我们不能拿来照搬，必须根据自己班的实际情况进行"加工"，制定出更适合自己班的方法。

老教师是我们身边最好的教科书，新班主任们一定不要错过这么好的资源，这是新班主任迅速成长的秘籍之二。

给学生创造成功的预感

我们都听过季树涛老师的讲座《教师的期待效应》，知道教师和家长的期待对孩子的成功与否起到了非常关键的作用。

于是我经常告诉学生：别人能做到的事情，你也能做到，你一定会成功的。一年级时我就在班级开展"我能天天成功"的活动。每个阶段我都会给学生制定一个目标，主要就是日常行为规范教育。比如，一年级的小学生还没有适应学校的生活，我会告诉他们来学校上学的要求是什么，第一件事我们就要做到不迟到、有事不能来让家长跟老师请假。开始时有些学生做不到，没关系，我会告诉他们，别人能做到的事情你也能做到，你一定会成功的。等这个要求全班都做到了，我又会对学生提下一个要求，比如上课时不能交头接耳，不能随便说话，想说话要举手。

我还经常"忽悠"学生，让他们有强烈的集体荣誉感和成功感。我会经常对学生说："别的老师表扬咱们班了，说你们特别听话，老师真为你们感到高兴，我们一定要继续努力，为班集体争光。"我一直坚信，好孩子是夸出来的。

过了一年后大多数学生已经养成了良好的行为习惯，但还有个别学生行为散漫，同时，随着年级的增高学生自身也会暴露出一些缺点。这时我会让学生自己说一说需要改进的地方，自己制定"我能天天成功"的目标，或者我给他提要求制定目标。比如，语文听写，错字百出的学生，给他制定的目标是每次听写少错一个词；上学经常迟到的学生就与家长建立联系，共同制定目标，每天早起10分钟。而且我从不要求学生制定"过高的目标"，我只要求学生根据自身的不足确定一个能伸手够得着的目标。而正是这个"我能天天成功"的渴望，使学生不会因为理想过于空洞、远大而感到渺茫和恐惧。

而家长和老师对学生的期待正是给学生创造了成功的预感，这种成功的预感也增加了学生成功的信心，这正是新班主任迅速成长的秘籍之三。

让每一句话都结出"果实"

苏霍姆林斯基在《给教师的建议》中曾经这样说过："要让真理和信任在学校里（同样在家庭里）占统治地位。要让在学校里所说的每一句话都结出果实，而不是一朵空花。"

如果我们在平日的工作中经常对学生说空话，在学生面前，就失去最基本的又是最宝贵的信任。学生一旦不信任教师，尤其是不信任班主任时，其巨大的负面作用是难以估量的，它会在班级里形成一个虚伪的、不负责任的氛围。

因此我对学生说的每一句话，答应的每一件事都是经过深思熟虑的，一定要说到做到，特别是对学生要奖惩分明，说过会奖励、会表扬就一定要做到，说过做错事要惩戒也必须实施。要在全班同学面前树立老师的威信，让全班同学都知道老师是说到做到的，这样对学生既是一种激励，也是一种威慑。

这就是说教师必须把自己对学生讲的道理化为具体的行动，话出落地，让每一句话都结出"果实"，这正是新班主任迅速成长的秘籍之四。

以上就是我作为一名新班主任能够迅速成长的一点儿心得，我非常愿意和大家分享，希望我们新班主任快速进入角色、迅速成长。我一直深信，

只要我们怀揣一颗爱学生的心,就一定会得到学生的爱的。

我们年轻,我们缺乏经验,我们手足无措,我们四处碰壁,我们经受着无数的挫折和失败。但正因为我们年轻,我们有激情、我们有精力、我们有闯劲,只要我们肯钻研、肯用心,一定会迎来属于我们的成功的!

刘佳音老师的经验如此的朴实、如此的简单,但却令人信服。她告诉我们只要热爱班主任工作,只要我们能做一个自主专业成长的有心人"一定会迎来属于我们的成功"。她告我们,要虚心向老教师学,要做个聪明的"偷艺者";她告诉我们要主动参与市区校举办的班主任专业化培训,主动参与各级各类的专业活动,主动参与校本教育科研,主动参与并融入学习共同体。没有主动参与就没有主体,就不可实现自主专业化发展。

总之,班主任实现自主专业化发展,一要有正确的态度,有为献身教育事业,一生当教师、做班主任的大爱情怀。二要树立奋斗目标,即当个有良心的教师,做个专业化的班主任。有良心才能唤醒学生的良知,学会做人,有专业水平,才能真正做到教书育人、管理育人、服务育人。三要经得起磨炼,梅花香自苦寒来,班主任之美来自破茧之痛。四要总结经验,经验是前一个阶段的结束,下一个阶段的开始。

教育是国家发展的基石,有一流的教育,才有一流的人才,才能建设一流的国家。我们必须目光远大,把教育搞上去。办好教育,教师特别是班主任是关键。温家宝同志曾向教师提出了三点希望:

第一,要志存高远,爱国敬业。人民教师的神圣职责就是传授知识,传承民族精神,弘扬爱国主义,为国家和人民培养合格的人才,教师要忠诚于人民的教育事业。

第二,要为人师表,教书者须先强己,育人者须先律己。教师的道德品质和人格对学生有重要的影响。要重言教,更要重身教。

第三,要严谨治学,与时俱进。……教师要成为热爱学习、学会学习、终身学习的楷模。

温家宝同志的指示中,不仅对教师的专业素养提出了具体的要求,而且指出要提高专业素养,关键是"强己""律己",实现自主专业化发展。自主专业化发展就要对学校提供的优质资源十分珍惜,主动参与、充分利用。

（一）主动参与各种专业活动

班主任专业活动是以提高班主任专业化水平为主题,以履行班主任职责为内容,以学术性和同仁互动为特征的学术活动。目前各中小学的这类活动十分丰富,如教育科研(开题、中期展示、成果展示、学术论坛)活动、学术沙龙活动、专业性岗位内涵的学术研讨活动、书香校园建设研讨会活动、治班方略和教育案例展评会活动,还有学术观点陈述会、主题班会展示点评会、与专家面对面对话交流会和各种学术报告会。这些学术含量很高的专业活动,体现的是一种实践与理论的对话,同辈间观点的撞击,它使学校形成了浓浓的学术研究气氛。班主任从中获得了教育智慧,自己平时的工作经验也在这种氛围中升华,从只可意会难以言传的隐性状态,转化成能用语言表述出来的"实践性理论知识"。这是班主任专业化的重要指标之一。

这些活动我们班主任都应当积极参与,变被动为主动,并把专业活动作为自我展示的平台。众所周知,没有主动参与就没有主体,只有积极主动参与,才能成为自主专业化发展的真正主体。要想提高参与各种专业活动的实效,应做以下主观努力。

1. 在活动前要做好充分准备

在学校开展专业活动之前,我们要围绕活动主题认真进行学习,做好活动内容的充分准备,不仅要考虑自己在这方面的优势、有何典型案例、有何独到的见解,以便在活动中展示自己的才华。更要考虑自己在这方面还有什么没搞清楚,以便在活动时虚心倾听同仁的见解,专家点评或请教他人,实现进一步提高。

2. 在活动中要充分展示自我

目前,教育行政部门和学校为班主任搭建了许多展示的舞台,如治班方略交流评比、班级活动大赛、业外才艺展演、各抒己见的研讨活动、读书沙龙活动……对此,班主任一定不要放过难得的机会,要主动要求参与展示。要把自己学了什么、做了什么,有何心得体会和独到见解,以及什么疑难问题充分表达出来。这不仅能够提高我们的专业知识和能力,而且会使与会者受益匪浅。班主任应该广泛参与、充分展示、互相学习、取长补短、共同提高,特别是要虚心、认真地听取其他与会同志的发言,在活动中积极互动。

班主任工作是个体性的专业劳动，具有相对的封闭性，这正是阻碍班主任专业化发展的瓶颈，必须加以解决。主动参与班主任的专业活动，不失为一种有效的办法。因为，班主任积极参与专业活动，可以使自己从封闭走向开放，主动向其他班主任学习、密切合作。这种共同成长的合作研究的学术氛围，会进一步打开自己工作的新思路、新局面。班主任专业活动既是学术交流与研讨，又是履行职责，改进工作方法，提高艺术水平的交流与切磋，会大大提高班主任专业化水平和工作实效。

3．在活动中实现工作创新

在主动参与专业活动中，班主任应秉承创新的原则。班主任工作是一门科学，也是一门艺术，科学就要追求真理，严格按教育规律施教，不折不扣地落实素质教育的各项要求；坚持以德育为核心，培养学生的创新精神和实践能力；艺术就是求新，坚持以学生为主体，充分发挥学生自我管理与自我教育的积极性，不断创新自己的教育方法。而科学与艺术的结合正是班主任对真善美的追求，也是教育本质的回归。

创新班主任工作是班主任专业化过程中永恒的主题。而自主参与班主任专业活动是实现观念创新、工作内容与方法创新的有效途径，是提高自己创新意识和创造性个性品质的有效方法。可以说没有工作上的创新就不能形成自己的工作特色，就没有班主任个性化的专业发展。班主任要敢于在学习他人的过程中超越他人，敢于在战胜自我的基础上超越自我。

（二）主动参与专业培训

2006年12月，教育部启动了中小学班主任培训计划，对培训的意义、原则、方法、内容等问题提出了明确要求。不少学校认真学习培训计划，制定校本培训方案，把班主任队伍建设纳入了学校工作日程。

校本培训是基于班主任专业成长和学校教育发展需要的，由学校规划、联系实际、解决实际问题的培训，是提高班主任专业素养的重要途径。随着班主任专业化途经和方法实践研究的逐步深入，培训内容和方法越来越突出了专业性和实效性，大大促进了班主任专业化的速度。这对于更新班主任的知识结构、提高班主任的专业化水平，发挥了卓有成效的推动作用。然而，这种培训终归还是一种"外塑式"的，如果不与班主任自主专业化的"内驱力"相融合，其培训效果就会大打折扣。因此,班主任专业化发展必须从他律走向自律,特别是师德素养更需要自我完善。

目前,许多中小学在开展校本培训之前都在研究如何解决好参训者以下几个认识问题,这是十分必要的。

班主任专业发展的舞台在学校;校本培训的原点必须回归实践;班主任专业发展的可持续性在于激活班主任的内在动力;班主任专业化发展也有"最近发展区";班主任专业化发展关键是"自主专业化发展"。

学校在组织校本培训时,能够充分考虑到这些问题,完全是为班主任专业化发展考虑的。作为"学生"的参训者都是具有一定工作经验、理论基础和独特背景的个体,无疑会充分认识学校领导的良苦用心,我们就应与领导心往一处想、劲往一处使,积极主动参与这样的培训。

除此之外,校本培训是持续而长久的培训,因此具有连续性;校本培训是与班主任工作紧密结合的培训,因此具有实践性;校本培训能够机动灵活地安排时间和内容,因此具有灵活性。这些特点给我们创造了自主参与的优越条件,足以让班主任有更多的参与机会。只要班主任充分认识专业培训对自己专业发展的意义,就能有机会积极主动参与。

1. 带着问题参与

培训者多是对培训内容有一定研究的专家、学校领导和优秀班主任(任课教师),但由于培训内容较笼统,也难免缺乏一些针对性。为了增强培训效果,作为参训者应在培训前,根据培训内容做好充分准备,要通过读教材,把不理解的内容或问题记录下来,以便带着问题去听课。力争把培训者所讲的内容与自己的工作和生活中遇到的问题联系起来,加以思考和消化。这样参与培训学习,就会有更大的收获。我们常要求学生要养成"先预习后听课的习惯",我们也应当做到。

听课中,如果自己的问题仍没有解决,一定要立即向培训者请教,与之探讨。目前许多培训没有教材,只公布培训专题,在这种情况下,我们也要在听课前,依据培训主题查找相关资料,思考相关问题,尤其要思考在这方面自己的优势和不足,以便听课时更有针对性。

培训后,要及时整理听课笔记,加深对培训内容的理解与记忆,特别是要考虑哪些内容可以运用到班主任工作中,做到理论联系实际。像刘佳音老师那样,听了季树涛老师《教师的期待效应》的讲座,立即将"期望理论"创造性地应用到工作中去:在班级开展"我能天天成功"的活动。

2. 增强学习中的主动性

有的班主任很有主动性,只是在培训中没有充分发挥出来。无论培训者采用何种教学方法,参训者都应主动地学习,而不是等着培训者来调动。否则仍然是被动的。有许多参训者,不重视培训者的智力资源及其所传递的信息资源,实际上这些资源,对自己目前和今后的学习、工作都是非常宝贵的。如果对这些资源不重视,听完课、考完试就完事大吉,这是对资源的浪费。殊不知,记下培训者的联系方式,经常向他们请教一些问题,对自己的专业发展会更有帮助。很可能这些培训者就是我们专业发展的"贵人"。

3. 改进自己的学习方法

许多参训者在参加培训时,往往回到了中学时代甚至小学时代:埋头记笔记,死记条条,应付考试。不会看书,不会记笔记,不会整理知识结构,这样的班主任回到学校,也不一定会指导学生学习。因为,他自己就缺乏这样的体会,因此,要想培训取得更大的收获,就要改进自己的学习方法,要善于发现培训中遇到的问题,结合自己的实践进行反思,这是实现自主专业化发展的极为有效的学习方法。

(三)主动参与教育科研

当前,班主任专业水平不高,"缺乏学术氛围"的根本原因,是一些人总是觉得班主任不过是孩子王,只要有两年的工作经验就能干好,更糟糕的是有的班主任自己也这样认为。有这样的想法,直接阻碍着班主任专业化发展,使自己永远停留在"准专业""半专业"的水平。要摆脱这种观念的束缚,凸显班主任的专业素质和学术水平,就必须以班集体为自己的实验室,以学生为自己的研究对象,积极参与教育科学研究,这才是班主任实现专业化的必由之路。班主任参与教育科研有绝对的优势:一有一定的理论基础,二有丰富的实践经验,三有优越的实验环境,这些是一些理论工作者无法比拟的。

长期以来,班主任为了履行好职责,搞好工作,比较重视实践经验的积累,却不同程度地表现出对教育科研的冷漠。20 世纪 80 年代以来中小学的教育科研工作蓬勃发展,班主任(教师)成为研究者的观念已被广大教育工作者认同,其基本假说是班主任有能力对自己的教育行为加以反思、研究和改进,能够提出贴切的班主任工作改进建议。中小学科研的实践也证明了这一点:班主任搞科研不仅是改进自己的专业工作最有效的方法,而且是促进自己专业素质提高的有效途径。

尽管中小学教育科研局面有了很大程度的改善,却又使一些班主任陷入了新的困惑:觉得不少课题远离自己的工作实际,缺乏源头活水,加之"贪大求全"的心态、"课题至上"的作风,加重了他们对教育科研的神秘感和无用论的思绪。即使他们参与了这种研究,也往往是被动"卷入",而非主动参与,因此,必须尽快解决以下几个问题。

究竟什么样的研究才是中小学班主任需要的研究?

什么样的研究才是属于或者说适用于中小学班主任的研究?

什么样的研究才能调动起班主任主动参与的积极性?

对此,不少学者都曾发表过看法,而且都同意"行动研究"或称"叙事研究"才是比较适合中小学班主任参与的研究。笔者无意排斥其他研究,即便是"基础研究""应用研究"也应把研究的定位指向学校教育中存在的需要解决的问题。或者将其分解成若干个子课题,使研究直接指向班主任工作存在的实际问题,指向如何解决这些问题,这样班主任才有真正的话语权,才能调动起他们主动参与的积极性,充分发挥他们的研究能力。

为什么这样说呢? 理由如下。

一是班主任参与教育科研可以增强自己的问题意识,促进他们对各种教育现象的关注;可以促进班主任对自己在管理班级和对学生教育时出现的各种问题进行反思,以便巩固自己的成绩,改进自己的工作。

二是班主任主动参与教育科研可以促进他们对教育科学知识、专业理论的渴求,促进他们去广泛收集班级建设与管理的相关研究成果和资料,扩大他们的信息量,不断更新自己的知识结构。

三是班主任主动参与教育科研能够更新教育观念,把自己从否定个人尊严和迷信学者权威的桎梏中解放出来,确信自己有能力改进自己的工作方法,并成为教育文化的创造者(其表现形式就是撰写科研规划、科研报告和其他科研论文),这样也可以大大提高班主任的学术声誉。

目前,许多中小学的教育科研蓬勃发展,走科研兴校之路已经成为中小学内涵发展的主题。这不仅成为一种重要理念和价值取向,而且成为班主任专业化发展的重要途径。但是,也有一些中小学的教育科研存在功利目的,以致形成"开题——轰轰烈烈;过程——冷冷清清;结题——忙忙碌碌",缺乏一种科学的态度,对一线教师和班主任产生不良影响。相反,有些学校,对科研怀有敬畏之心,能够在教育科研中虚心听取专家学者的热心指导,并指导班主任参与研究,使得班主任能从以下几方面促进自己的专业化发展。

1.用科研带动自主专业学习

校本教育科研是促进班主任专业发展的枢纽工作。根据教育科研的过程与规律,确定选题之后,应立即引导教师围绕课题学习相关的政策法规、理论知识和他人经验,并把学习贯穿于教育科研的全过程。教育科学研究是提出问题、分析问题、解决问题的过程,是带着实践中的问题去学习、反思、研究的过程。班主任参与教育科研,就可以在研究中不断学习、思考。只有一丝不苟地坚持在研究中学习、在实践中思考,让教育科研成为班主任之间互动学习的平台,才能推动学校成为一个学习型组织。因此,学校要鼓励班主任结合个人实践,选择感兴趣的课题开展研究,并给予支持和指导。天津市教委主任主持的中国教育学会"十一五"重点课题"班主任专业素养的现状与发展的研究"这一课题的最大特点就是各子课题学校都能把学习贯穿到整个研究的始终,不仅推动了课题的深入发展,更有效地提高了班主任的专业素养。

2.用科研带动实践中反思

现代原子物理学的奠基者卢瑟福对思考极为推崇。一天深夜,他偶尔发现了一位学生还在埋头实验,便好奇地问:"上午你在干什么?"学生回答:"在做实验。""下午呢?""做实验。"卢瑟福不禁皱起了眉头,继续追问:"那晚上呢?""也在做实验。"

勤奋的学生本以为能够得到导师的一番夸奖,没想到卢瑟福居然大为光火,厉声斥责:"你一天到晚都在做实验,什么时间用于思考?"

勤奋的学生却遭到斥责,看似委屈。很多时候人们宁可让岁月淹没在仿佛很有价值的忙碌之中,却极不情愿拿出时间进行思考,以至于思维总是在低水平的层次上徘徊,最终一无所获。

如果说智慧是创造的源泉,那思考便是智慧的起点。我很赞赏卢瑟福的做法,因为,批评也是激励。

著名学者文森曾说过:自我反思是班主任自主专业化发展和自我完善的核心因素。只有懂得反思的班主任才能成为一名优秀班主任,否则,永远只是一个教书匠。究其原因,是这些班主任不善于反思,不能正视自身存在的问题,不能改造落后的思想和落后的方法。教师专业化成长的最重要环节就是要不断地进行批判性反思,只有理性的认识才能科学地指导实践。反思是总结,是批判,是追求。只有勇于探索不断进取的班主任,才有可能以批判的眼光审视自己,寻找自身的缺失与遗憾。班主任专业化成长的过程,实质上就是"问题—反思原因—提出解决办法—再反思"的不断升华的过程。反思是班主任发展最具积极性的因素,也是班主任专业化成长的必然选择。

3. 用科研带动经验总结

一位从教三十余年老班主任,面对如何教育独生子女问题,却困惑重重。因为教育对象变了,原来的严师必出高徒的方法有点失灵了,经常是事倍功半,甚至事与愿违,冲突频发。真是老兵遇到了新问题,他有点儿不知所措了。2007年,54岁的他,参加了中国教育学会"十一五"重点课题《班主任专业素养的现状与发展的研究》的子课题《班主任专业素养与学生创造性个性品质的研究》课题组。走进科研的殿堂,潜心学习了多方面的理论与资料,宛如新生儿贪婪地吮吸着鲜美的教育营养。

他说:这才使我懂得了教育一定要反思,反思激活了我深埋在头脑中处于沉睡状态的经验,逐步总结出"六心沐浴,发掘潜能"的教育原则。"六心沐浴"即爱心呵护、热心激励、耐心辅导、童心沟通、细心疏导、恒心坚持;"发掘潜能"即善于发掘学生个性的闪光点,能正确引导并发挥到极致。在日常教育教学中还采用了一些有效的评价方法:赞扬法、激励法、期盼法、启迪法、暗示法、商洽法、交心法、激将法、幽默法、鲜明批评法、客观自析法、欲擒故纵法等。

他说,由于我做到了俯下身来贴心交流疏导,有效地激活了学生的创造性品质并良性发展,使我的教育屡屡成功:是我的爱心激励加科学训练,使个性偏激孤僻失群的丁宝桐有了几个好朋友,成为班级体育骨干,校级进步生;是我的激发自尊、严格训练、热心疏导使厌学的朱立福、柴寿义能坚持圆满地完成作业了,柴寿义彻底改掉了长达四年的含口水吐字不清的陋习;是我的激将加培养使倔强好斗散漫成习的杨超、高博文二人能自尊自律了,成了好对手,成长为班干部、三好生、市级进步生;是我的慈爱关照与热心激励,使从小没有父母爱的柴湘宜把我当成了最亲的人,最喜欢上我的课,语数外的学科成绩都有了明显的提升,被评为校级进步生;是我的全面帮扶,使父母都失去信心的孙兆帅能主动找老师补习功课,各方面都明显进步了;是我的客观剖析,启发自省,使自我感觉良好的班干部李尊、郝汝玉、张嘉珍认识到自身的不良心理及不良素质,能有意识地扬长避短了。这都得益于我潜心从事的课题研究与实践。

教育科研能够牵动班主任在实践中进行反思和理性总结。教育科研的每一次活动、每一个环节、每一个阶段的总结与概括都要求科学而严谨,其中包括对课题变量的理解和把握、对研究方法运用效果的总结和对研究成果的提炼,还要总结研究中存在的问题,明确进一步研究的方向。这个过程,既是班主任(研究者)个体实践、反思、学习总结的过程,也是班主任将其日常工作中积累的经验不断丰富,实现由量变到质变的过程,是对这些经验不断提炼升华,用文字表述出来的过程,即将只可意会难以言传的"隐性知识"显性化的过程。这对班主任专业发展是非常重要的。课题研究牵动下的实践、反思、学习总结是校本研究的主旋律。

(四)主动争取"贵人"相助

教育家苏霍姆林斯基曾经讲过这样一个故事:他小时候住在一间杂货铺附近。每天都看到大人们将一种东西交给杂货铺老板,然后换回自己所需要的物品。于是,有一天,他将一把石子递给老板说:"买糖。"杂货铺老板迟疑片刻后,收下了石子,然后把糖"卖"给了他。

这个杂货铺老板没有用成人的逻辑去分析孩子的行为,而是用宽容维护了一个幼小生命的尊严。这是对儿童精神世界的深刻理解和尊重。老板不是教育家,却拥有教育家的情怀。正是这件小事在一定程度上成就了苏霍姆林斯基,正如他自己所说:"这位老人的善良和对儿童的理解影响了我一生。"这位老板就是苏霍姆林斯基的贵人。

大凡事业有成者,在谈及事业发展时都少不了谈到"贵人"相助的问题。班主任的专业成长同样需要"贵人"。班主任的"贵人"是那些对其专业化发展和工作给予重要帮助的"关键人物",也称"重要他人"。

1."贵人"角色的多元性

青年班主任陈静说:我参加工作不满三年,当班主任也不到一年,今天我能站在班主任论坛的讲台上,首先我想到的是刘校长,是他把我推向教育科研的前沿,并随时指导我搞案例研究,也使我的班主任工作更加精彩。天津市十佳班主任王振刚老师在与我谈及他语文教学和班主任工作时,由衷地感谢他的师傅——著名特级教师杜蕴珍对他的培育。天津市津南区的许多班主在谈到自己专业素养不断提高,班主任工作不断改善时,都会感谢德育研究室主任张凤霞和德育科长朱金霞:"是她们为我们班主任成长搭建了展示才华的广阔舞台。"从李镇西谈他的 11 位"贵人"一文中,我们发现:上至国家总理,下至学校校长;既有国内外的大教育家,也有普通的教师;既有著名的艺术家也有知名的编辑家……不难看出,任何一位走上专业发展快车道的班主任,都有"贵人"的帮助,而且,"贵人"不是一成不变的,也没有统一的标准。但有一点可以肯定,凡被人推崇为"贵人"的,起码有着高尚的情操和美好的心灵。

"贵人"不是一成不变的,也没有统一的标准,可以说影响一个班主任的专业发展的"贵人"很多,其角色也是多元的。归纳起来大致有以下几类:一是领导,特别是地方教育行政领导和学校领导(包括学校中层领导)。他们为了保障教师和班主任的专业发展,制定了相关的政策和制度;他们为提高班主任专业水平和教育教学能力,千方百计地组织各种有针对性的专业活动,为班主任提高素养、展示才干而创造条件、搭建舞台。二是名师、名班主任。这些人是教学和班主任工作中的领军人物,发挥着表率示范作用和一对一的近距离指导和帮助(如特级教师、学科带头人、十佳班主任、青蓝工程中的师傅、地区的教研员等)。三是专家学者。班主任在阅读、参与专业培训和教育科研中,都有机会结识一些专家学者,若能与他们保持联系、虚心求教,对班主任的专业发展速度会有很大的帮助。

四是合作伙伴。学校的同事、学习共同体中的参与者,只要大家能坦诚交流、虚心学习,即可互为"贵人"。五是报刊编辑。特别在编辑学者化的时代,他们不仅是编辑家也是所负专业栏目的专家学者。而我们班主任专业成长离不开写作,也就离不开编辑这个"贵人"的指导。依我看还有学生,学生每制造一个偶发事件(也称"关键事件"),都是提高班主任专业素养的难得机遇。总之,别看这些"贵人"没有朱永新、朱小曼这些大教育家的影响力,但有这些人陪伴着自己、鞭策着自己、激励着自己,也是不可多得的宝贵财富,这些"贵人"也能影响我们人生的方向和生命的轨迹。

2."贵人"作用的广泛性

班主任专业化,是一个专业素养不断提高的过程,在这一过程中,自主专业发展是关键,但离开了"贵人"的栽培,难免要走弯路,若有"贵人"相助那可就不一样了。由于"贵人"角色不同,对我们专业成长和做好带班育人工作的作用也不同。因此,"贵人"的作用具有广泛性的特点。

行政领导角色的"贵人",其一,制定相关制度(班主任任职条件与聘任制度、班主任工作的奖励制度等)为班主任专业化成长保驾护航。其二,向班主任授权,给班主任专业成长提供锻炼机会。组织各种专业培训和其他专业活动(如读书沙龙活动、经验交流活动、师德报告会活动),为班主任搭建展示风采与才华的舞台。

名师角色的"贵人"。首先是高尚师德的表率作用。名师(特级教师、学科带头人)、名主任(十佳班主任、优秀班主任、首席班主任)他们的共同特点就是具有崇高的人格魅力,而且处处起榜样示范作用。第二,他们都有教书育人、管理育人、服务育人的丰富经验,对我们具有传帮带的作用。第三,这些名师名班主任专业知识丰富、理论基础雄厚,可以在一定的教育情境中给我们一对一的指导,这可是最有价值的雪中送炭的帮助,是专家学者无法比拟的。

专家学者角色的"贵人"。现在,中小学班主任遇到专家学者并非难事,但真正得到专家学者这类"贵人""一对一"相助的并不多。原因不在专家学者,而在于我们自己能不能争取专家学者的帮助。更何况"贵人"不一定是雷锋,不会提拔弱者,他们只会让强者更强。正如一位老师说的,世界上锦上添花的"贵人"多,雪中送炭的"贵人"少。专家学者角色"贵人"的作用,更多的是锦上添花的"贵人"。

合作伙伴角色的"贵人"。班主任的合作伙伴很多,同学科的教师、同年级的班主任以及学校内学习共同体中的参与者,都是自己的合作伙伴。他们工作经验不同、带班育人风格各异、专业理论知识和能力也有区别,可以说是各有各的特点,各有各的优势和劣势,正是这些差异才是相互学习、取长补短的宝贵资源。同伴"贵人"是相互的,即使那些整体水平不如自己的老师也有自己可学之处,也能得到他们的帮助。伙伴"贵人"的帮助是最直接、最及时、最具现实性的雪中送炭。

报刊编辑角色的"贵人"。教育类报刊编辑不仅是编辑家,也是所负责栏目的学者,不仅对班主任的论文和案例写作进行斧正,而且对教育教学论文的内容进行专业指导,在班主任专业素养提高方面,是其他专家学者无法比拟的,他们作用是不能忽视的。

尽管上述这些贵人各不相同,但他们之所以被我们推崇为"贵人",是因为他们有一个共同特点,那就是具有高尚的情怀、美好的心灵和充满善念的德行,这也是"贵人"最宝贵、最值得我们学习的。

3."贵人"要靠自己去争取

任何人都可能成为你的"贵人",在你危难时给你帮助,在你迷茫时为你指点迷津,而他们怎样才能真正成为自己的"贵人",能够在你需要时倾全力帮助你呢?有人说每个成功人士都有一套招纳"贵人"的"谋略"。对此,我倒不以为然,要真正得到"贵人"的帮助,关键是从我做起。

(1)以善待人,吸引"贵人"。俗语说得好:"种善因,才能结善果。"如果,当你的合作伙伴观念上出了偏差,工作中遇到困难,你能倾其所能为其指点迷津,帮其解决困难,那么,当你遇到挫折时,你的伙伴也会倾全力相助。正如许多哲人告诉我们的:寻找"贵人"的唯一方法是用诚心、用真情去帮助别人。你可以没有林登·约翰逊那样的聪明头脑,却不能没有善良的心,所谓善人自有天助,因为人人都喜欢向好心肠的人身边聚拢,"贵人"也毫不例外。你今天的作为,就决定了你明天会不会得到"贵人"相助,你帮助的人越多,帮你的"贵人"也就越多。

(2)以自强不息赢得"贵人"。每一位梦想成为高水平专业化的班主任,不仅要主动争取"贵人",更应该让"贵人"乐意走到你的身边,这就需要你有自强不息的精神,自己的努力是获得"贵人"相助之本。只要我们有自己专业化发展的目标,并为实现目标殚精竭虑,不会就学,不懂就问,困难面前不退缩,挫折面前不低头，任凭风吹浪打，勇往直前不停步，你就会不断前进，更会得到"贵人"的垂青。"贵人"的高明之处，就是有一双识别英才的慧眼。一个不知艰苦奋斗的人，一个跌倒了就爬不起来的人，是不会得到"贵人"青睐和帮助的。

（3）《虚空才能纳教》的故事感动"贵人"。只要虚空纳教、诚心学习，"贵人"会感动于你的诚意，就会永远陪伴着你。如果，你的头脑里装满了自己的观点、自己的想法，哪还听得进别人的建议。

有时不是你遇不上"贵人"，是你缺乏慧眼识"贵人"的本领和热诚待"贵人"的行动、虚心听"贵人"的行动。从李镇西谈他专业成长中的11位"贵人"一文中，我体会到他比我们高明之处就在于他能在正确的时间、正确的地点用正确的方式吸引了"贵人"，这张"贵人"牌他打得妙，也改变了他的命运，更值得我们学习。

（4）以感恩的心牢记"贵人"。"贵人"给我们带来幸运，给我们提供帮助，还能在关键时刻为我们排忧解难，我们对"贵人"一定要心存感恩之心。不能像藤那样的小人，借助大树成长起来了，却想把大树缠死。

（五）主动投身学习共同体

我们强调班主任自主专业化发展，是从内外因辩证关系的角度提出来的，绝不是忽视教师学习共同体在班主任专业化发展中的作用，更不能走上奉行"个人专业主义"误区，而拒绝他人介入自己的专业化发展，或漠不关心其他班主任的专业化成长。学习共同体作为一种学习方式，是以班主任或任课教师个体在教育教学实践中所遇问题为纽带，以平等的协商对话为手段，形成的一种民主开放的学习型组织，在该组织中，同质促进、异质互补，以实现共同体中个体班主任或任课教师的专业发展。

学习共同体有两种形式，一种是由一群志同道合的教师和班主任自发结合起来的松散群体，即非正式群体，多半是在业余时间自发聚在一起，探讨教学或班主任工作中出现的一些问题，宣泄工作中的苦恼，交流工作中的经验。发挥着同侪互动的作用。对此，学校领导发现这种现象后应立即给予肯定和鼓励，为了使这种群体更加稳定，发挥更大的作用，还要给予具体帮助，将其纳入建立学校学习型组织的规划之中。如帮助他们选出负责人，为他们提供活动的时间等等，使这种同侪互动的松散组织，成为一个个高度重视组织成员专业知识、人文素养、专业能力的提高,并形成高效的组织运行机制的学习共同体。一种是正式群体,即有组织、有领导、有行动计划的群体。如学校组织的课题研究中心组、教师读书会,它能够通过组织化的、互动式和研讨式的学习,以及对学习的科学管理,实现自身的不断升级,并发挥自身的优势。

1.学习共同体的同质促进、异质互补

学习共同体中的成员既具有同质性又具有异质性,正是基于此,共同体内成员间分享着结构性的学习资源。共同体成员在交互作用过程中,一方面,相同的思想观点、志趣、工作经验和行为方式等同质性的因素会被教师个体纳入到自己主体原有的知识体系中,引起量的变化而得以巩固强化;另一方面,成员间有差异的经验、行为方式及其所体现的教育理念具有异质性,也会引起个体的警觉和批判性反思,促使主体调整原有的认知结构和知识体系,在教学观摩等实践情境中对所有相关信息进行主动的选择、加工和处理,对新获取的信息经过重新编码,建构出新的意义,进而达到提高自己专业水平的目的,即异质互补。

在学习共同体中,每个人的资质不同、经验不同、思维方式不同,而且各有各的优势智能,这恰恰是我们共同进步的智力资源。别人的优势智能恰恰是自己学习的榜样,是通过观察他人(榜样)所表现的行为及其结果而进行的学习。在自身实践智慧的形成过程中,我们在共同体中以相互交流与观摩等形式开展的观察学习是至关重要的,对其他班主任的行为及其结果会产生选择性觉知。从学习心理的角度来看,它易引发我们的联想与顿悟。

处于觉知焦点的其他班主任的行为及其结果对别的班主任而言是作为一种反馈的外部事件存在,它可能引发我们的联想,这种联想既可能是接近联想、类似联想,也可能是对比联想。通过联想,打开了交流与观摩的广阔思路。同时,它可能被我们原有认知结构中的某个空位所吸纳,使原有的断开部位接通,产生顿悟,找到解决问题的办法。即便是那些经验不如自己丰富,优势智能不如自己广泛的人,也都有各自的长处,正所谓"尺有所短,寸有所长"每个人都有值得自己学习的地方,我们要善于取他人之长,补自己之短。

总之,如果我们班主任都能积极参与学习共同体,就踏上了实现班主任专业化的快车道。投身学习共同体也是实现班主任自主专业化的重要方略。

把学校或学校中的年级组、学科组建成牢固的学习共同体,学校里的班主任(教师)的专业成长就有了可靠的组织保障,可以肯定地说,形成学习共同体的学校是专业化的班主任(教师)成长的摇篮。这样的学校追求的目标是在班主任(教师)队伍专业化的基础上,不断提升学校团队的"智商",促进学校的内涵发展,并形成一套高效的运行机制。如目标导向机制、制度保障机制、文化熏陶机制、科研引领机制、评价激励机制……这无疑可以确保班主任的专业化发展。对此笔者已在《构建班主任专业化的长效机制》一文中做了详细阐述,下面仅从学习共同体的特点出发谈一下学习共同体对班主任专业化的作用。

2. 学习共同体的特点及其作用

(1)集体学习的高效性。集体学习的高效性是学习共同体的一大特点。一般学校的集体学习不少还停留在"围、念、散"的状态,学习流于形式,谈不上有什么效果。而形成学习共同体的学校,高度重视组织成员的学习,领导把贯彻《中小学教师职业道德规范》、学习班主任任职条件及其职责贯穿师资队伍建设的始终,做到计划周密、组织健全、主题突出、内容充实、形式多样、准备充分。他们高度重视引导班主任(教师)树立"终身学习"的观念,不仅狠抓教师个性化的自主专业学习,也抓集体学习;不仅狠抓读书学习,也抓在实践中学习;不仅领导带头学习,而且鼓励同侪交流学习;这不仅是形成学习共同体的学校的重要特点,也保证了集体学习的实效性和高效性。在学习中不仅不断更新了班主任(教师)的知识结构,为其专业化奠定知识基础,而且也提高了他们的人文知识和素养以及各种专业能力,把班主任专业化水平提高到一个新的层次。因此,班主任主动融入学习共同体无疑是自主专业化成长的重要选择。

(2)实践反思的深刻性。学习共同体的第二个特点是组织成员形成了反思的习惯。班主任在班级德育、班级日常管理、组织班集体活动、搞好综合素质评价和协调各种教育力量等工作方面,肯定不会是一帆风顺的,遇到各种挫折和困惑是再正常不过的事了。融入这样的学习共同体,受这种组织文化的熏陶,会使你转变对待挫折的态度,从而决定着班主任专业化速度的快慢。因此,积极融入学习共同体的班主任,比较重视坚持在实践中反思。他们经常带着工作中遇到的问题,反思自己的教育观念是否出了问题、教育内容是否产生偏差、教育方法是否出了毛病,并在此基础上加以改进。

融入这样的学习共同体,会使你在反思之余对改进班主任工作,促进自身专业发展的价值,有广泛的共识,并逐步将反思这种思考问题的方式变为一种良好的习惯,即从自己工作实践中发现问题,并对问题所反映出的观念、方法进行"批判性反思",进而找到解决问题的新方法、新策略,进行再实践,并观察改变策略后的效果,然后用文字记录下来。这个过程是班主任提升教育智慧的过程,这个过程,发现问题是前提、反思是关键,调整策略、改变行为、提高教育效果是目的。学校领导也高度重视引导大家开展"问题课题化"的行动研究,为班主任(教师)搭建展示研究成果的平台,开展个案交流研讨活动,把反思引向深入。

(3)教育合作的优质性。如果说反思是班主任自主专业化发展的路径的话,那么,班主任之间,班主任与任课教师之间的互动与合作,主动融入学习共同体这一路径则推崇班主任"在与同事的合作互动与对话过程共同发展"。学习共同体内的成员的互动与合作是平等的,还可以互相观摩,交换意见,或针对某个实践或理论问题,相互探讨、切磋。可见学习共同体成员可以在合作中实现共同专业成长,达到互利双赢。一般情况下,学习共同体比较成熟的学校,班主任之间的合作都是发自内心的、自愿的行动,并且逐步积淀成学校优质的合作文化。

(4)文化熏陶的审美性。形成学习共同体的学校都具有丰富的文化积淀,其物质文化的审美化、制度文化的人性化、精神文化的道德化,都潜移默化地陶冶着广大师生的情操,提高着师生感受美、享受美、创造美的精神境界。融入这样的学习共同体的班主任会受到书香文化的熏陶,促进班主任知识结构的更新,涵养班主任的人文素养;促进班主任专业理论水平的提高,孕育其专业智慧,提升班主任的专业精神,实现自我超越。

受这种组织文化的熏陶,学校教职员工基本树立起终身学习的观念,具有了自主学习的热情和积极的行动。组织本身也朝着高品位的文化管理提升,并具有较强的竞争力。

班主任在这样的环境下学习工作,特别是在自己领导的班级文化建设中,也会遵循真善美的原则,营造班级浓厚的、具有人文性的文化氛围,发挥其德育功能、管理功能、规范功能、陶冶功能和审美功能,在促进学生素质全面发展的同时,实现自己的专业化发展。

(5)评价激励的科学性。有调查材料显示:一个组织在毫无激励的情况下,组织成员只需要发挥10% ~40%的能力即可毫无危机感,倘若给予充分的激励,其能力的发挥可达到80% ~90%。这足以说明人的潜能是巨大的,只有通过科学的评价激励,才能开发。形成学习共同体的学校都有一套科学的评价激励机制,能充分调动班主任自主专业化发展的积极性和履行班主任职责的创造性。

特别是学习共同体成员之间的相互学习与激励更为学习共同体中形成了一种无形的激励场。

在学习共同体的组织评价中,其基本的指导思想是以促进班主任专业化成长为本,突出人文关怀。其基本做法是依据班主任任职条件、应履行的职责和应该具备的专业素养,制定班主任工作评价指标体系及其权重分配,而且指标体系的制定是在广泛征求群众意见后,方能出台。在此基础上,还要建立行之有效的科学的运作方式,如坚持他评与自评相结合,以自评为主;班主任自我需要的形成性评价与班主任整体素养形成性评价相结合,以整体素养形成性评价为主;形成性评价与发展性评价相结合,以发展性评价为主;校领导对班主任的阶段性评价与即时性评价相结合,以即时性评价为主。其中自评主要是确认本人阶段性进步程度,采用自评量表、经验(问题)反思、工作总结与经验交流的方式,互评基本采用个案和治班方略展示研讨的方式。同时还建立了相应的奖惩办法,只有这样才能充分发挥评价的激励功能,形成公平合理的激励机制。

基于学习共同体的基本特征及其功能,每位班主任都应积极融入学习共同体,并本着坦诚虚心的态度,将自己的心得体会、经验和大家共享。还要以包容的心态,虚怀若谷地接纳同伴的意见和建议,以实现专业化成长。

三、终身学习,自主专业化发展的第一要务

《中小学教师职业道德规范》要求教师要"终身学习"。对此,广大教师已有广泛的认同,认为"终身学习"不仅对提高班主任专业知识和人文素养具有重要的意义,而且对履行班主任职责,做好各项工作发挥着奠基的作用。许多班主任已把学习作为自己工作和生命成长的重要组成部分,并把它作为对学生教育的示范,作为改进工作提高效率的重要责任。

在知识更新极其迅速的时代,我们确实存在专业知识匮乏、底气不足的问题,特别是面对好奇心强、求知欲望高的青少年的千奇百怪的追问,确实信心不足、缺乏底气,急需我们多方面加紧自主学习。班主任专业化发展必须建立在不断学习的基础上,获取多元化的知识,并融入自己原有的知识内,以构建属于自己的知识体系,丰富自己的专业发展底蕴,提高自己的又专又博专业知识和技能。班主任的学习,必须倡导"生态取向"的学习观和学习方式,把学习与工作实践、生活实践、积极互动融为一体;把独立学习、独立思考与群体合作学习有机结合;把重视学习策略提到日程,学会如何学习已经成为班主任自主专业化发展的必要条件。不同学习领域需要不同的学习策略,故而,班主任要重视自身学习策略问题,以促进生态取向的学习方式变革(肖正德《促进生态取向教师学习方式的变革》中国教育报 2010 年 5 月 14 日)。下面从读书学习、拜师学习、同伴互动交流的合作学习等三个方面与广大读者朋友做个交流。

(一)腹有诗书气自华——阅读学习

任何一位优秀班主任的专业化成长都与书结下不解之缘。"腹有诗书气自华",书籍是教师为自己叩开的心灵天窗,是教师为自己深掘的一股甘泉。正如朱熹在他的《观书有感》诗里所说的:"半亩方塘一鉴开,天光云影共徘徊。问渠

哪得清如许？为有源头活水来。"

全国班主任的楷模、知名教育家李镇西先生说："阅读，能够让心灵飞翔。无论怎样强调阅读对教育者的重要性，我认为都不过分。三十年来，阅读一直伴随着我，成了我的生活方式。"朱永新提出教师专业化发展的"三专"模式：第一种模式就是"专业阅读"，另外还有"专业写作""专业发展共同体"。读书确实是教师专业化成长的有效途径。

任何一位班主任若能静心凝神地走进书的芳草地，在心和书的亲密交流中获得生命的润泽，就会使自己心怀热望，且行且歌，不断提升自己的专业化水平，走向高尚的悠远，博大精深的意境，实现专业化成长。成都市树德中学著名特级教师郭子其在《读书——教师专业成长的必由之路》一义中表述道：

读书虽然寂寞，但更多的是内心愉悦，读书要有"两耳不闻窗外事，一心只读圣贤书"的情怀。具体说来：一是坚持我读书，我快乐。坚持每天阅读足够的书籍，就等于度过了充实而有意义的一天，就可以累积好未来美好的教学人生。二是要守住奋斗目标，不在意他人的评说，也不在意他人给予什么荣誉。因为荣誉并不重要，即使有了这个荣誉，不等于自己有了真才实学，也不等于自己的生活具有崇高的价值与意义，因为荣誉只是一时的奖赏，难以与你高远的目标相提并论，所以，还是志存高远，这样就不会因为蝇头小利而蠢蠢欲动，也不会因未得什么奖励而耿耿于怀，而是淡定地读书。在我看来，只要干好教育工作，读书总比那些打麻将等消遣方式更有积极意义，我很欣赏我的同事的一句话："没有任何人可以藐视那些酷爱读书的人。"教师在读书与研究中，难免要面临个别人的不解与误解，应该泰然处之，而不是被他人所同化。一名教师要在教学生涯中有所作为，就要用理想指引自我的发展前程，坚守发展道路，这样就可能超越梦想。反思自己能够宁静地读书，逐渐形成自我读书的价值理念，慢慢形成了"为生存而读书，为工作而读书，为价值而读书，为民族而读书"的内心境界。说实在的，起初读书是自己需要有好的生存环境，想通过读书改变命运，接着是想要把工作干好，对得起学生，成为学生心中的好教师，再接着是要体现一个教师的价值所在，注重提升教学境界，最后是作为一个教师要有为民族多培养人才、为教育事业做出贡献的信念。省内外同行都经常问我，你已经是特级教师了，还这样喜欢读书，究竟是为什么，其实，以上的"四个为"就是我的追求，只是随着自我成长，后面的因素会越来越重而已。

郭子其老师对教师读书要坚持有效性还提出了非常好的建议，他说："教师生活的特殊性决定了教师应该有不同于一般知识分子的读书特性，否则，虽可能辛辛苦苦地读书，却难以有效提高教学能力。为此，坚持做到：全面性、资源性、点式性、专题性、研究性。"

阅读无疑是班主任自主专业化发展的重要途径。阅读不仅能学习、借鉴别人的教育经验和方法技巧，而且能改变自己的观念和态度，使自己成长为有思想、有追求、有智慧的教师，从根本上提高自己的专业能力。

班主任专业素养的每一个方面的提高都与读书分不开，都得从书籍这个丰富的源泉中汲取力量。读什么书，怎样读书，才能真正提高专业素养呢？下面从四个方面略陈管见。

1. 阅读目的——专业发展的旨趣性

班主任阅读有很强的目的性。目前有的班主任的确读了不少书，却发现自己的教学水平、班级工作水平都没有什么长进，原因何在？原因就在于缺乏目的性。班主任阅读的目的首先是为了更新自己的知识结构，其次是锻炼自己的宏观思维能力，从而全面提高专业素养。由于受当前娱乐阅读、浅阅读的影响，一些班主任总喜欢阅读心灵鸡汤式的文字，这类文字或许能抚慰心灵，但很难促进班主任专业发展，因为这类流行作品的阅读对班主任更新知识结构、实现提高专业技能的目标帮助不大。因此，班主任的阅读必须是"知性阅读"，即紧密结合班主任的教学和带班育人工作中产生的问题、困惑去阅读，班主任应凭借自己的实践经验去理解书中的观点、反思自己的观念和行为，与书籍进行反复的对话，并以书中的思想对自己的工作进行改进。可见，班主任的阅读旨趣，是目的性很强的研究式阅读，不仅对提高自身思维能力有较大帮助，而且这种阅读非常关注自身知识结构的合理性和教育行为的科学性，是有选择的阅读。

对于班主任的知识结构，一般认为由三部分组成，即广博的科学文化知识、开阔的人文视野和精深的专业理论知识。科学文化知识要广博，人文知识要丰厚，专业理论知识要精深，形成横向知识广博，纵向知识深邃的"T型"知识结构。所以班主任阅读的目的，也有一个缺什么补什么的问题。解决科学文化知识广博问题,需要博览,可选择文史哲书籍阅读,以扩大人文视野,提高人文素养。专业理论素养不足,可攻读些专业理论的书籍。

2. 阅读内容——专业发展的取向性

读什么书? 这是一些班主任困惑的问题,上文已经有所涉及,这里再强调一下,一位优秀班主任应该懂得教育规律和学生的身心发展特点,加上丰富的带班育人的经验,才能创造性地根据学生的问题类型和不同资质进行因材施教。如同医生一样,不懂药理、病理,只会背药方的医生是蹩脚医生;只有零散的带班育人经验,而缺少教育理论知识积淀的班主任也不可能成为优秀的班主任。可是纵观现在班主任喜欢阅读的书籍,多数还有点像蹩脚医生那样,只想要治病的药方,因此,那些带班育人"绝招""秘籍""点子大王"之类的书特别受青睐。这些书不是没有用,但是只见树木不见森林的技艺之术难以成就优秀班主任,更何况教育情境是复杂多变的,一成不变的"绝招""秘籍""点子大王",难以应对纷繁复杂的教育情境和千差万别的学生。

履行班主任职责是专业性很强的工作,要抓好班级德育、日常管理,开展好班级活动,做好学生综合素质评价和协调好各种教育力量,提高带班育人能力,就必须认真选读专业理论方面的书籍,如《教育心理学》《德育原理》《班主任工作行为的8项修炼》《儿童心理学》《班级管理论》等,以提高自己的理论水平和行为能力。

要理清教育及班主任工作发展动态,把握教育的前进走向,认知学生的成长规律,除了必须读相关专业理论书籍外,还必须阅读传统经典书籍。毛泽东说过:"知识分子接受前人的经验,主要靠读书。"古今中外的经典,是几千年大浪淘沙留下来的真金,是时代、民族文化的结晶,是人类共同的精神财富。学习圣贤,学习经典,会对我们产生长远的、特殊的影响,会使我们构成一种宝贵的经验,会开发我们的心智,启迪我们的智慧。教育信仰、教育理想不是凭空建立起来的,除了丰富的教育教学实践和社会实践外,还要具有丰厚的文化基础。因此,我们不仅仅要读教育先贤的经典论著,还要读古今中外的文化经典,从中汲取广泛的精神营养。精神营养汲取得愈多,精神底气就愈足、愈厚、愈丰,就会在独立的分辨、选择、融汇、创造中树立自己的教育理想。不仅要学中国的圣贤,还要学外国的圣贤;不仅要读中国的经典,还要读外国的经典;不仅要读教育方面的经典,还要读社会科学的、人文科学的和自然科学的经典,同时,还要读现实生活的这部

"大经典",关心、参与现实生活的变革、发展和创造,加深对经典的理解。通过读经典、学圣贤,帮助自己树立生活的目标,增强人生的动力;增长自己的真知灼见,汲取人类精神的精华;涵养自己高雅的德行,提升自己崇高的气质品位,促进自己的精神成长。

中国传统教育思想博大精深,了解并继承优良的教育传统,有利于夯实民族教育思想。任何教育思想的发展,都有其时代背景和社会土壤,因此,必须坚持读教育经典原著,取其精华、去其糟粕,汲取最优秀的教育智慧。要学习国家的法律法规和关于德育、班主任工作方面的意见和规定。为了解学生成长规律,应当深入阅读教育学、心理学和中小学生心理学方面的书籍。李镇西先生说:"我比较注重四类阅读:读教育报刊,这是为了了解同行在思考什么;读人文书籍,这是为了拓展自己的人文视野;读有关中学生的书,这是为了从另一个角度走进学生的心灵;读教育经典,这是为了直接聆听经典永恒的声音。"李镇西先生以其三十年的成长史告诉我们,班主任要想实现专业发展,自主读书学习是须臾不能间断的——即要有自主性;他的四类阅读不仅告诉我们读什么,而且把为什么要读这四类书刊说得清楚明白——即阐述了阅读的目的性和专业性。我们完全可以借鉴。

至于读人文书籍,这里还需要强调一下。记得几年前,中科院一位硕士生对100位中科院院士进行了一次读书问卷调查,有一个题是:"在你的人生中,影响最大的是哪一类书或哪几本书?"在收回的80多份答卷中,这些搞理科和工科的老先生们,对这个问题的回答却惊人的一致,他们都说对自己人生影响最大的是文学作品,是小时候读过的小说或诗歌。所以作为班主任,要实现专业素养的全面提高,更好地对学生实施精神关怀,除了读与履行职责相关的专业书籍外,一定要多读点儿文史哲和美学方面的书,提高自己的人文素养,修炼自己的人文精神。

人文精神是以人文知识为基础的。当前学校教育中存在重科学轻人文的现象却是事实,在指导教师专业学习时,也比较重视专业理论的学习,忽视文史哲著作的学习,有的班主任读文史哲书籍时,甚至被称之为"不务正业",因此,当前班主任专业素养中确实存在人文知识缺失,人文素养和人文精神亟待提高的问题。可见班主任应在提高人文知识的基础上,修炼人文素养、提升人文精神,而要达到此目的就应有选择地读一些文学、美学、史学和哲学方面的经典著作。目前,教育目标的价值取向,有一个重要变化,就是由重视科学知识技能教育,变为既重科学又重人文的教育;由单纯满足社会需要,变为注重满足社会需要与满足人的发展需要相结合。人不再作为社会工具来培养,而是被作为社会的主体来培养,人的发展成了教育目标的重要组成部分。有些学者认为,马克思主义讲世界观、方法论,这是解决认识问题,属于科学精神;马克思主义讲世界观、人生观是解决价值问题,属于人文精神。世界观、人生观、价值观,说的是人生的意义,人生追求的目标,以及理想、信念、道德等。这里边高尚的、善良的、健康的精神,就是我们要弘扬的人文精神。

记得梁启超送其子梁思成赴美读建筑学时,说:"我很支持你赴美学建筑学,但是在学好功课的同时,你一定要多读一点儿哲学和文学。"他认为专业是用来工作的,而哲学和文学是可以滋润生活和人生的。

3. 阅读方式——专业发展的有效性、适切性

班主任的阅读方式直接影响着阅读效果和专业发展的速度,关于阅读方式,我想提两点建议。

(1)博览与精读相结合。班主任要实现专业成长,必须在博览群书中,有选择地精读一些与专业有关的教育经典,如教育学、心理学、班主任行为学、班级管理学和中小学生心理学的书籍。(明)陈荩说:"读书贵多,冀其博而能通,行善贵多,冀其专而能久。"博览,才能博采众家之长;博览,才能"增益见闻";博览,才能发现更应该读的好书,实现有选择地精读。而精读更有利于自身的专业发展。华罗庚说得好:"读书要从薄到厚,再从厚到薄。"这"厚"也有博览之意,这"薄"也有精读之蕴。经验告诉我们,精读一本书,你准会觉得很神奇:昨天不明白的东西,今天竟完全明白了。日本的一位学者池田大作曾说过:"精读一本书,深深挖掘下去,就能寻根求源,探得其中奥妙。这是一种好的读书方法。"总之,阅读要将博与精结合起来,没有相当博的精,不算真正的精;没有相当精的博,也算不上真正的博。"蜻蜓点水式的博不是博,坐井观天式的精不是精。"

(2)阅读与研究相结合。有的班主任说:我读了不少的书,但自己的教学与班主任工作并没有较大的起色,效果总是不尽如人意。这种现象不少班主任也曾遇到过,原因在哪里呢? 我觉得很大程度上是因为我们读书的过程中忽视了内化所致,即不能把书中的观点和论据有效消化,并将其变为自己的认识,且运用于自己的教学和班主任工作实践,是理论脱离实际所造成的,此其一。原因之

二是读书脱离了自己的研究。我们在读书的时候，当然要认真理解作者的新思想、新观点、新做法，为自己的教学与班主任工作提供新的帮助，同时也要以研究者的视角，发现作者观点和思考的路径，是否还存在言犹未尽之处，所采用的方法是否还有补充的空间，这就是我们平时常说的"读书得间"，即在读书中发现作者研究中存在的问题，从而形成自己的研究课题。如，有研究者在其著作中提出了"班规建设人性化"的观点，指出多年来以冰冷的面孔出现的班规，是到了该"变脸"的时候了。过于细化的清规戒律，也应该考虑一下"瘦身"，该宽容时应宽容，该放手时且放手。班规的真谛应该是发挥学生的潜能，发展学生的个性，应该为学生健康成长保驾护航，而不能成为剪断学生放飞个性的钳子。一句话，规则应体现人性化，彰显人文关怀。

但是什么样的班规才是具有人性化的呢？并没有一个明确的答案。我们就应继续研究下去，把答案找出来。对此，我们带着这个问题做了一些研究，得出了下列的体会。

一是在制订时要体现人性化。班规在制订时，不能把学生当作对立面。要设身处地地站在学生角度考虑；同时，还应最大范围地听取学生的"声音"，让学生自己参与制订过程。同时要充分考虑班级的现状和各方面的实际，如，班级人际关系现状和班风、学风、班级舆论状况，学生对纪律的认知水平，以及归属感、荣誉感等。这是形成人性化班规的关键。这一点，著名特级教师李镇西做得非常成功。他在当班主任时，就放手让学生自己制定班规，这样的民主管理方法值得我们借鉴。除此之外，班级规章制度应体现全体学生的意志，既要依据有关教育法规与政策，又要符合社会和家长的期望和班集体的具体情况。制订班级规章制度要发动学生参与，要群策群力。

二是在施行时要体现人性化。我们来看一个大家耳熟能详的故事。

相传古代有位老禅师，一日晚在禅院里散步，突然看见墙边有一把椅子，他一看便知有位出家人违反寺规越墙出去溜达了。老禅师也不声张，走到墙边，移开椅子，就地而蹲。少顷，果真有一小和尚翻墙，黑暗中踩着老禅师的背脊跳进了院子。当他双脚着地时，才发觉刚才踏的不是椅子，而是自己的师傅。小和尚顿时惊慌失措，张口结舌。但出乎小和尚意料的是师傅并没有厉声责备他，只是以平静的语调说："夜深天凉，快去多穿一件衣服。"

看看,在寺庙冰冷的"规矩"下,老禅师宽容的态度,富于智慧的做法,让人感觉心里暖洋洋的。

学生是一株株拔节生长的幼苗,是一个个鲜活的生命,他们需要的是耐心的呵护、细心的指导、精心的培育。可以说,人性化缺席的班规并不是真正意义上的好"规则",抽干了人性养分的制度管理也不是真正的"管理"。要知道,堵不如疏,管不如理。只有人性化的管理,学生的自主意识才会慢慢形成,个性才能得以张扬,最后自然会出现"不治而治""无为而治"的理想境界。

三是贯彻班规要体现公平性。公平性就是要求学生做到的,班干部尤其是教师和班主任必须以身作则,率先做到,否则班规将苍白无力,就会成为一纸空文。

制订班规要全班师生说了算,要针对班里存在的问题制订有针对性的班规。制定出的班规,要少一些"不准……否则……",多一些正面的要求和鼓励,要少一些管理,多一些领导,这种领导是班主任的非权利影响力,即人格影响力,使其具有科学性和人文性。

总之,只有阅读与自身的实践研究紧密结合起来,班主任的专业化发展才能成为现实,可见读研结合是一种好方法。

(3)要养成好的阅读习惯。"习惯决定人生""习惯决定成败"这些话我们早已耳熟能详,而且坚信不疑。《孔子家语·七十二弟子解》中提到"少成则若性也,习惯若自然也",《汉书·贾谊传》中也有"习惯如自然"之说。习惯其实是一种规律性的行为(阅读)方式,是在长时期里,逐渐养成的稳固的、在一定场合(情景)会自然表现出来的"行为、倾向和社会风尚"。习惯是后天形成的,是通过反复实践习得的,不管是道德习惯、学习习惯、生活习惯、劳动习惯,还是阅读习惯都是如此。阅读习惯也有好坏之分,良好的阅读习惯能够体现良好的思想品德和行为能力,是一个人走向成功的标志,是其精神风貌、意志品质的集中反映。具有良好的阅读习惯将使人受益终生;坏习惯也会贻害其一辈子,可见良好阅读习惯的养成是多么的重要。班主任就是要帮助学生纠正不良的阅读习惯,养成良好的阅读习惯。因此,班主任在阅读中,也要养成良好的阅读习惯,这对学生起着潜移默化的示范作用。

首先,班主任要充分利用各种时间进行广泛阅读。对学生产生潜移默化的影响，使他们能像老师那样珍惜时间，养成珍惜时间努力学习的习惯。

其次，养成不动笔墨不读书的习惯，即画读（如果是自己的书，可把重要的观点、精彩的论述、生动形象的词句用笔标注一下）、查读（即遇到不明白的概念、观点、典故，不知道的人物、事件立即查阅工具书，并把查到的内容记录下来）、摘读（即把书中精彩的内容摘录在自己预备好的笔记本上）、写读（即读完一篇文章、一本书要养成写读后感的好习惯）等好的阅读习惯，这些习惯不仅能对学生产生积极的影响，也是我们班主任更新知识结构，提高专业水平的有效方法。

打开书本潜心阅读，做到心无旁骛；合上书本认真反思，深刻领会书中观点、教育思想和工作方法，认真反思自己的教育观念和工作方法与其之间的差距，从而改进自己的工作；放下书本提笔写作，把自己的读书心得记录下来，把自己的不足及其原因分析出来，并尽可能找出缩短差距的有效方法。这也是班主任阅读的一种好习惯。俗话说"学而不思则罔，思而不学则怠"，我们还可以说"思而不写则空"。

4. 阅读学习能力在长期阅读中提高

阅读学习能力是班主任专业能力中的重要组成部分，班主任专业化发展的关键在于阅读学习能力的提高。肯于读书，愿意学习，主动思考的班主任，才能在专业化发展的道路上一往直前，不断更新知识结构、提升教育智慧，达到专业化的理想境界。苏霍姆林斯基在《给教师的建议》中说"一些优秀教师的教育技巧的提高，正是由于他们持之以恒地读书，不断地补充他们知识的大海。时间每过去一年，学校教科书这一滴水，在教师知识的海洋里就变得越来越小。"可见，持之以恒阅读学习是何等的重要！阅读学习能力是任何一位班主任必不可少的品质。班主任唯有终身学习，才能使工作变得鲜活而生动、轻松而愉快。

有些教师说：大学里学的知识足以应付中小学的教学和班主任工作，只要经过一两年的实践，积累一些经验，工作就能得心应手。殊不知，学历只能是教师过去知识程度的一种证明，而这种知识在知识爆炸时代会迅速老化、陈旧。如果不通过阅读学习，引入新鲜的活水冲刷、补充、更新，知识的水源就会枯竭。

纵观我国一些杰出班主任的专业成长经历，发掘他们成长的关键因素，"阅读学习能力"都是关键中的关键。魏书生的学历是初中，而他的学历并不能代表他的阅读学习能力的高低。早在初中时代，他就开始自学《哲学讲义》《辩证唯物主义讲课提纲》等著作。在下乡的过程中，他依然克服重重困难，坚持阅读哲学、政治经济学著作。特别是当他从教以后,更是把阅读学习放在第一位,自学了几种版本的教育学、心理学,并参加了古代文学、外国文学等学科的自学考试。

班主任的职业特点决定着他们绝不能坐吃山空,要做知识的消费者,成为终身的学习者。"学然后知不足,教然后知困"。班主任只有在不断学习中,才能完善自己的知识结构、更新自己的教育观念、规范自己的教育行为、改变自己的生活状态。只有保持旺盛的阅读学习兴趣,才能实现专业化发展。阅读能力包括阅读理解能力、分析问题能力、触类旁通能力和理论联系实际的能力。

(二)三人行必有我师——拜师学习

古人说:"闻道有先后,术业有专攻。"每位教师的专业水平是有差距的,如果自己的专业水平较低即可虚心拜师学艺,拜师学习是我国传统的学习方法。班主任要想快速成长,拜师学习是一种有效途径。即便一些有一定经验的班主任要想持续地自主专业化发展,也需要拜师。班主任在带班、育人中遇到这样那样棘手的问题在所难免,遇到问题当然需要通过自我反思的方式加以解决。可是有的时候,仅凭个人的经验和能力不一定能解决所有问题,就需要获得他人的经验和智慧的支持。众所周知,人类的学习往往始于模仿,拜师的过程就是学习模仿他人的过程。这种模仿一般局限于临近的智慧,即要向自己学校或所处区域的教研员和优秀班主任学习,请求他们的帮助。

有些农村的任课教师和班主任说,我们的学校很小,教师很少,且水平都不太高,拜谁为师? 每个教师都有自己的优点长处,取长补短总还是可以的,农村教师谢道权老师的做法很值得借鉴。

都说"学习名师就是站在巨人的肩膀上"。作为农村小学教师一没余钱二没机会,虽然无缘与名师面对面,但是网络却为我们搭建了亲近名师的桥梁,我先后在"教育论坛"中搜索并下载了许多名师的课堂设计、实录、教后感和教学录像等,再定下每天读其中两篇或看一节教学录像的任务。在和名师不断"对话"的过程中,我领略着他们精彩纷呈的教学艺术;我体验着简单语文、深度语文、诗意语文、对话语文等各流派争鸣的佳音与教学理念;我学习着导入、提问、点拨、小结等环节独树一帜的教学策略……饥渴的我,一点一滴地吸取着名师的"真经",是名师一步步引领我走向博大、智慧和成熟。班主任何尝不能如此呢！

在拜师学习中，要牢记两句古训：一是"智者无常师"，二是"三人行必有我师"。拜师除了正式的拜师收徒，订立师徒合同、明确师徒各自的权利与义务外，还要遇到问题随时向身边的名师名班主任学习。

1. 学习先进、学习榜样

班主任想要尽快地成长，要善于学习先进模范，善于学习榜样。一是要虚心学习先进。孔子说："见贤思齐。"意思是见到有人在某一方面有超过自己优点和贤能的地方，就虚心学习，想办法超过他。要和先进比先进，不能和落后争落后，更不要看人家被评上"先进""模范"，就心生不平，甚至心生妒忌。有的学校号召老师们"收起食指，竖起大拇指"！在学校树起少指责别人，多赞赏、学习别人的风气。正像雷锋所说："在工作上，要向积极性最高的同志看齐，在生活上，要向水平最低的同志看齐。"二是要善于学习身边的榜样。孔子说："三人行必有我师。"大艺术家罗丹说得非常深刻："生活中不是缺少美，而是缺少发现美的眼睛。"要抱着真诚的心态多看同事的优点、成绩。不要使自己的某些优势成为自己前进的绊脚石。有这样一个小故事。

一位博士刚刚进入一个研究所。

一天，他到一个小池塘钓鱼，正好正副所长在他一左一右，也在钓鱼。

他只微微点了点头，跟两个本科生毕业的有什么好聊的呢？

不一会儿，所长放下渔竿，伸伸腰，蹭蹭蹭地从水面飞过，到对岸上厕所。

博士的眼镜惊得快掉下来了：水上漂？不会吧？所长上完厕所回来的时候，同样是蹭蹭蹭地从水面上漂回来。

怎么回事？博士不好去问，自己是博士呀！

过了一阵儿，副所长也站起来，伸伸腰，蹭蹭蹭地飞过水面上厕所。这下博士更是差点晕倒：啊？我到了江湖高手云集的地方？

又过了一阵儿，博士也内急了，又不好薄面去问两位所长，"我是博士呀！"憋了半天，也起身往水里跨，心里想：本科生能过，我博士生不能过？

结果只听咕咚一声，博士掉到水里，像个落汤鸡。

两位所长将他拉上岸,问他为什么跳水,他问:"你们怎么可以走过去呢?"两位所长哈哈大笑:"这池塘里有两排竹排子,这两天下雨涨水,竹排子正好在水面下。我们都知道竹排子在什么位置,所以可以踩着竹排子过去。你怎么不问一声呢?"

博士听后,羞愧难当。

这像个小寓言一样的故事告诉我们,要时时处处尊重别人,尊重别人的经验,不要妄自尊大,否则,只会闹出笑话。

2. 要善于向学生学习

善于向自己的教育对象学习,这是一名优秀班主任应该具备的良好修养之一。本来中国历史上历来就有这样的优良传统。古人说,"教学相长""弟子不必不如师,师不必贤于弟子""青出于蓝而胜于蓝",还有谚语所说,"长江后浪推前浪"等,都表达了后生超过先生的意思。善于向学生学习,首先要承认我们在许多方面不如学生,特别是在当前信息社会和网络时代,班主任不再是知识的所有者和唯一传授者。班主任在某些方面比学生强,是因为教师比学生有更多的知识与经验。但是在很多方面,学生是我们老师的老师:学生的真诚、学生的善良、学生的求知欲、学生的想象力以及他们的童心童真等,经常让教师深感惭愧。比如,教师常常教育学生看到地上有垃圾要随手捡起,而我们教师有多少能弯腰屈膝去捡起地上的一张纸屑呢?卫生扫除中,每次冲在最前面、干得满头大汗的是学生,教师常常只是布置任务,监督检查,有几位教师能够身先士卒参与到劳动中呢?教师常常教育学生懂礼仪、讲礼貌,我们见到的总是学生主动向老师打招呼,有多少教师是主动向学生打招呼呢?

李镇西老师说:"我们承认学生在许多方面——首先在道德方面在我们教师之上,这并不意味着班主任就可以放弃对学生的教育责任。恰恰相反,只有教育者随时随地意识到自己的不足,才真正有利于教师的不断完善。"不仅如此,班主任在整体上可能知识和经验比学生丰富,但在某些方面的知识、才华和能力常常不如学生。比如,教师的字不如学生写得漂亮,教师的文章不如学生写得精彩,教师的解题思路不如学生灵活,解题方法不如学生简练,教师的态度不如学生沉着,教师的心境不如学生宁静,而教师的思维呢? 小学生面对"0"可以回答出22种不同的答案:月亮、足球、烧饼……教师则可能在苦思冥想地寻求"标准答案"

呢!"我是老师,我也是学生"。"我是老师"——以身作则,身先士卒;"我也是学生"——相信学生,依靠学生,向学生学习,与学生共同成长。还应该认识到,向学生学习,教学相长是现代教育教学根本变革的体现。在当今时代,学生的学习不再是单纯依靠传授的方式,他们的学习更主动、更积极、更自主。

教师教育学生,学生也教育教师,这就是师生共同发展、共同进步、教学相长的过程。从某种意义上讲,教育是师生心灵和谐共振、相互感染、相互影响、相互激励的精神创造过程,它是心灵对心灵的感受,心灵对心灵的理解,心灵对心灵的耕耘,心灵对心灵的创造。教育达到这种境界,才是生命的、自然的、成功的。

(三)践行自己劝诫别人的话——拜自己为师

人都有两面性,班主任也不例外:一是自己遭遇难题时一筹莫展;二是针对别人的难题却妙计迭出。

任何一位班主任,无论多么不成功的班主任,对别人的困境特别是学生的问题,都能不假思索地提出一整套改善的方案,对自己的同事也不例外。如,对待孩子学业——别给太多压力,分数不是唯一的标准,树大自然直;对待经济困境——钱是人赚的,够花就行,为了赚钱累坏身体不值;对待职称晋升——没升职不等于专业能力不强,职称的高低也不一定就代表专业水平的高低,这次没评上,找准差距,继续努力未必不是好事;对待健康——有什么都不如有一副好身子骨,少进烟酒多运动,等等。我坚信,如果用录音机把一个人劝谕别人的话录下来,就可能是一部人生宝典。

上述种种,谁都对别人说过,谁也如此这般劝过别人。当自己遇到难题时,听别人所劝的也是这些内容。一旦轮到自己头上,则另有缘由,譬如运气不好等。

我想起一个故事:一个修行的人准备下山,临行时请教师傅:"我怎样战胜各种各样的困难呢?"

师傅说:"怎样劝别人,照你所劝的话去做,什么困难都能战胜。"这是说,我们原本是自己的人生教师,为什么还常常求助于别人呢?原因是:不自信、不自觉和不自制。

在大的理念上,每一位班主任都知道如何应对困境,如何实现自身的专业化发展,就像他们为别人提供的办法,遗憾的是自己却不能起身一试。原因何在?

要么劝诫别人的这些话有虚伪的成分,不具备实践的可行性,要么就是不相信自己或抵挡不住自身的惰性。

就班主任专业成长而言,不需要太多招法和谋略,若肯躬行,有一两条足以受用终生。可见拜自己为师,仔细倾听自己是怎样劝别人的,然后一心一意地奉行,多数情况会成功。

(四)独学而无友,则孤陋而寡闻——合作学习

通常人们将学习等同于"书本知识的学习"。这种概念,在学习的主体上强调独立性,在学习对象上以书本知识为主。实际上,人的学习往往还包括人与人之间的相互学习,新课改中提出的建立"学习共同体",就是合作学习的意思,也适用于成人。

1.博采众长——合作学习的价值

与阅读学习、实践学习、反思学习相比,合作学习对于班主任专业化发展、专业素养提高具有如下独特的功能。

它为班主任个体的学习和专业发展提供参照、借鉴和多种视角,从而使班主任学习和发展超出个体经验和视野的局限,正如我们常说的"独学而无友,则孤陋而寡闻"。

它能促进班主任社会性素质的发展,人的社会性素质是指人在处理与他人关系或在人际交往方面所体现出来的倾向、方式和水平等素质。如交往兴趣或需要、交往技能、合作精神、理解接纳他人的能力、同情心和道德品质等。

它是推动个体自我意识良性发展的基本条件。在人的自我意识发展中,自我反思起着重要作用。但是班主任个体自我意识的良性提高,不能仅仅在孤立的自我反思中进行,相反它需要走出"主观自我",在丰富的人际交往中借助他人这面"镜子",以他人对自己行为的反映、评价为参照,全面客观地认识自己,并形成"客观自我"。唐太宗有句名言:"以人为镜,可以知得失。"学习榜样,学习先进,是教师道德修炼的重要方面。用现在的观念去理解,以人为镜就是以他人的言行得失、经验教训来反观自己,审视自己,衡量自己,以判别是非,把握方向,裁定取舍,少走弯路。如此,才能避免在自我意识发展方面,出现盲目自大、唯我独尊或自惭形秽、悲观失望的偏颇。

合作学习有利于博采众长。古人说:"尺有所短寸有所长,"又说:"海纳百

川,有容乃大。"还说:"君子博取众善以辅其身。"善借外智,才能开阔思路;善借外力,才能攀上高峰。爱因斯坦说,他是站在了巨人的肩上,才获得巨大的成功的。要善于把众人的嘉言懿行吸收过来,作为自己修养上进的精神食粮。

我们希望老师们都能具有这种兼收并蓄、博采众长的精神,善于学习他人的经验,善于汲取他人的教训,善于吸收他人的智慧,善于借鉴他人一切可以借鉴的东西,也使自己迅速成长为"最为强大的"教师。

2. 平等互动——合作学习的心理机制

合作学习是一种有效的学习方式,也是班主任自主专业化发展的重要途径。班主任工作是在交往中进行的,其成长也是在同侪互动中实现的。尽管交往双方角色身份不同,已有的心理状态及认识方法存在差异,知识水平参差不齐,实践经历各不相同,看问题的视角和思维方式也存在差别。殊不知,正是这种差异性才是合作学习的重要资源。只有各方在民主、平等与合作的条件下进入对话、互动时,才会愿意向对方敞开心扉,彼此才能进入对方的内心世界,从而促进交往各方产生相互影响与学习的心理机制。这种心理机制表现在以下几方面。

(1)合作学习能够达到相互间的影响与启发。有了差异,合作双方才能形成观点的碰撞、问题的交流,才容易激发并产生新的问题、新的视角、新的思路,促进思维活化和发散。因此,合作中的对话与互动具有相互借鉴性和创生性。

(2)合作学习可以相互激励与竞争。合作学习有时是在辩论比赛、参与沙龙活动中实现强势对话与互动的。它具有激励性,它能鼓舞参与者更主动、更积极、更投入地形成与对方交流和互动的动机。如果对方提出挑战,努力说服对方、回应对方问题的动机便会更强烈。在辩论、讨论的对话方式中学习也往往比平常更加主动和积极,更有热情和激情,学习效果会更好。

(3)合作学习可以相互模仿与感染。模仿是指直接借鉴或仿照他人的行为或做法,包括行为模仿和经验效仿,感染则是交往主体在互动中受对方情绪、情感影响而产生的情感共鸣、激情感染。模仿和感染使交往双方彼此从对方那里获得行为、认知和情感方面的影响,彼此相互学习、丰富和充实。

(4)合作学习是相互协调和妥协的过程。对话和互动的目的也可以使对话双方之间达成共识。交往中,学习别人,往往需要有一种坚持真理修正错误的诚心和勇气,从而找到一种彼此都能接受的观点和看法,彼此都能产生坚持真理修正错误的勇气和行为。这样才能在合作学习中共同提高。

　　与阅读学习、实践学习、反思学习相比,合作学习对于班主任专业发展、素质提高具有独特的功能:它为班主任个体的学习和专业发展提供参照、借鉴和多种视角,从而使班主任学习和发展超出个体经验和视野的局限,正如我们常说的:"独学而无友,则孤陋而寡闻。"它能促进班主任社会性素质的发展。人的社会性素质是指人在处理与他人关系或在人际交往方面所体现出来的倾向、方式和水平等素质,如交往兴趣或需要、交往技能、合作精神、理解接纳他人的能力、同情心和道德品质等。

　　班主任的专业成长离不开同伴互动和团队合作,每个班主任都有自己独特的思想和专长,同伴之间的互动与交流,可以丰富每个人。俗话说你送我一个苹果,我送你一个苹果,我们每个人手中仍有一个苹果,而我们之间思想交流之后每个人就有了两种或多种思想,你教我一个特长,我教你一个特长,每个人就有更多的特长,无形中我们的专业素养都得到了发展。合作学习一定要求真,即坚持真理修正错误;一定要坚持"和而不同",择善而从,真诚相待;一定要知无不言,言无不尽,毫无保留;一定要诚心诚意地向对方学习。

　　3. 虚空纳教——合作学习的态度

　　合作学习有没有良好的效果关键是态度,既要真心、又要虚心。真心是指真的觉得自己有差距,不如人,真心实意地学习他人。向名师请教,向教育领域的专家、教授请教。从某种意义上说,真正受欢迎的专家是本地区本学校的优秀教师、优秀班主任。这些专家的建议是重要的,而且往往是非语言的"师傅带徒弟"的方式表达出来的。有一个《虚空才能纳教》的故事。

　　　有一天,一位大学教授来向日本明治时代一位著名的禅师南隐问禅,禅师默而不答,只是以茶相待。他将茶水注入这位来宾的杯里,直到杯满,而后继续注入。

　　　这位教授颇感纳闷,喝茶和禅有什么关系?

　　　教授眼睁睁地望着茶水不断地溢出杯外,流得满桌都是,再也不能沉默下去,终于说道:"师父,已经漫出来了,不要再倒了。"

　　　"你就像这杯子一样",南隐乘机说:"里面装满了你自己的东西和看法,你不先把自己的杯子空掉,叫我如何对你说禅?"

　　　教授听了忽有所悟,一面羞惭,一面伏地礼拜禅师。

　　我想读了这个故事我们不一定同意南隐的做法,但应该明白态度的重要。只有这样才会有更深入的领会。上文说过合作学习不只是向名师学习,还应该向不如自己的老师学习。虽然他们在总体水平上不如自己高,但他们肯定有比自己强的方面,闻道有先后,术业有专攻,如一些年轻老师热情好学,工作干劲足,先进的教育理论比我们掌握得多,运用得娴熟,业外才艺比我们丰富,甚至理解问题快、观念新,这些都是我们学习的榜样。因此,必须放下架子虚心求教。

　　一个人要想真心实意求教别人,必须虚心,先把自己的观点、想法放在一边,才能听进别人的教诲。有的则因过分强调人的悟性,语义晦涩,做文字游戏者也不在少数,尤其是"棒喝"(如马祖教诲百丈和尚),它固然可以强烈地刺激、暗示对方,但能到"顿悟"境界毕竟不易,思维迟钝者往往棒喝之后仍然"丈二和尚摸不着头脑"。

　　禅宗这些教育方法,一些师徒相传的行当也在使用,如工匠、艺人。一位小铁匠打好的刀,刀刃始终是一条曲线,向师傅请教秘诀,师傅没有正面回答,使劲用刀拍了一下他的背,小铁匠茅塞顿开:要想刀刃平直,必须锻打刀背。我想读了这个故事班主任应该明白了态度的重要,只有这样才会有更深入的领会。

　　从模仿走向创新。前文说过向名师名班主任学习,往往是从模仿开始的。即按他们的一些方法技巧去做。如学生犯了错误,也学着魏书生那样,让学生写说明书或给全班同学唱支歌,效果往往不尽如人意。为什么呢?教育行为是教师人格的外显,人格的内在素质起着决定的作用。魏书生之成功在于他正确的教育观念和他根据学生各方面情况而采取的方法技巧,生搬硬套很难取得良好效果。向名师学习关键是学习他的品格、理念和精神。班华教授说:"优秀教师的教育精神是个性精神,既是个性精神,就有其独特性。魏书生也好、李吉林也好,他们都有一种个人的教育精神境界,学习优秀教师和班主任,就应当从整体上理解、体会、领悟他们的教育精神境界,而不是离开整体性,仅模仿他们教育的具体方法和技巧,虽然学习也包括学习他的教育方法、教育技巧。个性精神,作为一种整体性的教育精神,教育方法、教育技巧是其表现,但不是教育精神的内核。我们学习优秀教师、优秀班主任,就是要学习其教育精神的内核,只学习方法技巧,无异于肢解了整体精神。"向优秀教师和班主任学习,既需要学习具体的方法技巧,更应体会其中的教育理念和精神实质,既需要模仿,更需要创新。

四、在履行班主任职责中
实现自主专业化发展

2002 年 10 月在天津大港区召开了全国第十一届班集体建设理论研讨会。会议期间召开了专家组成员和理事单位领导联席会议,共同商讨第十二届研讨会的主题。北师大教授王海燕先生在分析了教师专业化研究情况的基础上,建议结合班集体建设,把班主任专业化的研究提到日程,得到与会者的高度认同,特别是 2006 年 6 月教育部又在《关于中小学班主任工作的意见》(以下简称《意见》)中第一次明确班主任岗位是"重要的专业性岗位",并就班主任应履行的职责做出了明确的规定:教育部在《中小学班主任工作规定》中再次明确了班主任的"职责与任务"。

全面了解班级内每一个学生,深入分析学生思想、心理、学习、生活状况。关心爱护全体学生,平等对待每一个学生,尊重学生人格。采取多种方式与学生沟通,有针对性地进行思想道德教育,促进学生德智体美全面发展。认真做好班级的日常管理工作,维护班级良好秩序,培养学生的规则意识、责任意识和集体荣誉感,营造民主和谐、团结互助、健康向上的集体氛围,指导班委会和团队工作。

组织、指导开展班会、团队会(日)、文体娱乐、社会实践、春(秋)游等形式多样的班级活动,注重调动学生的积极性和主动性,并做好安全防护工作。

组织做好学生的综合素质评价工作,指导学生认真记载成长记录,实事求是地评定学生操行,向学校提出奖惩建议。

经常与任课教师和其他教职员工沟通,主动与学生家长、学生所在社区联系,努力形成教育合力。

《中小学班主任工作规定》为班主任工作和专业发展指明了方向。做专业化班主任也恰恰是在认真履行职责中实现的。

班主任自主专业化发展必须回归到班主任工作的原点,即履行班主任职责的具体实践中,实现以提升实践能力为核心的班主任专业化发展目标。

著名教育家、班主任的楷模李镇西先生说:"实践就是不停地做,教育是做出来的,不是说出来或写出来的。班主任一刻也不能脱离学生,脱离班级。"他说:"这里的做又不是拿着旧船票简单地重复昨天的故事,而是绝不重复自己,不断地创新,不断超越自己。"为此,必须解决好以下问题。

(一)德育工作的艰巨性,对班主任专业素养的要求

班主任"要做好中小学生的教育引导工作。认真落实学校德育工作的要求,积极主动地与其他任课教师一道,利用各种机会开展思想道德教育,引导学生明辨是非、善恶、美丑,从身边的小事做起,逐步树立社会主义荣辱观,确立远大志向、增强爱国情感、明确学习目的、端正生活态度,养成良好的行为习惯。"教育部在《中小学班主任工作规定》(下称《规定》)中要求:

> 全面了解班级内每一个学生,深入分析学生思想、心理、学习、生活状况。关心爱护全体学生,平等对待每一个学生,尊重学生人格。采取多种方式与学生沟通,有针对性地进行思想道德教育,促进学生德智体美全面发展。

不难看出,德育工作是以人育人、以心育心、以人文培育人文的神圣工作,对班主任专业素养提出相当高的要求。

1. 德育的育人性,要求班主任必先修炼人格

班主任从事的是"以人育人"的特殊职业,要使学生信其道,自己既要成为博学多才的"经师",更要成为道德高尚的"人师",认真做到言教与身教并重。

历来被人们称颂的教育家,大都主张以身立教,其言行堪为学生表率和楷模。陶行知为推行乡村教育,实践了"捧着一颗心来,不带半根草去"。无产阶级教育家徐特立,严于律己,德高望重,毛泽东曾称赞他"革命第一,工作第一,他人第一"。

然而,时下却有少数中小学教师,只给学生"传道",不给自己"修德",以致言行上表现出双重人格。教育学生大公无私,自己却向学生家长索要礼品;教育学生抵制拜金主义,自己却以辅导、补习为名向学生收费;教育学生热爱劳动,自己却在劳动中只动口不动手;教育学生说话文明,自己却把粗话脏话常挂嘴边,如此等等。年龄大的学生对老师是"听其言观其行",如果教师口是心非,言行不一,即使"传道"讲得天花乱坠,学生不但不信服,而且还会产生逆反心理。年龄小的学生对老师的"坏榜样"则更容易效仿,有些学生的不良习气,说不定就是从老师那里学来的。

班主任的工作对象是可塑性很大、模仿性很强的青少年,班主任的一言一行、一举一动,都对学生的成长产生着潜移默化的影响。学生能否健康成长为一代"四有"新人,教师道德行为的影响至关重要。《中小学教师职业道德规范》的重新修改颁布,说明国家和人民对教师的职业道德、个人品质有了更高的要求。教师只有不断地加强道德修养,做到爱国守法、关爱学生、爱岗敬业、教书育人、为人师表、终身学习,才能对陶冶青少年一代的道德情操产生巨大的教育力量。为了学生,教师要成为"美好的化身和可资仿效的榜样"。

当然"金无足赤,人无完人",要求教师和班主任的人格至善至美,恐怕不那么现实,也不能如此苛求。然而,既然我们选择了教师的职业特别是选择了当班主任,就承担起了教书育人的神圣使命,就必须深知遵守教师职业道德规范的意义,把塑造自身完美人格作为人生不懈的追求。

教师的人格是指教师的精神面貌,是与其意识倾向性相关的理想、信念、世界观以及气质、性格和品质等因素的总和。教书育人的核心是培养学生健全的现代人格,教学生学会做人。在教育过程中,教师特别是班主任的人格是一种无声的命令、无形的感召、无穷的动力,对学生的心灵具有强烈的辐射力、震撼力和同化力,发挥着感染、激励和促进的作用。伟大的俄国教育家乌申斯基曾经深刻地指出:"教师的人格就是教育工作的一切。"因为"只有人格才能影响人格的发展和定型,只有性格才能养成性格"。教师的人格属于教师职业道德的最高层次,其人格特征主要包括热爱祖国、无私奉献的师魂;热爱事业、热爱学生的师德;全面发展基础上个性发展的师观;勇于探索、开拓创新的师能和严于律己、严谨求实的师风。这是我们教师人格自塑的目标。

班主任塑造自身完美人格需要一个长期艰苦的修炼过程,是一个自我否定与自我肯定的过程,它需要以健康的心理素质和全面的文化修养为基础,并在深化改革教书育人的实践中不断磨炼、严格自律,逐步从现实自我走向理想自我。为此,班主任必须增强人格自塑意识,其中包括自尊自爱意识、自警自省意识和自控自律意识。"自尊心是一个人灵魂中的伟大杠杆"(别林斯基语)。班主任的自尊自爱是一种积极的行为动机,有助于克服自身的缺点,促进人格的完善。班主任还要在自己日常生活中保持自警自省,要提高自我认识,坚持自我警醒,做到"吾日三省吾身",以便时时处处自觉遵守教师职业道德规范。班主任的自警自省意识越强,就越能自觉做到"慎独",不断提高自己人格修养的水平。要想使自己的人格逐步完善,还必须做到严格自律,提高自控能力。具有完善人格的班主任都是自控最强、自律最严的人。自我控制的前提是对理智与情感关系的正确把握和对行为后果的深刻认识。自律严的班主任善于解剖自己,勇于去"恶"扬"善",在自己教书育人实践中能够主动把一切不利于人格提升的因素消灭在萌芽状态。

班主任总是处于学生最广泛最严格的监督之中,承担着独特的人格责任。因此,班主任必须"以人为镜",坚持严格自律,不断修炼自己完善的人格,真正承担起"以素质培养素质""以人格塑造人格"的历史重任。

2.德育的心育性,要求班主任必先养其心

班主任工作的复杂性和艰巨性是人所共知的,而且升学的压力,不仅使学生产生了诸多的心理障碍,也使班主任感到重任在肩,对其造成的压力,心理难以承受。致使一些班主任也不同程度地出现了心理障碍。因此提高教师特别是班主任的心理素质已成为当务之急。

众所周知,人的个性心理结构是一个复杂、多侧面、多层次的体系,在这个体系中理想、信念和世界观被称为动力系统,是人的个性心理结构中的核心,是人的心理素质的灵魂和统帅。班主任只有把实现素质教育作为自己的理想和信念,才能真正形成健康的心理素质。

另外,素质教育强调促进学生"全面发展基础上的个性发展"。要培养学生健康的个性。以心育心,班主任必须认真学习相关的心育理论,如班华教授的《心育论》,掌握心育的相关方法。除此之外,还要不断修炼自己健康的心理素质,使自己具有健康的个性,形成良好的心理素质。班主任的个性心理素质的内容十分丰富,主要包括以下几个方面。

（1）热情而深沉的情感。在一定条件下，班主任的情感是对教育效果产生直接影响的因素之一。"没有人的情感，就从来没有，也不可能有人对真理的追求"（列宁语）。对中小学生来说，他们非常需要那些热情、富于同情心，其言行具有强烈感染力的班主任成为自己的导师和朋友，希冀得到他们的认可和赞许。这种类型的班主任作风民主，易与学生打成一片，能给学生在情绪上以更多的支持和鼓舞；能恰当地把握情感，不因理解而迁就，也不因严格而暴怒；能恰当地运用批评与表扬的方法，以促进学生从不利情感状态中解脱出来而积极进取。另外，班主任工作绝非简单的"外塑"，而是促进深刻的"内化"，需要把对学生真挚的爱渗透到全部工作中去，并通过晓之以理、动之以情的方法，促使学生产生情感共鸣。班主任要具有这种情感，就必须忠诚于人民的教育事业，对自己的工作抱有满腔热忱，对自己的学生，特别是后进生热情相待，富有同情与信任，同时，用自己热情而深沉的情感来实现关心人、尊重人、教育人的目的。

（2）正确而持久的动机。动机是推动人们行动的内在力量。动机的性质决定着人们行为的性质。班主任的工作动机从主客观上分析是由其在工作中的地位、作用决定的，是受其思想和工作需要的内驱力制约的。如果班主任能够牢固树立为共产主义而奋发工作的动机，就会通过教育教学活动把建设社会主义强国、实现共产主义变成学生的需要。那么，学生就会为满足自己的需要而刻苦钻研知识，提高社会主义精神文明素养。班主任如有牢固的、正确的思想及工作动机，就会凭借个人对动机意义的理解，随时强化或引导学生学习、生活、工作的动机。例如，班主任总是根据学生的思想、学习等方面的表现，抓住一切有利时机进行理想、信念、学习目的的教育，并根据学生提出的合理需要，创造条件予以满足，就会使学生保持一种朝气蓬勃的精神状态。相反，如果班主任的工作动机，只是为了增加一些津贴，那他必然缺乏工作动力，不仅工作做不好，这种较低的思想境界也必然给学生带来不良影响。

（3）广泛而有益的兴趣。班主任兴趣广泛可以促使自己获得更多的信息，得到广博的知识，以提高自身的修养。同时还可以和学生保持密切的交往，产生共同语言，从而更有利于了解学生，有针对性地帮助教育学生。如果班主任是位科技迷，就能带动本班的课外科技活动；如果班主任能在球场上龙腾虎跃，就能团结帮助一批球迷学生；如果班主任能歌善舞，你的学生也会朝气蓬勃……这样就便于了解学生、教育引导学生。

兴趣是可以培养的,某班主任本来不会打球,但是为了了解和教育某些后进生,就主动参加他们的体育活动。天长日久,新的兴趣就会形成,也为自己的工作创造了条件。加强自身的兴趣修养,关键是培养自己从事德育工作的兴趣,深入地研究德育理论和教育对象,广泛地探索做好人的工作的知识和技巧。主动自觉地培养自己对相关知识的兴趣和文学艺术、文体活动的兴趣,使自己在学生生活的广阔领域里都能成为活跃人物。当然人的兴趣也有两种类型,一是消极有害的,一是积极有益的,我们要择善而从。

(4)爽朗而稳重的性格。性格是指人较稳定的对现实的态度及与此相适应的行为方式。不管心理学家对性格的分类有多大的不同,性格却常常通过态度、意志、情绪、理智表现出来。班主任具有爽朗、活泼、坦率而富于理智的性格,对于青少年的教育是十分有益的。因此,为使自己具有良好的性格修养,我们的班主任在工作、交往中,必须做到襟怀坦荡,以诚相见;热情帮助,讲究科学;自信冷静,注重策略。除此之外,班主任应该忠于党,坚持四项基本原则,对社会主义充满信心,为学生树立光辉的榜样,给学生做出表率,做到身教重于言教。

(5)持重而不孤傲的气质。气质具有明显的天然性,但又不是一成不变的,人类的四种气质虽然各有其优点和缺点,但不同气质的班主任却无优劣之分。如果我们班主任队伍中,汇集了四种气质的人,他们又能注意自己气质的不足,做到取他人之长,补自己之短,我们的工作会做得更好。每位班主任善于了解自己的气质类型,在实际工作中加强修养,做到考虑问题时,深思熟虑;安排工作计划时,从实际出发;教育学生处理问题时,掌握分寸,讲究方法。应逐渐使自己形成持重老练,沉着冷静的良好气质,做到像托尔斯泰要求的那样:自居职守而不刚愎自用,胆大心细而不急躁粗浮,喜功而不自炫,自重而不自傲,豪爽而不欺人,刚强而不执拗,谦虚而不虚伪,认真而不迂腐,豁达而不逢迎,直爽而不鲁莽。

(6)顽强而坚韧不拔的意志。意志是指人在履行道德义务的过程中,表现出来的自觉克服困难和障碍的坚强精神。在改革开放形势下,班主任会遇到许多疑难问题,因此,其意志品质显得十分重要。不管遇到什么艰难险阻,如资产阶级自由化的泛滥,青年学生中出现了崇洋媚外的思想,我们从事班主任工作的同志,都应有坚定的信念,即深信虽然改革过程中遇到了错综复杂的矛盾,面临着前所未有的困难,但在党的领导下,什么风浪也阻挡不住历史滚滚向前的巨轮。作为一个普通的班主任,要在自己平凡的岗位上,以革命乐观主义精神,在困难面前不动摇、不退缩，特别是在宣传各项德育要求，转变学生思想的过程中不虎头蛇尾，不半途而废，善于抓反复、反复抓，善于控制自己的情绪，有不达目的绝不罢休的决心，有胜不骄、败不馁的顽强毅力。

人的心理素质是在实践中形成和发展起来的，是可以改变的。班主任为了提高工作效率和效益，应当加强这方面的自我修养。要达到改善和提高自身心理素质的目的，就应主动地自我锻炼、自我改造、自我陶冶和自我教育。

3. 德育的人文性，要求班主任必先修炼人文精神

当前，中小学教育比较重视科学知识教育，培养学生的科学精神，但是相对忽视了学生人文素养的培养与提高，为了改变这种现状，新课程改革提出了"三维目标"，特别明确了"情感、态度、价值观"这个重要目标，强调了不能只重视科学知识与技能的培养，更应重视人的精神成长和正确价值观的形成。班主任成为学生的精神关怀者，必须注重人文背景和人文资源的开发，把班集体建成学生成长的精神家园，培养他们善良的心和追求美的精神境界。

教育的人文性，即指教育目的上对良好人性发展及其价值的追求和教育过程对人的价值的重视，对人的尊严、权利的尊重，对人的关心和爱护，以及对人的合法权益的维护。

就教育目的而言，教育目标的价值取向有一个重要变化，就是由重视科学知识技能的教育变为既重科学又重人文的教育；由单纯满足社会需要变为注重满足社会需要与满足人的发展需要相结合。人不再作为社会工具来培养，而是被作为社会的主体来培养，人的发展成了教育目标的重要组成部分。良好的人性，健康的人格，以及人的主体意识和价值意识的形成，已成为当代教育的一种目的性追求。忽视良好人性和健康人格的培养，忽视培养人良好的主体意识和价值意识，都是漠视人的发展的表现，都不能体现教育人文性的要求。人的良好发展是教育实现社会目的的重要前提。如果没有人的良好发展，教育要实现它的社会目的也是不可能的，也不能有力促进社会更好发展。因此，满足学生素质的可持续发展的需要，成为教育的一种终极性目标追求。而班主任尊重关爱学生便是教育人文性的一个重要体现。教育过程的人文性具有这样几方面的基本要求。

一是尊重学生，不讽刺挖苦学生，不歧视学生，不体罚或变相体罚学生。

二是关心学生，把学生的痛苦或不幸以及他们各方面的良好发展放在心上，

关注他们生活的冷暖、学习的进步以及他们做人的好坏，为他们良好的发展积极创造条件，能在他们需要的时候给予及时的帮助和指导。

三是热爱学生，对学生的发展不仅寄予良好的期待，而且还能以爱的情感，对学生的发展给予全身心的投入。维护学生的合法权益，能在学生身心和利益受到危害时挺身而出，敢于同危害学生身心健康和合法权益的现象做斗争。

四是平等公正地对待学生，与学生保持民主、平等的师生关系，不能因身为班主任而在学生面前盛气凌人，或以不公正的态度对待学生。要善于与学生平等交往，遇事通过民主协商的方式来解决，而不是压制学生。要认识班主任和学生在人格和社会地位方面的平等性，对学生中出现的问题一视同仁，不以出身贵贱而喜欢一部分学生或厌恶另一些学生。班主任如不按上述要求去做，则是职业道德观念淡化的表现。如果违背了上述表现，则是不道德的表现，将会遭到人们的谴责。

这里有两个问题要有清醒的认识。

一是尊重关爱学生，并不是反对班主任对学生的过错给予必要的批评，甚至必要的惩戒。但批评或惩戒学生，不能违背教育人道性的要求，也就是说，对学生必要的批评或惩戒要以尊重关爱为基础，不侮辱学生的人格，不损伤学生的自尊，不伤害学生的情感，体现出对学生人格的尊重和对他们发展的真诚希望，使学生对自身过错的不合理性具有深刻的感受和切实的认识，这样的批评或惩戒才具有人文性和人道性。对学生"只给好心不给好脸"也不行，它虽含有一定对学生负责或关爱的成分，但却容易带来不健康的气氛甚至尖锐的感情冲突和对立，这也不合乎教育的人文性和人道性要求，同时也会使班主任的好心难以得到好报，达不到预期的良好效果。

二是尊重关爱学生是一种教师职业道德规范，体现着一种伦理境界。这是由我国社会主义教育的人文性和人道性所决定的，它不仅体现了社会主义所倡导的新型师生关系对学生深厚的人道关怀与期待，而且这一师德规范还包含明确的伦理层次性。

第一个层次的要求是教师要尊重学生，这是在师生关系上对班主任最基本的要求，是其在日常的教育、生活中对学生应有的最起码的态度和行为。如果做不到这一点，那就说明他连最基本的人文性修养还没达到，缺乏为师应有的职业道德。当代伦理学告诉我们，在社会活动交往中，相互尊重，相互信任，这是人应有的最基本的行为标准。也就是说,一个人即使不做教师,在社会生活中对他人也应是这样,可见对班主任提出这样的要求是极为平常的,一点儿也不为高。

第二个层次的要求是关爱学生。关爱学生虽然含有对学生尊重的成分在内,但已不仅仅是这一层次的问题了,不是一般的对学生的尊重,而是一种责任,是对他们成长寄予良好期待的态度和行为。学生是祖国的未来,他们发展得如何,关系到国家的前途和命运。这种责任感使班主任对学生的成长寄予良好的期待,由此使他们产生关爱学生的情感和行为,所以说这一层次的要求不是一般的对学生的尊重信任,而是高于对学生的尊重信任。一个班主任如果不关爱学生,则是缺乏责任感的表现。无数的事实说明,一个富有责任感并对学生寄予良好期待的班主任,他会经常把学生放在心上,体察他们的酸甜苦辣,关注他们的生活冷暖,关心他们学习、做事、为人和各方面的健康发展,同情他们的痛苦与不幸。当学生的身心和他们的人格尊严、合法权益受到践踏和损害的时候,能挺身而出保护学生。当学生遇到困难或挫折时,能够给予及时的鼓励,帮助他们解决实际问题,努力使他们成功。这样的班主任不仅为学生所爱戴,也为社会所称道赞赏。纵观我国当代优秀教师,他们无一不具有关爱学生的良好美德和思想境界。从他们众多的事迹中可以发现,关爱学生已成为他们主要的精神生活和精神世界,成为他们工作乐以忘忧的源源不断的动力,成为他们生命意义的追求和自我价值实现的根本。这种崇高的精神境界,正是他们在自己平凡工作岗位上创造出不平凡业绩的根本所在。

分析尊重关爱学生这一道德规范所具有的伦理层次,对于班主任进行职业道德修养教育是非常必要的。因为班主任如果经常从这一道德规范所具有的伦理层次上要求自己、检查自己、反省自己,就会不断促进其职业道德的升华。但需要指出的是,在教育实践中,不可在管理上对班主任进行这种伦理层次上的分类,因为现实教育生活中,班主任在对待学生方面所表现出来的伦理境界,有些在层次上并不是截然分明的。有的班主任所表现出来的对学生的尊重和信任,并不仅仅是出于基本的人道性,还含有很强的责任感。而有的班主任对学生的关爱,则仅仅是处于人性的同情和理解的程度。还有的教师虽然有一定关爱学生的情感,但往往有对学生"恨铁不成钢""宁给好心、不给好脸"的行为,这一行为实质变成了对学生的不尊重不信任。另外,上面所谈到的伦理境界在实际教育生活中也不是一成不变的。当班主任不仅出于人道性,而且出于责任感来对待学生的时候,可能会更加尊重信任学生;由尊重信任而上升到关心爱护学生,源于班主任不断的自我修养;而在关心爱护的基础上尊重信任学生,也需要不断通过班主任的自我修养来强化理智性和自觉性。作为一个人民教师不仅仅要尊重信任学生,更应关心爱护学生,在崇高的育人事业中展示高尚的伦理境界。

4. 德育的规律性,要求班主任必须掌握相关理论

德育工作确实非常艰巨复杂,但却是有规律可循的,只有按规律施教才能取得预期的效果。因此,班主任需要全面掌握德育工作的原则、规律和方法,这就需要用德育理论武装自己的头脑,不断提高德育理论素养。德育工作是人的工作,班主任必须充分了解中小学生的生理、心理特点,才能做到因材施教,使德育工作具有针对性,取得实效性。因此,班主任必须认真学习有关青少年的心理学和行为学的知识,了解青少年不同阶段的不同心理特点及其需要、行为动机等理论知识,提高这方面的理论素养。德育过程的多端性,要求班主任深入了解并掌握青少年学生知、情、意、行的特点,使德育工作方法更加丰富有效。

(二)班级管理的专业性,对班主任专业素养的要求

做好班级管理工作也是班主任的重要职责,《规定》中有这样的要求。

> 认真做好班级的日常管理工作,维护班级良好秩序,培养学生规则意识、责任意识和集体荣誉感,营造民主和谐、团结互助、健康向上的集体氛围。
>
> 指导班委会和团队工作。

班级管理既以学生为管理对象,又以学生为管理主体。调动学生自我管理的积极性,培养他们自我管理能力,是实现班级科学管理的关键。班主任一刻也不能压制学生的意志和想法,而是要设法把班主任的权威、把各项规章制度变成学生的意志和行为。苏霍姆林斯基说:"真正的教育是自我教育。"而自我教育是自我管理的前提,自我管理是自我教育的成果和标志。我们可以这样说:真正的管理是自我管理,而培养学生自我管理能力,实现学生自治是班级管理的出发点和归宿。

自我管理就是自己管理自己，就是"大家组织起来，掌握自己教育自己的手续"，养成"自我管理的能力"（陶行知语），这其中包括三层意思。

一是为学生创造参与班级管理的机会，即班级各项工作都要组织全体学生参与研究，让他们自己去组织实施。使他们在班级管理中为集体、为他人服务，学习"自我管理的手续"，培养自我管理能力。

二是以班干部为核心，组织开展各项班级工作，实施组织调控，达到相互合作、相互负责，并使所有学生都有自己的岗位责任，做到人人都能按班级规章制度自行控制和调整自己的行为。

三是不能把学生自我管理视为可有可无，不能把学生自发的孤立的自我管理视为班级自我管理，不能把班级自我管理的方法完全依赖于学生干部，而忽视自身的主导作用。要以科学的态度研究构建班集体激励机制的问题，充分调动学生的积极性。要完成这些任务缺乏管理理论和能力是万万不行的。

1. 必须具备系统的管理理论和管理技能

管理是一门科学。班级管理的基础是班主任应该对管理的概念、流程、方法、可能性有充分的理性认识。然而，目前状况是：在各级各类教师职后培训的课程中，专为班主任设定的课程和教材，不是少得可怜就是内容跟不上形势，而管理类课程又通常只对校长培训班开设。这样，本应成为班主任生存基础的管理之道，反而成了稀缺之物，可望而不可即。班主任只能无师自通，凭着责任心和勇挑重担的愿望去承担班级管理工作，这本身就缺乏科学性。由于这种"存在"造成的现实是：一方面，班主任的被管理者心态（受上级部门、校长之管）使之仅仅作为上级管理的执行者和传声筒存在，在班级管理方面人云亦云，亦步亦趋，只是被动执行命令而不考虑班级实情和学生需要，导致班级管理的僵化和形式化。另一方面，由于缺乏管理理念，极易使班级管理成为班主任的"个人作品"。所谓的管理风格和班级风格，事实上完全成为班主任个人习惯、情绪、性格、能力的产物。如果班主任具备良好的素质，一切尚无大碍；一旦班主任缺乏带班经验或缺少责任心，班级状况就令人担忧了。此外，缺乏管理思想和技能的班级管理，还使评价发生困难（因为缺少统一标准、程序），班级管理效率低下（评价者只能侧重于评价班主任的教育艺术，个人魅力等难测因素，班主任本人则不明了实质性管理目标何在）。最终，班级管理的指导思想变成了只要把一个班几十个人"管"住不出事的低层次上，大大弱化了管理育人的功能。班主任缺乏管理知识和技能的直接后果是:班集体形成困难,人心涣散,班主任缺乏威信,班级既定目标难以实现。可见,班主任要突破种种束缚,发挥自身的主观能动性,刻苦学习相关班级管理理论。魏书生和李镇西先生的书真的很值得班主任们去认真品读。另外班主任必须善于积累自己管理班级的经验,力争用文字将其表述出来,形成自己的"实践性理论知识",这才是提高管理能力的关键之道。

2. 必须具备先进的管理观念

在教育运行系统中,教育哲学是形而上的,主要体现为形形色色的思想和观念,并以此指导教育目标的设定和具体的教育、教学行为。正如每个人不管他是否意识到,都拥有自己的生活哲学一样,作为教育者,班主任不管他(她)自己是否承认,也会用自己的教育哲学影响学生,只是这种影响,有正负面之分。比如,苏霍姆林斯基在巴甫雷什中学的成功,与其博大精深的教育思想有着直接联系;赫尔巴特的"教育永远具有教育性",更是凸显了教育思想的重要价值。而没有正确思想的教育者,只能被称为教书匠;以不良思想和方法带班的班主任,更是有悖于教育的初衷。

教育思想包括教育理论素养和对于教育问题的思辨能力,它不是天生的,而有赖于后天自我持续不断的学习和反思。从目前班主任(也包括其他教师)接受职后培训的过程看,仍有一些问题存在:教育管理观念相对落后,教育民主思想因受根深蒂固的师道尊严的影响,还没有牢固地确立,专制主义的残余仍然存在,体罚、变相体罚现象仍大有市场。以学生为主体的管理观,仍停留在一些班主任的口头上、书面上,未能落实到班级管理的实际中,学生尚未真正成为班级管理的主人,实现自我管理的目标还任重而道远。以分数为唯一标准评价学生的教育价值观和评价观仍未能根除,重科学知识,轻人文素养的现象仍不同程度地存在。如果这些问题不解决,必然会影响班级的科学化管理。

3. 必须具有较强的管理能力

班主任是班级的组织者、管理者,对此周勇先生认为,班主任应具备以下几种组织管理与协调能力。

(1)"世事洞明"的观察力。"世事洞明皆学问,人情练达即文章。"要全面管理好一个班级的基础是了解班级发展水平和学生的情况,做到心中有数。"世事洞明",要时刻关注和吸收新的信息,并能聚合、分析、开拓思路;要善于建立起全方位的观察思考和宏观的思维能力,使自己的视野在360度空间"扫描";不仅要了解、观察社会大环境、学生家庭的小环境对学生的影响，而且要从本班的实际出发，确定班级管理的着力点，做到既能"细致观察"，又能科学管理。

（2）高瞻远瞩的预见力。"凡事预则立，不预则废"。"预"即有预见，要管理好一个班级，班主任必须具有预见性，能够从错综复杂的事务中发现问题、看出新意，从而制定好切实可行的班级管理目标，提出切实可行的工作计划，切忌求成心切、急功近利，也不能只重"治标"而轻"治本"。

（3）"博采众长"的综合力。"梅须逊雪三分白，雪却输梅一缕香"。人各有所长，亦有所短，作为一名班主任不仅要将一个班级有效地组织管理起来，更重要的是应在复杂多变的工作环境中，调动各方面的积极性，沟通协调好各方面的力量，用整体优势来弥补个体的不足。要善于学人之长，容人之短，团结好各科任教师，发挥好所有教师均是学校德育工作者的作用，使班级管理这部机器由单轨运动变成双轨作业、化解教育过程中可能发生的学生与老师的矛盾、与家长的矛盾、与班干部的矛盾，本班与兄弟班的矛盾……使班级工作可以顺利圆满完成，而这综合能力是营造和谐班级环境的一个重要因素。

（4）"知人善任"的向心力。"经事还谙事，阅人如阅川"。作为班级主要的负责人，班主任必须善于培养小干部，特别是小干部的任命和使用更应慎重，要坚持原则，不徇私情，充分发挥学生的自主性和民主性，让这些学生成为班级工作的骨干力量，成为学生们真心信任的小干部。

（5）"去伪存真"的鉴别力和"能言善辩"的表达力。"操千山而知音，观千剑而识器"。一个班里几十名学生经常出现各种矛盾，班主任在处理发生的各种问题时，要先做调查，弄清事实，去伪存真，对学生的评价要"慎始"，不能凭简单印象急于下结论；也不能以一时一事过错而否定其一贯表现，做到解决问题冷处理，心灵深处找平衡。

总之，班主任的能力在管理实践中得以提升，管理能力的提升又使班级管理更加科学化、人性化。

（三）组织班级活动对班主任专业素养有何诉求

《规定》中明确要求班主任要"组织、指导开展班会、团队会（日）、文体活动、社会实践、春（秋）游等形式多样的班级活动，注重调动学生的积极性和主动性，并做好安全防护工作。"这是班主任的重要职责。

最近我读了吴云辉老师《一次课外实践活动的夭折》的文章,感慨颇多。文章内容摘录如下。

那是课程改革实施之初。星期一,我向全班宣布,这个周五下午将开展一次社会实践活动。主题是"了解家乡,找寻身边的文化"。听说开展实践活动,同学们欢呼雀跃。接着,我将全班50人分成7个小组,每组完成一个分主题。依次分组如下。

①家乡人民居住情况调查 5~8人

②家乡名人走访 5~8人

③家乡民俗调查 5~8人

④家乡碑刻摹写 5~8人

⑤家乡古迹寻踪 5~8人

⑥家乡名人轶事搜集 5~8人

⑦家乡文学家作品辑录 5~8人

大家兴致高涨,摩拳擦掌,个个跃跃欲试。

星期二上班,一进办公室,几位同事就似笑非笑地走了过来:"吴老师,听说你准备让学生自己去搞调查啊?""是啊。让学生了解身边的事情,积极参与社会实践,锻炼学生自主探究能力。这也是新"课程标准"上说的呀,有什么问题吗?""没、没、没什么。"凡位同事欲言又止的样子,走开了。

星期三,人还没进办公室,手机就响了,是一位家长打来的。

"吴老师吗?你好!我是你班学生肖一的家长,听孩子说星期五要搞什么活动,寻什么古迹。去什么十多里外,而且没有老师带,有这事吗?"

"对,对,有啊。这是一次实践活动,我们就是为了锻炼孩子自主、合作、探究的能力。"

"没有老师带队,又这么远,安全吗?"那边小心翼翼地问道。

"没问题的。"我安慰道;"他们都很大了,应当让他们学会独自面对一些事情,让他们在实践中学会学习。""其实,这些文化古迹的图片我们政府的网站上都有,浏览一下也就可以了,何必跑那么远去呢?"

"那可不一样。"我解释说,"我们要给学生的就是亲身体验、实地感受。如果是坐在家里,通过网页浏览,像雾里看花,终隔一层。"

我与这位家长说完，手机又响了，又一位家长打电话过来了……

星期四上完课，就有几个学生陆续来我办公室。"对不起，老师，明天的活动我要请假，我妈妈说没老师带队，不安全。"

"我明天下午还要上奥赛辅导班。我爸爸说，与其把时间浪费在没有实际效果的'玩'上，不如实实在在做几道数理化题呢。""玩？"我摇了摇头，苦笑。

星期五一早，教师办公室就贴出通知：今天下午全体教师到校多功能厅聆听教育专家关于新课程改革的专题讲座，不得缺席。学生统一进行物理测试。

就这样，我的一次课外实践活动还没开始就夭折了。

下午，教育专家在台上眉飞色舞地讲着课程改革的实施方案和重要意义，我还在为我那天折了的实践活动痛心。我不禁想：新课程改革首先要改的到底是什么？其实答案很简单：是思想，既是老师的思想、学生的思想，更是广大家长和社会大众的思想。不彻底解放思想，走不出课堂，走不出课本，走不出分数，别说课外实践活动会一次、两次、三次地夭折，甚至整个课程改革也都将只能是一张美丽的画皮而已。

吴老师是一位有责任心的改革者，他对活动的设计很周到，活动要达到的目的也非常正确，活动的过程想得也较周到，但是活动还是夭折了。后来，他所说的活动夭折的认识也很深刻，从中也使我们体会到教育改革创新是多么艰难。但如果从班主任自身反思一下的话，或许结局会是另一种情景。比如，活动前与校领导沟通，讲清活动的主题、内容和形式，活动要达到的目的及相关安全措施，恳请领导支持，我想在新课改的大背景下，领导是没有理由否定的，还会给班主任提一些好的建议：如何做好家长工作，取得他们的支持；如何做好安全防范，让家长放心；如何做好活动前的动员，明确活动的目的、要求、应注意的问题，进一步鼓舞学生的士气。如果家长再有什么顾虑，学生就可以做父母的工作了。我想有一个好的活动设计，仅仅是活动成功的必要条件，上面所说各种准备工作是绝不能忽略的。而这一切不仅取决于对活动价值的认识，还需要班主任具有多方面的专业素质。

1.学习和掌握班级活动的理论

近几年来,对班集体活动的理论研究正在逐步深入,也开始走向成熟。它既以广大班主任设计与组织班集体活的实践经验为基础,又服务于组织好班集体活动的实践。广大班主任对此应给予足够的重视。不断提高组织班集体活动的理论水平。了解并掌握班集体活动的结构要素,正确处理班集体活动中主客体的关系;了解并掌握班集体活动的分类,以便根据具体情况合理选择班集体活动的类型;了解并掌握几种常用的活动及其特点,以便科学地加以运用;了解并掌握策划与设计班集体活动的规律、方法,提高设计能力;了解并掌握班集体活动创新的理论和方法,不断创新班集体活动。广大班主任特别应做到的是不断积累自己组织班集体活动的经验,并通过反思、升华,形成自己的"实践性理论知识",只有这样才能真正提高理论水平。

2.深入了解学生心理特点和兴趣爱好

了解学生身心特点和兴趣爱好是组织好班集体活动使其具有针对性的基础。这就要求班主任要认真学习青少年心理学理论,掌握学生不同年龄段的身心发展规律和特点,这也是班主任组织好班集体活动的理论依据。班主任是班集体活动的组织者和参与者,因此,班主任也应当具有广泛的兴趣爱好,以便能和学生融为一体,使活动更有吸引力和影响力。要继承传统就要了解学习传统、要学习他人就要了解他人,这就需要班主任善于收集、筛选、储存这方面的各种信息,以备自己学习、借鉴和运用。

3.具有设计组织班级活动的能力

班主任要掌握设计活动的材料准备、形成活动方案、确定实施步骤的三个阶段;明确活动设计的主攻方向,即提炼活动主题、确定活动内容、选择活动形式;做好活动实施过程中的三件事,即充分准备、依案实施、总结评价。这个过程不仅需要班主任具有较高的政策水平和理论水平,而且需有与时俱进的时代精神和较强的组织班集体活动的综合能力:其中包括策划能力、宣传鼓动能力、组织管理能力、协调学校领导和家长的能力、总结评价能力……

4.保持一颗童心

现在的学生爱玩,"乐嬉游"是青少年的天性,玩可以张扬个性、玩可以增长智慧、玩可以锻炼各种能力。但他们爱玩,却不会玩,因此,班主任要童心不泯,融入学生中去，与他们一起玩，一起享受玩的乐趣、情趣、志趣，在玩中开发学生智力、培养学生能力，像李镇西老师那样。

上述建议，只是一点儿浅见，我希望能撞击出广大班主任智慧的火花，为了更好地履行"组织好班集体活动"这一职责，努力提高自己的专业素养。

（四）学生综合素质评价及撰写学生操行评语对班主任专业素养有何要求

学生综合素质评价方面，教育部在《规定》中是这样要求的。

> 组织做好学生的综合素质评价工作，指导学生认真记载成长记录，实事求是地评定学生操行，向学校提出奖惩建议。

这四项任务是非常艰巨复杂的，这对班主任应具备的专业素养有非常高的要求。其中综合素质评价、评定学生操行是两项关键的工作，做好了，指导学生记载成长记录和向学校提交奖惩建议就迎刃而解了。因此，这里重点谈谈前两个问题。

1. 做好学生综合素质评价需要树立正确的教育观念

综合素质评价是针对"应试教育"以分数为唯一标准评价学生的弊端提出来的，它需要建立一个科学的指标体系，才能发挥其在素质教育中的动力、导向的功能；才能对教师和班主任搞好学生的评价具有规范和指导功能；才能对学生素质的全面、和谐、可持续发展具有激励作用。同时，对学生的学习目的，学习态度，学习方法，以及是否养成良好学习习惯，是否具有创新意识和学习能力，都要做出客观公正的评价。还要以此指导学生做好成长记录、写好学生操行评语，并向学校提供奖惩建议。这就需要班主任全面了解和熟悉每一位学生的特点和潜能，善于分析和把握每一位学生的思想、学习、身体、心理的发展状况，科学地、综合地看待学生的全面发展，及时发现并妥善处理可能出现的不良后果。

学生综合素质评价，一般都是在教育行政部门组织下，由专家和学校领导共同制定"评价指标体系"，设计"学生评价手册"，供班主任使用。似乎班主任只要根据指标，在手册上一填了事，其实并不那么简单。

先阅读一位优秀班主任的案例。

巧用评价，变"假"为"真"

开学初新接任一个班级，我让学生把《小学生素质评价手册》交上来检查一下。班长偷偷告诉我："老师，别检查了，检查也没用，都是假的。"我半信半疑，心想，等我检查完再下结论。当我检查时发现，从前的班主任为了节省时间，省略了许多评价过程，如学生自评汇总仅有总表，任课教师评价都是班主任一人代劳，还有就是班级评价小组评价明显出现人情倾向，而且，这些评价都是学期末用一周就完成的。其实，像这种做法不在少数，在他们看来，学生评价可有可无，纯属多此一举。如此学生评价又有何用？一学期以来，为使评价由"假"变"真"，让学生喜欢评价，享受评价的激励机制，我在"巧"字上下功夫。

巧用评价方案，让学生写出学期评价预想目标。如学生评价共有"道德品质、公民素养、学习能力、交流与合作、运动与健康、审美与表现"六项内容，我根据本班实际情况，对于六项内容进行细化和可操作化，做到各项内容操作有侧重点，同时我又让每一个学生写出本学期六项内容的预测等级。

巧用月评价，让评价成为标尺，无时不督促每一个学生。为了让学生评价贯穿整个学期，我在学生中开展了"日比月看，天天进步"月评价活动。

我利用每月最后一周的一节课时间对学生进行评价。

一是对照评价标准，说"长"道"短"。此时，学生畅所欲言，可自己表白，也可由别的同学指出。

二是根据学生月优缺点，评价小组评选出每月升级学生、降级学生，不升不降一般为原级。

三是把学生月评价等级以"日比月看，天天进步"展示台形式公布，为了让等级醒目、美观，我又把 A 等设计为小红花，B 等设计为小黄花，C 等设计为小绿花。一月一评，最后，各月累计再进行学期总评。

四是巧发评价手册，让家长参与学生评价。评价手册中有不少需要家长参与的，但实际许多学生家长不管不问，一般由学生替家长填写应付了事。

为了杜绝这类事件发生，我在每学期末都要召开一次家长会，让家长现场阅读自己孩子的评价手册，第一时间全面了解孩子各方面情况。

小小评价手册，彰显的是一个个学生世界，作为班主任要精心操作、呵护，为学生健康成长负责。

学生综合素质评价是推动素质教育的一项重要工作，具有明显的激励功能。但做起来又相当复杂，因此，一些班主任和任课教师就选择了应付，这位班主任出于高度的事业心和责任感，对综合素质的评价进行了创新，其做法给我们提供了宝贵的范例，充分发挥了评价的激励功能。

要完成好教育部交给班主任的这些任务，必须加强学习、更新观念、提高健康的心理素质和科学评价学生综合素质的能力。特别是要把教育行政部门和学校领导倡导的先进教育观念，变为自己的行动，必须排除各种干扰和制约因素。需要从综合素质评价的特点出发，全面提高自身的专业素养。

班主任组织做好学生综合素质评价，是在新课程改革的背景下，为了全面推进素质教育提出来的，其意在于全面实现评价在素质教育中的动力导向作用。努力实现变单一的学业评价为多元化的全面评价，变单一的教师、学校评价为多元的社会评价，变原有的终结性评价为过程激励性评价。班主任要组织做好学生综合素质评价，显然不是一件容易的事情，并对班主任素质提出了更高的要求。

上述案例对我们起码有以下几点启示。

(1)评价的目的性，要求班主任摒弃以分数高低定终身的评价观，树立以素质教育观为核心的教育评价观。

做好学生综合素质评价是一项事关学生素质和谐可持续发展的非常复杂的工作，其基本理念是要关注每一位学生素质的和谐可持续发展。

综合素质评价的目的性很明确，就是要促进学生素质（包括道德品质、公民素养、学习能力、交流与合作、运动与健康、审美与表现六项内容），全面、和谐、可持续发展。目前许多学校领导已经从思想、体制等方面铺就了我们倡导的素质教育观念的"温床"和各种良好的外部环境。但是，如果我们一方面高举素质教育的大旗，而另一方面我们的教育制度、评价标准又一再证明"扫雷式复习""题海战术""升学排名""以分数作为评价学生的唯一标准"的对策行为是正确选择的话，这无非是证明我们的素质教育观念的虚假性。显然，这是我们不愿看到的。对此，广大教师特别是班主任，有责任予以抵制，做推进素质教育的先行者。

真正树立起以素质教育观为核心的"观念素质"和素质教育评价观——全面、和谐、可持续发展。

令人欣喜的是经国务院同意,教育部于2002年12月18日公布了体现全新教育理念的"中小学评价与考试制度改革方案"。这是新中国成立以来,第一个较为全面的中小学评价与考试制度改革的指导性文件,从此,以分数论英雄将成为历史。前文我曾说过现行的评价与考试制度已经成为推行素质教育的瓶颈,与素质教育观念形成严重的对立。教育部这次所制定的《关于积极推进中小学评价和考试制度改革的通知》提出了建立三个评价体系:一是以促进学生发展为目标的评价体系;二是促进教师职业道德和专业水平提高的评价体系;三是提高学校教育质量的评价体系。

其核心是发挥评价促进发展的功能,评价标准和评价方法也发生了根本的改变。比如,评价学生的内容包括基础性发展目标和学科学习目标,其中基础性发展目标包括道德品质、公民素质、学习能力、交流与合作能力、运动与健康、审美与表现等六个方面。各学科课程标准中对学生学习目标做出了详尽的规定,并对评价方式提出了具体建议。而且不少教育行政部门也根据本地区学生的实际情况制定"学生综合素质评价指标",对综合素质评价进行了规范,建起了"学生综合素质评价手册"供班主任使用。

这一切无疑会对推进素质教育产生深远的影响,也为教师和班主任更新观念、提高专业化素养创造良好的外部环境扫除障碍。这些都有利于教师观念的更新,关键是看教师自身的努力了。特别是要对违背素质教育的思维方式进行批判性反思,实现革命性的变革。

(2)综合素质评价的公平、公正性,要求班主任必须关爱所有学生。做好学生综合素质评价的另一个特点就是公平、公正,我们反复强调任课教师和班主任要做到一碗水端平,因为这是保证综合素质评价科学、公平、公正,发挥评价的导向与激励功能的关键。做到这一点,任课教师和班主任必须具有高尚的师德,特别是要关爱所有的学生,即有崇高的师爱。师爱不是一己之爱,她与爱生活、爱事业、爱人民、爱祖国紧紧地连在一起,这集中体现了一种境界,并在以下三个方面有突出的表现。

师爱是博大的,即要爱所有的学生,不管其家境如何,也不管学生是聪慧的还是迟滞的,教师要把自己诚挚的爱洒向每位学生的心田,这就是"博爱",它体现了教育的公平和公正。

师爱是深刻的,师爱说的是既要关注学生的智力,更应关注学生的情感、态度和价值观;既要关注学生的身体,更应关注其精神成长;既要关注学生的基础,更应关注学生学会创造;既要关注学生的今天,更应关注学生的未来,以体现师爱的深刻性。这种深刻的师爱是"从自己不爱的学生做起",尤其要关注那些"弱势生",即失去父爱、母爱的"失爱生"、家庭生活困难的"贫困生"和各方面的"后进生"。

师爱是艺术的,说的是能够用教育智慧去呵护学生的心灵,焕发学生生命的活力,使学生产生无穷的斗志。因此,师爱是一种艺术的爱,它能使学生如沐春风,快乐成长。

苏霍姆林斯基说:"我一生中最主要的东西是什么?我会毫不犹豫地回答:热爱儿童。"许多优秀教师的工作实践也证明了谁爱学生,学生就会交给谁来塑造。马卡连柯也说过:"爱是一种最伟大的情感,它总是在创造奇迹、创造新的人、创造人类最伟大的珍贵的事物。"师爱像一缕春风、一夜喜雨,能在"润物细无声"中教育人、打动人、唤醒人,从而收获一种心灵的对话、情感的沟通、思想的互动。师爱是用智慧启迪智慧、用情感陶冶情感、用思想影响思想、用人格塑造人格。之所以如此神奇,是因为师爱是以尊重学生、理解学生、一视同仁、严格要求为前提,反映在教师工作的方方面面。但只有这种伟大的师爱,才能做到在学生综合素质评价中一碗水端平。

(3)综合素质评价的多元性,要求班主任要善于发挥各种教育力量。

内容多元。学生综合素质评价的内容多元,教育部于2002年12月18日公布了体现全新教育理念的"中小学评价与考试制度改革方案"已经基本解决。传统的以分数高低为唯一标准的学生评价已基本结束。那种分数高、学习好则一切皆好的现象已经没有生存的空间。

主体多元。传统的学生评价,教师特别是班主任是评价的主体,学生是被评价的对象。前面说的案例中的两位班主任,前者完全忽视了综合素质评价主体的多元性,在学生眼里这种评价失去了真实性("都是假的"),而后者为了变"假"为"真",其中最重要的一条就是发挥了多元主体的作用。充分调动任课教师、学生家长特别是学生的积极性。学生不再是被动接受评价的客体,值得我们广大班主任效仿。为了充分发挥多元主体的评价作用,有的学校也采取了相应的措施,如哈尔滨市雷锋小学的做法就值得推广。他们的做法有:其一,建立以校长为组长的评价委员会,具体实施评价工作,审定评价结果,解答家长咨询。其二,建立由班主任和两名科任教师组成的班级评价小组,参与学生课堂学习和活动,以学生日常表现为依据,通过观察、访谈和调阅学生成长记录袋等方法,对学生进行客观的综合评价。其三,建立健全评价制度。结合综合素质评价指标对教师、家长和学生进行培训……

方法多元。组织做好学生综合素质评价要确立全新的评价方法,这几年的实践也积累了一些行之有效的方法,大体有以下几种。

第一,自评与互评相结合。自我评价是学生认识自我的基本手段,而同学间的相互评价对学生的发展又发挥着极为重要的作用。把自评与互评结合作为实施评价的重要途径之一,首先每个班要建立若干个学生互评小组;然后要坚持引导学生个人撰写"自评报告",在互评小组内宣读,征求大家意见,同时向小组提供相应的证据材料;再由互评小组成员根据评价标准,评价学生"自评报告"和"个人成长记录袋",开展互评;最后给出等级。如果发现自评与互评结果差距较大,班主任要组织互评小组成员,结合该生的实际表现,对自评与互评材料进行分析,帮助学生正确认识自我、对自己做出客观评价。

第二,即时性评价与终结性评价相结合。为了使学生综合素质评价具有准确性,必须重视即时性评价,这是实现学生评价过程的重要手段。即时性评价是指对学生平时表现给予的及时的评价,这种评价有利于教师及时准确地将学生的优缺点、成绩和问题记录下来,并对其进行激励。比如对学生在运动会、艺术节、学工学农劳动、社会实践和志愿者活动中的表现进行即时性评价,其评价结果将成为学年终结性评价的重要参考。学年末,班主任将根据这些关键表现拿出最终评价等级,也会使综合素质评价和所撰写的操行评语更加准确。

第三,班主任评价与教师集体评价相结合。班主任是学生教育的主要责任人,与学生接触的时间最多,对学生的了解也最全面,成为学生评价的重要主体。毋庸置疑,在学生综合素质评价中发挥着主要作用。但是为了全面、客观地反映学生的表现,全面准确地评价学生的综合素质,班主任要发挥班级评价小组的作用,广泛参与学生的各种活动,尽可能多地掌握学生素质的第一手材料,同时要广泛听取任课教师的意见,最后将个人自评、小组互评和教师评价结合起来,形成集体性评价。

第四,利用好"评价试卷"也不失为一种有效方法。目前在学生综合素质评价中,各地都在运用"学生素质评价手册",由班主任综合集体的意见进行填写。但是许多班主任对此也提出了质疑,普遍反映是"太烦琐",于是就有开头案例中"不真实"的应付之策。为此,山东省潍坊市滨海经济开发区实验小学单发山老师在《中国教育报》上撰文《不妨用"评价试卷"替代"评价手册"》,介绍了他们运用评价试卷的做法,简要介绍如下。

以往对学生的学段评价多是填写"评价手册",在这种情况下,学生没有参与评价的机会,只能处在"被评价"的地位。如何改变这种现状,让学生全面参与进来,既公平公正地评价他人(包括老师),也实事求是地评价自己呢?我们尝试着以评价试卷代替评价手册效果比较理想。

试题型评价的成效取决于试题的质量。为了使评价更全面、更具体、更有导向性,班主任须全面了解综合素质评价指标,并把握班级情况,深入了解、关注每一位学生,并以此为出题的依据。以下是我们"评价试卷"中的一些题目。

今年春季运动会中,我们班获得班级团体总分第×名,这一成绩的获得,××等同学功不可没,说句感谢他们的话吧!

本学期在各类比赛活动中,你引以为豪的一件事是什么?在活动中,你的自我评价是什么?

"评价试卷"题型有填空、选择、判断正误、连线、看图片说感想、阅读与分析、习作等。试题内容涉及综合素质评价指标的方方面面。把原先教师填写学生评价手册改为学生自己做"评价试卷",目的在于力求使评价的主体和内容更加多元,使评价形式更加灵活,使评价交流更加多向。

评价试题的质量也反映出班主任班级管理水平的高低和能力的强弱。为了拟好评价试卷,班主任平时就要注意用心发现和记录,认真总结和反思。

学生的周记、日记和博文,活动中的表现以及所取得的荣誉等都是很好的试题材料。

例如我们的评价试卷中"阅读与分析"一题,所选用的阅读材料是学生的一篇周记,题目是《助人为乐错了吗》,文章是这样写的。

几天前,我提前把数学作业做完了。有一位同学想抄我的作业,我就毫不犹豫地答应了。

我本来以为给同学抄作业是在"助人为乐",这位同学当时也很感激我。结果,她抄我作业的事竟被我们班的数学课代表给发现了,数学课代表就把这件事情报告给我们的数学老师了,数学老师却让她自行处理。她问那个抄我作业的同学,抄的作业是谁给的。那位抄作业的同学伸出手指向了我,我心里一阵发慌。我不明白,这件事又不是我的错,为什么要惩戒我?我不服气,要找课代表来评评理,她却说我给别的同学抄作业就是不对的。

我真是想不通!

我们据此设置了三个小问题:

1. 作者说:"我不明白,这件事又不是我的错,为什么要惩戒我?"你能解除他的疑惑吗?

2. 假如你遇到这样的事情,你会怎么做?(要说真心话哟!)

3. 作者真的是在帮助抄袭者,是助人为乐吗?说说你的看法。

我们认为,学生做评价试题的过程,也是了解和学习他人的过程,学生对他人、对班级事务关注得越多,做起试题来就越容易。学生在评价人、事、物的过程中流露出的思想和情感态度,也是教师了解学生、评价学生的很重要的参考和依据。

过程和参与很重要,我们用班级博客积累过程性材料,把班级中发生的事,跟学生聊天的记录、学生参加一些活动取得的成绩都发表在博客里。这样做,一方面能使教师自己有个备忘录,另一方面也能让学生及其家长了解班级,让学生更好地了解和关注他人、学习他人,关心班级事务,积极参与班级管理。学生对他人了解得多了,对他人的评价才更真实、更公正,同时也能很好地认识和评价自己。

"评价试卷"不划定分数,也没有"标准答案"。我们所看重的是学生答卷的过程和参与评价的情感、态度、价值观。"评价试卷"收齐后装订成册,悬挂于教室黑板一侧,供学生们观赏和评论。班主任也可从中采集有关信息和征集民意,为班级多项评选活动和个案教育提供参考。

回答"评价试卷"的评价形式,综合了其他评价形式的诸多优点,使学生全面参与到评价中,情感、态度、价值观在其中得以历练和体现,评价结果更透明，更有公信力，也在不知不觉中提升了班级凝聚力。

2.撰写好学生操行评语需要有健康的心理

记得20世纪六七十年代，我在当班主任时，给学生写的操行评语基本上是鉴定式的，用语是冷冰冰的，如该生如何如何，某同学怎样怎样。内容空泛，多是套话、空话、官话，千人一面、千篇一律，根本谈不上针对性。文字是呆板的，给学生的印象是严肃有余，美感不足，学生及其家长基本上是不爱看的。因此，起不到什么作用。到了20世纪90年代，评语改革提上了日程，也引起了学校和广大班主任的高度重视，取得了可喜的变化和成绩。综合我们的经验和体会，针对如何才能写出高水平的、受学生欢迎的操行评语，谈几点看法。

（1）好的操行评语必须坚持正确的价值取向。众所周知，操行评语是班主任综合广大同学和任课教师对某位同学一学期来德智体美诸方面突出进步和存在问题，进行科学准确的综合评价，以激励学生更上一层楼的一种评价方式。因此必须坚持正确价值取向，才能成为学生及其家长欢迎的好评语。这种价值取向大致包括以下内容。

一要追求真实。这是评语最基本的价值追求。只有真实，才能感染人、教育人。陶行知先生说："千教万教教人求真，千学万学学做真人。"评语则是觅教育之真，育时代真人的有效手段。在撰写评语时，对任何学生都必须实事求是，既要尊重学生的个性，又要坚持不夸大、不缩小。把学生的真实情况，有重点地体现出来。

二要引导学生趋美向善。评语的教育功能就是引导学生趋美向善，树立正确的荣辱观。对学生良好的思想品德和行为习惯要鼓励，对那些不好的思想和习惯要批评制止，使他们具有明善恶、知美丑的能力，以便在生活中不断发扬优点、战胜缺点、实现自我完善。

三要指引学生的行为方向。评语的导行功能是显而易见的。班主任希望学生保持并发扬哪种良好行为，抵制与战胜哪些不良行为，都会通过评语表达出来，体现班主任的殷切期望，也一定会产生期望效应。因为，作为学生评价的主要形式之一的操行评语，其价值不在于甄别，而在于激励学生发展，导行的价值取向要求班主任要做到评语的针对性。因此，就学生德智体美诸方面有具体深入的了解，在导行上要具有可行性。

四要彰显个性。彰显个性是与以往评语的最重要的区别之一。那种千人一面、千篇一律的评语是绝无个性可言的。要在充分了解学生的基础上,突出学生自身的特点,彰显个性还表现在并非面面俱到,而要突出重点,写出学生的个性,即抓住学生区别于其他学生的鲜明的、最主要的特征和个性心理品质,抓住学生操行内部相对突出的内容和长处,优势和劣势,以便激励学生健康个性的发展,培养学生的创新精神。

(2)好的操行评语必须坚持正确的撰写原则。撰写操行评语,是一项极其严肃和重要的工作,有不得半点的疏失。评定学生的操行必须遵循以下各项原则。

一是全面客观性原则。全面,指评定的内容要包括德、智、体、美、劳诸多方面的发展情况。评定时,既要看学生的思想认识,又要看其行为、作风表现;既要看身体健康状况,又要看体育锻炼的意志品质和卫生观念;既要看学习成绩的进步大小,又要看学习态度、习惯和方法。班主任评定学生的操行,坚持全面性原则,才能多方位、客观地反映学生的全貌,反映出学生的素质。当然这种评定还必须是客观的、实事求是的,丝毫不能带有个人好恶而厚此薄彼。

二是公平公正性原则。公平公正是指班主任在评定学生操行时,既不偏袒,也不捏造,力求恰如其分。现实中,有些教师总认为,好生一切都好,差生什么都差,在实际的操行评定中存在着不公正性,这不利于对学生的教育与引导,容易使优秀的学生产生骄傲情绪,后进生失去进步的信心。因而,在评定学生操行时,班主任必须去掉"有色眼镜",坚持公平公正性原则,抓住学生日常操行中本质的东西,客观、公正地进行评定,这样,才能使优生再接再厉,后进生奋起直追。公平公正的评价还能使班主任在学生心目中建立崇高的威望。

对于班主任的评语,家长和学生是十分重视的。评语像一面镜子,家长想通过它了解子女在校各方面情况,学生想通过它看到自身存在的缺点和优点。因此,班主任评语措辞一定要避免随意性和盲目性,坚持一丝不苟的态度,反复斟酌,力求言简而意赅,能概括地反映出学生各方面的表现。

三是激励性原则。操行评语的目的在于促进学生健康、全面的发展。要求班主任在评语中要用发展的眼光去评价学生,要充分发现学生的优点、特长和潜能,坚持以表扬激励为主,批评为辅的方针,特别是对后进生的评价,不能离开学生原有的基础,不能用静止的、孤立的观点去衡量他们。班主任要把操行评语作为一种有效的教育手段,积极地对学生进行鼓励、表扬,维护学生的自尊和自信。

总之,班主任不要吝啬您的赞美之词,要多给他们一些鼓励。

四是针对性原则。一个学生就是一个世界,每个学生都有其鲜明的个性特征,班主任在给学生写操行评语时,不能千篇一律,言之无物,应该抓住学生的不同点,有针对性地写,做到有的放矢。这会使学生感到老师对自己的了解是全面的,理解是深刻的,自己的一言一行都在老师的注视之中,自己生活在班主任温暖的怀抱里。坚持"针对性原则",使操行评语不再流于形式而讲求实效。同时,也会使家长从心里感激老师对子女负责的态度。要做到有针对性应在以下三方面下些功夫:一要平时注意积累学生的第一手材料;二要广泛听取其他老师和同学的意见,做到博采众长;三要注重语言的个性化。

五是艺术性原则。学生的操行评语还应具备艺术性。具有艺术性的评语,语气应是诚恳、亲切的,批评中饱含着关怀和期望,表扬中体现严格和激励。对于优生的肯定不可拔高,缺点不可隐讳,对后进生的鞭策是必要的,但不可讽刺、挖苦。如有这样一则评语:看到你在篮球场上奔跑的身影,老师为你如此喜爱体育活动而高兴,可一想到你为了打电子游戏,荒废了学业,浪费了大量的宝贵时间,老师又暗暗替你伤心。老师相信你一定能改正缺点,发扬优点……这句评语,有批评,有表扬,都体现了委婉中肯定、关怀、鼓励的语气,充满了语言的艺术。

总之,能充分体现这五原则的操行评语就是好评语,要撰写好的操行评语,重点在于提高评价的艺术水准。因此,要求写出的评语是这样的:新鲜,使学生易于接受;亲切,便于师生情感交流;诚挚,有利于传递爱心;委婉,有利于消除逆反心理。以此引起学生积极的情感体验。这显然就是班主任专业水平的体现。

这样的操行评语不流于形式,能真正成为一种有效的教育手段。

(3)撰写好的操行评语对班主任素养的要求。首先要克服不良的心理。班主任心理因素对学生操行评语的影响是显而易见的,它直接影响着评语的客观公正性。因此,班主任必须克服以下几种不良心理。

一是偏爱心理。班主任对每个学生产生的情感不均,因学生生活背景和本身存在的个性特征的差异,班主任对一些学生抱有一种特殊的期望和关怀,个别班主任甚至将操行评语当成一种回报或奖赏,不惜在评定中弄虚作假,罗列肯定的不实之词、拔高评语等级,但对另一部分学生则多用苛刻语言或降低应有等级。

二是定型心理。班主任根据以往的经验和头脑中的固定模式,在总结评语中先入为主,轻易下结论。对于有改过苗头的学生的进步表现视而不见,认为后进生是出窑的砖——定型了。

三是求中趋势。班主任为避免对学生进行极端的评语,从而使评语接近中等的倾向。这种倾向造成评价不分高低、优劣、千篇一律,使评语缺乏针对性、层次性,不能真正反映学生的变化和学生之间存在的差异。

四是对比误差。班主任对与自己的个性倾向相反的学生操行给予较差评价的一种误差。例如,一个酷爱整洁的班主任可能对不大讲卫生的学生的其他方面也给予较低评价。另一方面班主任可能对两个形成鲜明对比的学生给出两个极端的评价。如评价某学生为诚实、有理想、关心人,而相对的另一个学生为虚伪、固执、好斗。

五是惩罚心理。后进生,可能会影响班级的声誉或各项评比的成绩,因此在评语的客观公正上大打折扣,甚至以此来惩罚学生,达到向家长告状的目的。

操行评语是肯定成绩、诊断问题、探索进步途径的教育与自我教育的过程。而班主任心理因素所导致的上述评定误差,在教育和实际评语中是比较常见的。它们都有损操行评语的可靠性和可信程度,不利于学生的健康成长。班主任应自觉地努力设法避免。

其次要积累好的评价方法,常用的方法有以下几种。

其一,赞美长处法。学生最喜欢的评语大多是那些自己的特长或进步被老师肯定、欣赏的评语。老师对学生的长处写得越细,学生印象就越深。有位老师这样赞美学生:"林栋,你是八年级的乒乓球冠军,同学们都很佩服你,老师向你祝贺。打乒乓球有许多学问,你一定常常在思考怎样发球有威力,怎样防守万无一失,怎样攻打使对方措手不及,你也常常在球桌边挥洒汗水。学习与打球有很多相通的地方,也要多动脑筋、多练习……希望你在假期里想一想还有哪些相通的地方,下学期也像对待乒乓球那样对待学习。"

其二,理解宽容法。如果老师在评语中对后进生的缺点、失误持理解宽容态度,引起学生内心震动,那么,他们就会对老师产生信任感、亲切感。有位老师这样对待落后的学生:"老师非常理解你,每次拿到批阅好的考卷时,你总是遮住考卷上的成绩,抬不起头。你不必责备自己,你确实已经尽力了,尽力本身也是一种成绩,何况你一次比一次进步呢?放下包袱,奋发努力,定会迎来更大的进步。"

其三，推心置腹法。学生间的关系是个很微妙的问题，我们既不能放任不管，又不能横加干涉，只有与学生推心置腹，交换意见，才能让学生去反思自己的言行，从而修正自己的行为。例如："松颖，你犹如一汪清水，清澈见底，为人光明磊落，快人快语，但你常常对同学过分严厉，这难免让同学生厌，使自己孤立，你能否学会赞美别人、宽待别人，克制自己，不因小事而与同学争吵呢？到那时，你会觉得天空是那样蓝，心情是那样好，同学是那样亲。"

其四，鼓励进步法。对于个别自卑的学生和退步明显的学生，可抓住其细微的闪光点，加以肯定，增强其自信心。有位老师写给自卑、胆小的一名七年级男学生："在众多的手臂中，老师惊喜地发现了你举起的手臂，虽然还有些犹豫；在众多的发言中，老师终于听到了你的声音，尽管还有些微弱。你终于战胜了过去的你，你是我班的骄傲，希望你继续努力，像你的同桌那样，该出手时就出手，手臂再举高些，声音再响亮些，你定会成为一个真正的男子汉。"

其五，体贴入微法。性格内向、腼腆的学生，平时经常遭受冷落，也引不起班主任关注，这类学生的操行评语往往较难写。一位老师从细微处入手，从困境中入情，让他（她）感受到老师关注的目光："老师已经知道了一切。爸爸妈妈分开了，你也不必再难过，你就安心地跟奶奶过吧！其实，爸爸妈妈分开也是出于无奈，他们也还是爱你的。除了爸妈，老师和同学们会更加爱你，暑假想与你一起玩、一起学习的同学不是很多吗？把这个阴影从你的脑子中抹去吧，你应该比别人更坚强、更出色。"

其六，开导劝诫法。对成绩好的学生，不要褒其过多，要针对其成绩背后的隐性问题，开导劝诫。这是一位老师写的评语："国庆节过后，老师发现你的铅笔盒盖上添了四个字——注意检查。这一定是你对自己提出的新要求。是啊，你聪明、反应快、接受能力强、学习努力，可有时成绩却不是太理想，就因为缺少'检查'。你要知道'山外有山，天外有天'。时刻注意检查，不仅仅检查学习，还要检查自己的行为，只有对自己高标准、严要求，才能成为真正的领头雁。"

（五）做好协调工作对班主任专业素养的期盼

经常与任课教师和其他教职员工沟通，主动与学生家长、学生所在社区联系，努力形成教育合力。《规定》要求班主任要善于协调各种教育力量，形成教育合力,把班级工作做好。

1.谦逊谨慎、团结合作,协调与任课教师的关系

《意见》中说:"班主任是学校教育第一线的骨干力量,是学校教育工作的组织者和协调者。"要求班主任与任课教师、学生家长和社会教育力量共同做好学生教育工作。对于班主任来说,这个要求是非常高的,不仅要具有先进的交往理念和人际关系沟通的艺术,而且必须遵循组织协调工作的规范。班主任组织协调工作的范围和内容很广,诸如各种人际关系的协调,工作矛盾的化解……

任课教师是班主任最重要、最亲密、最直接的合作伙伴。班主任与任课教师团结合作,共同搞好班级工作,抓好学生品德教育和行为习惯的养成,对学生素质的提高是最关键的环节。然而,班主任与任课教师在工作中发生矛盾和分歧是非常正常的,处理不好就会影响工作。对此,班主任必须高度重视,并按下列工作规范做好协调工作。

(1)尊重任课教师对班级工作的知情权和参与权。班主任要经常主动地向任课教师介绍班级和学生的情况,如学生的变动,班干部的任免,学生的奖惩等,要经常向任课教师了解学生在课堂上的表现,了解他们的思想品德和学习情况;要及时反映学生对课堂教学的意见和要求。要定期与任课教师共同商讨教育学生的方法和措施;同时还要积极争取任课教师参与班级活动,如主题班会,家长会和各项课外活动,以密切师生联系,增强师生感情。总之要积极与任课教师统一思想认识,统一教学要求,争取任课教师为班级工作出谋划策,形成班主任和任课教师人人都做学生的思想工作,人人都做学生的表率。

(2)尊重任课教师的劳动,真诚地帮助他们在学生中树立威信。要在班级里介绍每位任课教师的特长,教学经验和成果等,这样不仅可以使学生更加喜欢和尊重任课教师,而且也为同学树立了身边的榜样,这样做对形成良好的学风和班风具有很大的促进作用。那种只注意树立班主任个人威信,有意无意地贬低任课教师,甚至把自己对任课教师的意见在学生面前暴露出来,损害任课教师在学生心目中的形象的做法是极为有害的。特别是在处理任课教师与学生发生矛盾时,班主任更要慎重,即便是老师做得不对,也要从学生尊重教师出发,进行耐心疏导,以促使教师进行自我批评。当然,这要有一个过程,应当相信教师有这个觉悟,只是时间问题。

(3)宽以待人、严于律己,经常与任课教师进行沟通。在与任课教师发生分歧时，首先应多做自我反思，多从自己身上找原因，不能过多地埋怨任课教师，始终把宽以待人、严于律己作为处理与任课教师关系的基本规范，这样矛盾就会化解，就能与任课教师形成合力。

2. 诚恳待人，推心置腹，协调与学生家长的关系

社会、学校与家庭在学生的成长中发挥着不同的作用，这就要求班主任与家长必须相互配合。家长的职业、文化水平及经历不尽相同，班主任要妥善处理与家长的交往，与家长建立友好的关系。要做到这一点就必须坚持"四要三不"。

（1）要尊重家长，向家长学习。一个班几十位家长，从事不同的职业，有着不同的学识与阅历，班主任与之相处时要尊重家长，不能以教育者自居，像教育学生一样教育家长，否则必然使家长反感。班主任与家长的关系是平等的，不存在领导与被领导的关系。当对学生教育出现不一致的时候，要心平气和地与家长进行交流，使家长能够协助班主任做好学生的工作，提高教育实效。班主任要尊重所有的家长，尤其是文化水平较低的家长，他们更需要得到班主任的帮助，不断改进教育子女的方法。家长在社会中都担任着不同的工作，可以从不同的侧面给我们提供学习的机会，不断丰富我们的知识和阅历，以便更广泛地了解社会，使班主任的教育能力与水平得到提高。

（2）要善于倾听家长的诉说。与家长交往的方式很多，写信、打电话、家访等。无论采用哪一种方式都要善于倾听家长的诉说，这样就能够使我们对学生的情况有更进一步的了解，更有利于我们把握教育时机，做到有的放矢。

（3）要邀请家长参与班里的工作。在当前，大多数中小学生都是"独生子女"，每一个家长都希望自己的孩子"成才"。如何使家长的教育与学校的教育相一致？班主任应邀请家长参与对学生的教育，离开家长的积极参与就不能实现成功的教育。

（4）要站在家长的角度思考问题。要使家长理解支持我们的工作，我们就必须想家长之所想，急家长之所急。例如一位班主任为学生请教师无偿为其补习功课，在家长出差时，让学生到老师的家中就餐，使家长能够安心工作，因而也赢得家长的热情支持。

此外还要做到"三不"。

一是不告状。与家长联系的方式很多，无论采取什么方式，都要坚持"不告状"的原则。教师要主动承担全面教育学生的任务，而不能推卸自己的责任。

"告状"实际上是一种"矛盾转移",只会加深师生之间、家长与孩子之间、教师与家长之间的矛盾,不利于问题的解决,不利于学生的成长。

二是不迁就。不转移矛盾并不意味着可以迁就学生、迁就家长的某些不合理的想法与做法。尽管家长与教师对学生培养的目标是一致的,但是毕竟所处的位置不同,难免出现教育观点与方法的不一致。例如,我们教师教育学生多是从"理"的方面考虑,家长则考虑的"情"多一些,此时班主任就要坚持教育原则,心平气和地与家长交流,不能一味迁就,否则不利于教育学生。

三是不受礼。班主任与家长交往是为了加强教育合力,而不是为自己谋取私利。一些家长可以为班主任提供某些方便,有的家长为了感谢教师也会主动送礼上门。对此班主任应采取的正确态度是:不接受。班主任若"受礼",尽管得到了经济上的"实惠",但失去的却是我们最为珍贵的教师人格。如果"受礼",还会导致对学生要求不能做到一视同仁,这样对学生教育、对班级的管理都是极为不利的。

3. 诚心诚意争取社会各界的支持

我们与家长的交往是与社会各界交往的一部分,但是它们又有所不同。我们与家长的交往是为了某一个学生,与社会各界的交往是为了使社会各界支持教育事业。那么我们如何与社会各界交往呢? 关键是诚心诚意地争取他们的支持。

(六)对履行职责中的"关键事件"保持高度的敏感和深刻的反思

班主任在自己专业性岗位上,在自己履行班主任职责中,会经常遇到一些影响自己专业成长的事件,人们称之为"关键事件"。之所以关键,是因为这些事件对班主任专业成长既是挑战更是机遇。可能使弱者望而却步,坐失良机,使强者迎难而上,借助"关键事件"的处理,既提高教育质量,又实现自身的专业成长。我们班主任能否把握住教育过程中的"关键事件",能否将这些事件变成自己专业化发展的宝贵资源,并充分地加以利用,这也是班主任专业素养和水平的重要体现。

班主任在践行任职条件,履行班主任职责,对班级进行科学管理、对学生进行思想品德教育的工作实践中,所出现的"关键事件"及"关键事件"对自身专业成长的意义缺乏应有的认识和把握的能力。这就需要我们加强修养,使自己对

"关键事件"保持高度的敏感和深刻的反思,并利用它来发展自己。

一位优秀班主任在自主专业化发展中,总结出这样一个成长公式:$x-1=$ 成功。x 是特指班主任工作中的关键事件,挑战关键事件,可能会遇到一个个问题,其实对待这些问题正确的态度是千方百计地解决它。这样在实践中有意识消灭一个问题,再消灭一个问题,离成功就不远了。

1. 把"关键事件"变成专业成长的资源

英国教育家约翰·洛克在研究教师职业时提出了"关键事件"这个概念。他认为"关键事件"是影响教师职业生涯和专业发展的"重要事件"。利用好"关键事件",对教师专业成长具有重要作用。怎样才能把"关键事件"变为自己专业发展的可利用的资源呢?众所周知,班主任专业发展是自主的、能动的发展,是受其需求和发展动机的内驱力影响的。这种内部动力的强弱,取决于班主任自己的人生目标,对事业的追求及工作中的抱负水平。目标越明确、追求越执着,抱负水平越高,越能尽快地把"关键事件"转化为自己专业成长的重要资源。也决定着班主任专业成长的速度和质量。下面从两个方面略陈管见。

首先,要对"关键事件"保持高度的关注和积极的态度。一般情况下,"关键事件"本身不会对班主任的专业成长产生作用。只有班主任对"关键事件"高度重视,并采取积极的态度,以及在处理关键事件时所采取的有效的对策,并对自己特定的行为做出正确的选择,才能对自身的专业成长和发展方向发挥重要的作用。如,当校领导交给你一项相对较难而又非常重要的任务(参加主题班会大赛、参与教育科研、为学校撰写一份材料)时,态度不一样,结果也大不相同。有的班主任强调客观原因加以推辞,有的却迎难而上积极参与,并千方百计将其做好。前者就失去了锻炼和专业发展的机会,而后者因抓住了这次机会,克服了种种困难,出色地完成了任务,这个过程也就丰富了自己的专业知识、实践经验,提高了专业能力和专业水平。

其次,要善于把"关键事件"作为课题来研究。班主任在长期从事教学和班主任工作中会取得一些成功的经验,遭遇一些失败的挫折,这些都是我们遇到的重要事件。对此有的班主任可能因成功而高兴一阵子、因失误而沮丧一阵子,不久就忘却了,这就使关键事件失去了应有的价值。而一些有目标追求的班主任,往往会对这些成功与失败,都问一个为什么,对成功的经验要进行系统的理性思考和总结,对失误的教训进行批判性反思和梳理,在找准失误原因的基础上,寻求解决问题的办法,并用实际行动去再实践,验证新方法是否正确。这样一来,班主任也就走上了"问题—反思—改变策略—再行动—取得成果"的过程,并将这个过程用文字表述出来,形成生动教育案例的教育科研的道路,这个过程也正是班主任专业成长的过程。这其中问题是前提,反思是关键,调整决策、改变行动、解决问题是目的。这也就应了美国心理学家波斯纳提出的教师成长公式:经验 + 反思 = 成长。

2.迎接挑战,把握机遇

班主任面临的"关键事件",一般有两种情况。

一种是始料不及的偶发事件,它可能让班主任感到非常棘手,甚至陷入尴尬的境地。这时有的班主任会大光其火、对学生大发雷霆,造成师生关系的严重对立;有的班主任则因束手无策,而采取"弃课"的方式:"我教不了你们,我走还不行吗!"于是拂袖离开自己的神圣岗位,这显然也不是应有的选择;而有些班主任却能坦然面对,冷静处理,而且表现出三个突出的共同特点:一是善于控制自己的情绪,做到当怒而不怒,这是处理好偶发事件的前提条件;二是善于判断事件的起因和性质,体现迅速而准确的判断力;三是能够采取灵活的处理方法加以解决,体现其灵活而巧妙的变通能力。

记得一位一向以管理严格著称的张老师,新学期被派到高二(1)班担任班主任。学生得知消息后,很不欢迎他,于是就出现这样的"逐客"事件:当张老师走进教室后,发现黑板上赫然写着:"张老师,请出去!"张老师很生气,但他控制住自己的无益激情,面对教室里紧张的气氛,沉思片刻说:"同学们,我知道你们是在用一种新的方法考验你们的新班主任,你们知道吗,'请出去'这三个字几乎把我打蒙了,可我发现你们还是很懂礼貌的。你们知道吗,这个'请'字让我好感动,假如你们换成一个'滚'字,我将无地自容。(同学们笑了)因此,我请你们收回成命,相信我一定能成为受你们欢迎的班主任。"教室气氛一下子活跃而轻松起来,问题也在幽默的话语中迎刃而解,张老师高水平的专业素养和教育智慧也在处理这次偶发事件中彰显出来。

另一种是当班(队)活动评比、班主任基本功大赛、治班方略展评、教育科研成果展示、教育案例交流等活动摆在我们面前的时候,都是我们在专业成长过程中的"关键事件",这无疑是学校为我们专业化发展搭建起的广阔舞台。我们对这些事件持什么态度,是迎难而上,还是消极应对,直接反映出班主任是否能够坚持自主专业发展的积极性和能动性,也会决定一个班主任专业成长的速度。班主任专业发展是内外因共同作用的结果,但推动其专业成长的根本动力是班主任的专业自我认知和情感体验。因为,班主任才是专业发展的主体,只有自己主动参与这些活动,才能实现自主发展、自我提高。也许参与这些活动,会给班主任工作带来一些麻烦,甚至有失败的风险,一些有目标追求的班主任绝不会因惧怕挫折与失败而退缩,反而会更加亢奋,迎难而上,在奋斗中实现专业成长。李镇西老师的职业生涯中遇到的挫折很多,有的是常人难以想象的,但他都能淡定自如,在战胜一个个困难的过程中,逐步成为我们敬重和学习的榜样。

3. 对待成功与挫折,要有正确的态度

处理"关键事件"无非有以下几种结果:一是取得了成绩,获得诸多荣誉;二是遭遇失败和尴尬;三是说不上失败,也说不上成功。这三种结果都不重要,重要的是对结果的态度,决定着班主任今后的专业发展。为什么呢? 先说如何对待成功。例如在全国班队活动大赛上有上佳的表现,获得了一等奖,报刊上也有了名字。对此就有截然不同态度的两种人,有的在鲜花、掌声和奖励面前,沾沾自喜,甚至飘飘然起来。有的则不然,一位济南获大奖的班主任对我说:"我体验到了什么是成功的快乐与幸福,但我也发现每位参赛者都有值得我学习的地方,特别是您关于班会活动的设计创新与科学评价的讲座,使我发现了自己组织的班会活动还有改进的空间。"有的获奖者说:成绩只能代表过去,未来的道路仍然遥远。这次参赛让我们开阔了眼界,发现了自己的设计和展示与同台展示的其他老师的差距,以后我要多学习、观摩,提高班队活动设计与组织能力。我们完全有理由相信这些班主任在专业化发展道路上一定会阔步前进。

在处理"关键事件"的过程中,迎接我们的不全是鲜花和掌声,遇到挫折,甚至遭遇失败也不足为奇,关键仍然是如何对待挫折与失败。有的在挫折面前,丧失信心,一蹶不振,甚至觉得自己就不是当班主任的料,从此,当一天和尚撞一天钟,做个好班主任的信念开始动摇,专业成长的目标开始模糊,这样下去职业倦怠就会不期而至,还谈什么专业成长。而更多的班主任在挫折与失败面前有正确的态度和选择。这些同志有一个共同的认识:挫折并不可怕,只要我们不屈不挠、千方百计、勇往直前,一定会迎来雨后美丽的彩虹。有的班主任说：失败也是资源，如果我们真的能够好好反思，找准原因，改变行动就一定会达到吃一堑长一智的目的。当我们取得成功或遭遇失败的时候，更可怕的是不能正确地对待来自周围同志的反映。当你成功的时候，有的同事出于各种原因，或不服、或忌妒，可能对我们进行讽刺挖苦；当你失败的时候，也可能向你投来鄙视的目光，这些都是考验我们意志的时候。李镇西在面对同样打击的时候，始终认定自己的方向，坚定地走自己的路，他成功了，成了著名的教育大家。

　　总之，班主任是自己专业发展的主体，只要信念不变、方向不变、努力不变，就一定能够实现专业成长，成为一名专业化的班主任。

五、做科研型教师是班主任一生的追求

（一）了解教育科研的基本知识

《中华人民共和国教育法》规定："国家支持、鼓励和组织教育科学研究，推广教育科学研究成果，促进教育质量提高。"看来教育科学研究已经纳入依法治教的轨道。可见，弄清教育科学研究的含义，不论从理论上还是从教育实践上都具有很大的价值和意义。

1. 教育科学研究及其类型

教育科学是研究有关教育本质和规律的各门学科的总称。教育科学研究则是指在正确的教育观念指导下，运用科学的方法，通过教育实践，探索教育科学的真理，揭示教育的本质和规律，是整理、修改和创造教育理论，开拓教育理论新用途的探索工作。整理、修改教育理论，是对已有的理论进行分析整理、鉴别和利用，创造教育理论是创新、发现、发明，是探索未知的问题，是对教育理论的发展。

教育科学研究基本上有五种类型。

一是基础研究。它是以教育基础理论为研究对象，是以探索、认识未知、发现普遍规律、形成和发展理论为目的。其主要特点是关注对特定领域的一般知识、普遍原理原则做出贡献，而不强调任何专门和具体的应用，不可能对实际工作产生立竿见影的效果。

二是应用研究。它是运用教育基础理论研究成果和知识针对某个具体的实际问题，为创新内容、新形式、新方法、新手段等所进行的研究。这种研究旨在解决实际问题，将基础研究得出的一般原理、原则具体化是应用研究的主要特征。它与基础研究的区别主要在于所追求的目标不同，而不在于价值的大小和复杂程度的高低。例如，同样是一个比较具体的研究课题："中（小）学生创造性个性品质的研究"，既可以当作基础研究，把着眼点放在中(小)学生创造性个性品质的构成要素及相关因素的关系上进行研究，也可以当作应用研究把着眼点放在根据基础研究得出的一般规律，如何培养学生创造性个性品质的具体策略和方法上，也可以两者同时进行。

三是开发研究。开发研究是运用基础研究和应用研究成果以及现有的知识，为创造教育新产品、新方法、新技术、新材料，以生产教育产品或完成教育工程任务而进行的教育技术研究活动。例如，利用理工科的研究成果、学习理论的研究成果以及人类工程学知识等，设计和研制便于使用而且有较高效益的教材、教具、学具和教育设施、设备等。目前兴起的多媒体教学就是比较典型的范例。据说，日本等一些国家把教育开发研究加以延伸，细分为开发研究、设计研究、生产研究、流通研究、销售研究、使用研究和回收研究，共七个方面。把产品(如适用于教育教学的多媒体)的开发、设计、生产、流通、销售、使用和回收的全过程，都视为教育开发研究的范畴。此外，在管理方式上，教育开发研究有具体明确的目标，计划性强，有严格的时间控制，完成后立即评价，有很强的保密性。研究成果的形式多是专利设计、图纸、论证报告、技术专有、试验产品等。

四是行动研究。行动研究是一种非正规的教育科学研究。其主要目的是"解决学校、班级及教育方案实际提出的即时性问题，旨在立竿见影的应用，而不考虑发展理论或广泛的概论。"行动研究常常是教师和学校管理人员针对自己工作中遇到的实际问题所做的研究，其成果不像基础研究或应用研究等以研究报告及论文的形式呈现，而是体现在改进教育教学工作之中。作为一种教育科学研究类型，行动研究是运用科学的方法来解决教育教学实践中所遇到的具体问题。行动研究与基础研究可以说是教育科研中最不正规的两个极端，目前的教育科学研究中行动研究往往与应用研究共同实施，相互补充。

五是评价研究。评价研究是研究者以作为政策分析和决策的一种重要工具。评价主要包括以下三个要素：一是获取信息，二是判断赋值，三是制定决策。其中获取信息是为做出正确的判断并赋予适当的价值之需要，以便最终能制定合理的决策。评价研究可分为形成性评价研究和终结性评价研究两类，前者是在过程中的评价，常常是当事人通过自我评价以促进其各方面的改善；后者主要是依靠其他有关人员对评价对象的某一方面做出鉴定、考核。

评价研究与基础研究、应用研究一样都要使用控制性研究设计、测量工具及统计分析等。但他们之间的差异也是明显的,详细情况这里就不介绍了。

2.教育科学研究的一般过程

教育科学研究的过程是在我们可以控制的教育情景中,依据一定的理论假设,有目的地改变某些教育因素(自变量),控制无关因素(无关变量),观察记录另一些教育因素(因变量)的变化,到了一定的时间后,找出我们改变的因素与被观察因素之间内在的因果联系。

(1)确定科研课题,明确研究目的。确定科研课题是开展教育科研的第一步骤。课题选择得好,科研的目的自然也就明确了。确定课题应该考虑以下四个因素。

一是所确定的课题必须是教育理论与实践迫切需要解决的问题。如,"激活学生创新精神的策略研究"这一课题是一个符合素质教育要求,且研究相对较少的问题,因此,它是一个很有研究价值的课题。

二是所确立课题的研究范围要恰当。即课题的大小要适宜,课题太大,实验因素(自变量)大多不宜操作,课题太小,又没有太大的价值。如,"在班集体中激活学生创新精神的策略研究",尽管课题较大,但其实验因素(自变量)比较明确,直接指向"策略",尽管"策略"(自变量)很多,但它可以分解出若干个"策略"进行分别研究,因此,这个课题比较容易操作。

三是课题的表述要简洁、明晰。一看课题就能比较准确地把握课题的实验因素(自变量)和实验的目的(因变量)。前文所举课题的表述非常清楚,一是把研究的佳境限定在"班集体"中;二是把研究的范围(域)限定在"策略"的研究上;三是目的非常明确,即激活学生的创新精神。再如,"探索学校德育系列化问题",这个课题就太笼统,不好把握,而"在丰富多彩的活动中培养学生的创造性个性品质"就比较明晰,而且研究的方向比较集中。

四是拓展选题途径,遵循选题原则(略)。

(2)明确三个变量,建立课题假说。明确三个变量:教育科研过程中,都要涉及三个变量,变量即"数值可以变化的量"(见《现代汉语词典》)。这三个变量,一是自变量,二是因变量,三是无关变量。每个课题都有这三个变量。

自变量(实验因素):自变量是由教师(研究者)直接操纵的,对被试者(学生)产生影响的假定的条件变量,是教师(研究者)提供给(呈现给)被试者(学生)的刺激变量。在课题研究中自变量是一种假设的原因变量。因此自变量也称原因变量或刺激变量。

因变量(实验结果):因变量是指因为自变量的变化和作用而导致被试(学生)的变化结果,也称结果变量。因此,因变量也称反应变量或结果变量。

控制变量:控制变量是除了自变量以外的一切可以影响研究结果(因变量),对课题可能起干扰作用的因素,是本课题不打算研究的变量。

教育科研就是为了揭示变量之间的因果关系。我们必须自由操纵自变量,控制无关变量,考查自变量的变化所引起的因变量的变化。

例如,"丰富多彩的活动中培养学生的创造性个性品质"这个研究课题,其中自变量是"活动",是研究者要改变的刺激变量,即组织开展能够培养学生创造性个性品质的活动。创造性个性品质是本课题的因变量,是自变量(活动)作用于学生出现的教育结果,也是课题研究的目的。随着自变量的变化而变化。本课题无关变量很多,都可能影响因变量的变化。但由于不是我们研究的方向,所以一定要控制,如,人际关系、班级氛围、教师素质等等,这些因素不能让它变化。

总之,教育科研过程中,自变量要动,无关变量要静,静也就是不能动,不能变化,因变量应该随着自变量的变化而变化。

教育科学研究就是要控制无关变量,不让它变化,操纵自变量,让自变量按照研究设计的方式变化,然后观测记录因变量的变化,从而找到自变量和因变量之间变化的因果规律。

建立课题假说:课题的假说(假设)是我们对要寻找的教育规律的一种表述,因为还没有被证明,所以称之为假说或假设。为了使课题的假说具有理论价值,能够揭示事物本质,通常需要进行抽象的概括,从本质上说,教育科研的目的就是要验证假说,寻找教育规律;从效果上说搞教育科研的过程就是提高教育质量和教育效果的过程。

假说指在教育科学研究上对客观事物假定的说明,假说要根据事实提出,经过研究者对自变量操纵,证明假说是正确的,就成为理论。(见《现代汉语词典》)

假说的一般表述方式是通过如此的内容和方法(自变量),能够有效地实现教育目标(因变量),从而揭示自变量与因变量之间的因果关系。

假说所表述的自变量必须明确,具有可操作性。假说所表述的因变量必须是可以测量的。如果自变量不明确,可操作性差,研究将无法进行;如果因变量(要达到的目的)抽象不可测量(评价),就无法知道课题研究是否达到目的。假说一般用陈述句而不用疑问句。

例如，"在丰富多彩的活动中培养学生的创造性个性品质"，这一课题假说，可以这样表述：只有组织丰富多彩的班集体活动，引导学生自主参与使其真正成为班集体活动的主人，才能发展学生的创造性个性品质。在搞这个课题研究时，要从活动内容、形式和学生主体几个方面揭示课题的规律。

（3）拟订研究方案，精心组织实施。在选题明确，经过反复论证，课题的假说基本确定的基础上，应当立即拟订一个本课题的研究方案，或称开题报告、研究计划。方案设计如何，直接影响本研究能否更经济、更科学地验证假说，完成研究任务。研究方案一般包括以下几项内容。

一是课题的提出。重点写以下几项内容：为什么要搞这个课题的研究？它的研究目的和意义是什么？力争把本课题的研究价值（超前性、可行性、突破性），阐述得简要明白。

二是课题概念的界定。对课题本身涉及的概念（自变量和因变量）的基本内涵要界定清楚。如，"营造良好的班级氛围，发展学生创造性个性品质"这个课题中"良好班级氛围"和"创造性个性品质"所涵盖的思想内容，即课题中两个变量的内涵实质，要界定清楚。特别是对其中"创造性个性品质"的基本构成要素必须明确，前者便于操作，后者便于检测。

三是课题的假说，亦即课题目标的理论假设（理论框架）。它指的是研究者对课题中提出的研究内容（问题）做出猜测或预拟的答案，一般它建立于研究者的经验或逻辑推理的基础上。说得更明确一点，就是要把课题中的自变量与因变量之间的因果关系用文字或数学模型表达出来。

四是课题研究的要求。它包括课题研究目标和对象的选择、组织形式、研究方法、研究原则、目标实现的期限、研究措施要点。研究目标的表达式，有判断式，即验证某教育行为可行否；有形成式，即验证某教育行为的要求可达到的程度；有推断式，即通过假说来验证某些事物间的联系。实验原则大致与教育科学研究的原则要求相同。

五是目标实施的步骤。它主要是指研究的时间目标要求，大致包括：前测（我们搞的课题一般是"准实验"研究，要求不那么严格、规范）、实验措施（施加教育影响）、后测、分析总结研究结果……

六是研究的组织管理。它包括研究人员的分工、资料的收集与处理、物质上的准备(人力、物力、财力)等。

建立研究方案是为了保证研究的正常进行,以有效进行科学评价,并使整个研究具有科学性、高效性。方案确定后要认真实施方案。在实施研究方案中应注意以下几点。

第一,一定要按照自变量的操作定义去操作。如教育科研的基本格式:

标题(课题名称)

研究单位名称:_____

课题负责人姓名:_____

一、课题的提出

1.实验目的

2.实验意义

二、课题目标内涵(概念界定)

三、课题的假设

四、实验要求

1.实验对象

2.实验组织形式

3.实验方法

4.实验原则

5.实验目标实现期限

6.实验措施要求

五、目标实施的步骤

六、实验的组织管理

七、主要参考文献

方案制定人_____

___年__月__日

第二,一定要控制无关变量(因素),尽量不让它发生变化,或让它变化的方向和幅度基本一致。

第三,一定要将因变量的变化及时记录下来。如各种检测的记录、各种活动及学生表现的记录、学生的作品等都要放在档案里。

第四，一定要定期小结，并将小结内容存档。

第五，一定要注意反馈调整，如果真是方案有问题，或实际情况发生变化，就要对设计乃至课题名称进行修改。

第六，按正确的格式和要求写出研究报告，每项教育科学研究成果都应当以"研究报告"的形式加以描述。

教育科学研究报告就是以文字的形式把教育科研的过程和成果描述出来的总结性文章。它是对科研工作的目的、过程和结果的科学报告和总结。关于科研报告的作用、撰写要求和应注意的问题，将进行专题讲述……

综上所述，教育科研基本包括六个步骤：定题——建立假说——拟订方案——实施方案——总结分析——研究报告，并把教育信息情报工作贯穿研究的始终。

（二）叙事研究是实现自主专业化发展的理想选择

班主任必须是一个实践者，同时又是一个研究者，是一个具有强烈问题意识和独立开展研究的研究型教师。一个专业化的班主任不应该只是一个掌握一些抽象的、单一的教育技巧和带班方法的人，不能生吞活剥地机械地照搬别人的经验和管理方法。只有在工作中研究，在研究中创新，才能提高自己的专业素养，实现专业化发展。因此，班主任的研究是始终与班主任工作与教学实践结合在一起的研究。研究与实践是一刻也不能分离的。班主任是在实践中发现问题，形成解决问题的方案后再应用于实践中，在实践中落实检验方案是否正确、科学，并在新的实践中发现新问题，通过新的研究加以解决。这个过程也是不断创新的过程，是专业能力不断提高的过程。

班主任要积极投身个案研究，运用科研的手段、方法、策略，不断地发现问题，研究和解决班主任工作中的各种矛盾，并坚持在反思和总结中提高专业素养。班主任在参与教育科研时，当然要在实践中不断探索，更不能忽视研究中对问题的反思。

一位带班两年的"80后"班主任，工作踏踏实实，班级情况平稳，却没有叫得响的特色，后来她开通了班级博客，与学生沟通，增进师生感情。班里有位学生没有任何理由经常不做卫生。一次大扫除，班主任将这位学生留下，决定与他一起完成，可是这位学生无论老师怎么说，就是不予理睬，并挣脱班主任的手，扬长而去。此夜，班主任不能入睡，她开始反思自己的工作并发现，单凭自己的力量教育这样的学生显然是不够的，必须运用马卡连柯提出的为了集体并通过集体进行教育的原则。于是她把此事发表在班级博客上。晚上12点了还有学生浏览，表达自己的态度。第二天，不做卫生的学生被许多同学围在一个墙角，你一言我一语给他讲道理……事情就在集体舆论的压力下解决了。

反思是班主任行动研究的主要方式。反思包括"观念反思、角色反思和德性反思"。任何一个课题都将凝聚一批志同道合者，每一次研究活动都将引发研究者对自己工作实践的反思，反思是班主任专业成长的重要途径。正如人们常说的"实践＋反思＝成长"。班主任的教育科研大多是从自己教育教学中遇到的问题、困惑出发，并将其课题化的行动研究，其关键是反思问题原因，提出解决办法，实践验证结果，写出整个过程，这就是班主任教育科研和专业成长的过程。学校领导对此应鼓励，并为他们搭建展示研究成果，交流专业成长经验的舞台。

1. 做自己的研究，研究自己

不管是教育行政部门还是学校都在期盼教师和班主任从知识的传授者和班级管理者转变成研究者，即做科研型班主任。然而谈到教育科研，不少班主任都感到困惑或茫然，而且很多问题无法回避。如教育科研的理论范式不适合中小学班主任，学术界主导的理论研究趋于精确、深奥和抽象，却与班主任工作实践相脱离。因此，广大班主任对教育科研普遍感到迷茫，甚至有一种望而却步的神秘感。众所周知，任何研究都起源于疑，即问题。没有问题就不会产生研究的冲动，在教育科研中如何选择一个问题作为研究的出发点呢？研究有无班主任独特的话语方式，有无班主任从事研究的独特的形态呢？通俗地说，是否有一种让班主任能够与其工作紧密结合的研究方式呢？回答是肯定的。那就是叙事研究，也有人称之为案例研究。

我们之所以一贯主张班主任要做自己的研究，研究自己，其目的是：一要关注自己，唤醒主体意识；二要发现自己，扬长避短；三要提升自己，厚积薄发；四要展现自己,自成一家。

要想真正提高自己、发展自己、更新自己,就应通过研究,把外在的教育、教学理念内化为自己的带班育人理念,最终实现创造性地履行班主任职责,促进自己专业素养和学生素质的可持续发展。

做自己的研究,研究自己的基本范式是:立足自身实践情境和"问题"所做的多视角、多层次的分析与反思,是侧重于解决问题的研究。其本质是一种理性的带班育人的实践活动。研究的目的是在实践、学习中,师生共同成长。

研究的特点是:问题是从班主任实际工作的情境中产生的,而且研究过程是根据工作需要不断修正的,是对自身实践所进行的有意识、持续不断地探究反思的过程,是班主任专业成长的一种新的生存状态。换言之,研究的问题是自己带班育人中产生的问题,而非别人的问题;是自己班里发生的"真实问题",而非假想的问题。

通常情况下,研究的方式则是发现实践中的问题——反思寻找问题产生的原因——制定解决问题的方法——依法实践——考查效果写成案例——再发现问题的循环往复的研究。而班主任就是在这样的研究中提高自身素质,特别是带班育人的能力,从而优化自己的班主任工作,使自己和学生都得到全面的发展。这种叙事研究的成果表述形式不是研究报告,而是撰写自己的教育故事(也称案例)或论文。

杨光志是农村的一名普通的班主任,出身教师世家,他从教三十余年,任班主任二十五年,积累了较丰富的教育教学经验。但是近些年来对如何教育独生子女问题,却困惑重重。因为教育对象变了,原来的"严师必出高徒"的方法有点失灵了,经常是事倍功半,甚至事与愿违,冲突频发。可以说是老兵遇到了新问题,2007 年在校领导的引导下,54 周岁的杨老师参加了中国教育学会"十一五"重点课题《班主任专业素养的现状与发展》子课题《班主任专业素养与学生创造性个性品质的研究》课题组。走进科研的殿堂,潜心学习了多方面的理论与资料,宛如新生儿贪婪地吮吸着鲜美的教育营养。他说:这才使我懂得了教育一定要反思,也激活了我深埋在头脑中处于沉睡状态的经验。三年的课题研究,使我的专业素养得到前所未有的提高,焕发了我教育的青春。他通过对班里的案例进行研究,总结出《撰写案例十要素》。

1.一颗爱心是核心是灵魂;2.一双慧眼发掘是关键;3.一腔真诚热情是动力;4.一贯公平竞争是准则;5.一股韧性坚持是素质;6.一种反思总结习惯是能力;7.一个新意是艺术;8.一片生动情境是载体;9.一路调研是保障;10.一种升华是效益,是价值。

真可谓:一则小案例,教育大天地;学生与老师,平凡又实际;一颗真爱心,积累须毅力;慧眼衡公平,勤学促反思;科研提智慧,高效创佳绩。而且还将其独生子女教育与创造性个性品质培养,总结成"'六心'沐浴,发掘潜能,培养优秀个性品质"的经验。

他深有体会地说:科研使我懂得了教育一定要反思,反思激活了我深埋在头脑中处于沉睡状态的经验。例如"发掘潜能"即善于发掘学生个性的闪光点,能正确引导并发挥到极致。以致形成了一套有效的评价方法:赞扬法、激励法、期盼法、启迪法、暗示法、商洽法、交心法、激将法、幽默法、鲜明批评法、客观分析法、欲擒故纵法等,这都得益于我潜心从事的叙事研究与实践。

研究自己,还要研究自己成长的历程,总结自己成长的规律,怎样把问题变成课题?怎样在正确的教育观念指导下,运用科学的方法,通过实践解决问题、探索真理、揭示教育的本质和规律,研究自己或自己研究,班主任应该从以下四个方面不断积淀、提高教育科研能力,适应新形势对班主任工作的要求。

(1)设疑能力。教师应善于发现问题、善于提出问题、善于解决问题。设疑是思维的结果,只有进行积极而科学的思维,才能发现问题、提出问题。教育科研始于问题,不能发现或提不出问题,就说不上教育科研,就不可能揭示教育教学中有普遍指导意义的教育理论。问题大体有三种,一是别人都没有注意到,但确属重要应该解决的问题,这便是常说的"填补空白";二是别人搞错了、讲错了,需要加以纠正的问题,这类问题是在阅读报刊文章或听报告的过程中可以发现的,常见到的"质疑""商榷"等便是这类;三是教育教学实践中遇到的困难和挫折,需要加以解决的,这类问题才是做自己的研究、研究自己的出发点和归宿。这类问题,只有做教育实践的有心人才能发现。因此,要提高自己的设疑能力,做到:一是要加强学习,不断提高学识水平和判断力;二是要有问题意识,要勤于思考,发现问题、归纳问题。

（2）选题能力。正确选题是班主任进行科学研究的基本功，是衡量班主任研究水平的一个重要标志，也是班主任思维能力的表现。选题是把自己实践中的问题课题化，是锻炼自己以现代教育理论为指导，善于从教育理论与教育实践、教育现状和社会发展需要的种种矛盾的分析中，提出和形成一个有意义且有创新性的问题，这是班主任敏锐的洞察力、对形势的判断力以及胆识的综合反映，也就是要善于把问题变为课题。班主任的研究过程是一个不断提出问题和解决问题的过程。问题的实质就是矛盾，问题是联结已知和未知的纽带。无论是教育理论领域，还是教育实践领域，人们尚未认识的教育事实和规律是复杂多样的，其中有许多的教育问题需要解决。但是，并不是所有的问题都能成为自己研究的课题，因此，选题是教育科研的第一步。选题直接关系到科学研究的方向，选择研究的内容和确定研究的方法；直接关系到一项研究工作能否顺利进行，是成功还是失败；直接关系到研究成果的价值，是否对发展教育理论有意义和能否推广应用。

美国科研家贝尔纳说："课题的形成和选择，无论作为外部的经济技术要求，抑或作为科学本身的要求，都是研究工作中最复杂的一个阶段。一般来说，提出课题比解决课题更困难……所以评价和选择课题便成为研究战略的起点。"爱因斯坦也说过："提出一个问题往往比解决一个问题更重要，因为解决一个问题，也许仅仅是一个数学上或实验上的技能而已。而提出新的问题，新的可能性，从新的角度去看旧的问题，却需要有创造性、有想象力，而且预示着科学的真正进步。"因此，他们都把课题的形成和选择作为科学研究最重要最复杂的一个阶段。

（3）信息收集能力。信息时代决定了再也不可能停滞于关门办学、埋头教书的水平。要求班主任教师应视野开阔、思维敏锐、眼光独到、对各种有用的信息具有高度的敏感性，具有鉴别识辨、简化归纳、联系发挥和分类存档的能力。通过新闻报道、广播电视、上网查询等多种途径，广开信息来源，广泛收集、整理、加工信息，认真做好读书笔记，坚持分类剪报、做文摘卡片等都是提高信息能力的行之有效的方法。教育科研，多是要借鉴前人研究的成果、经验，对这些信息必须高度关注。收集信息还包括自己实践中的经验、失败的教训和典型案例的积累。收集信息，坚持是关键，必须有耐心、有韧性，耐得住寂寞。

（4）创新能力。教育科研是一种创造性的认识活动，核心是创造，表现为不唯书、不唯上、不盲从；有强烈的求知欲望，对新事物、新思路有寻根问底的热情；

能独立思考,敢于提出自己的见解、主张;有勇于探索,敢为人先的科学精神。培养创新能力要从基础做起、从点滴做起,在教育改革的实践中锻炼。

综上所述,选择和确立一个研究课题,需要对理论与实践、需要与可能、主观与客观等方面因素进行分析,所以,正确选题确实是研究者思维能力的表现。

2. 撰写自己的教育故事

为了推动班主任开展叙事研究,天津市中小学德育工作者协会开展了向全市中小学班主任征集教育故事的活动。教师们参加活动热情之高涨,让我们十分感动。从参与作品主题的深刻性、内容的广泛性、情感的丰富性上,更令组织者兴奋不已。多年的研究告诉我们,撰写自己的教育故事是班主任参与教育科研的便捷方式,也是班主任专业化发展的理想选择。

说它便捷,是因为这种研究是基于班主任工作实践的研究,是由研究者本人撰写、叙述自己教育实践中发生的故事,包括问题的发现,解决问题的办法、过程,及其自己在这个过程中酸、甜、苦、辣的体会。叙事研究是班主任在带班育人实践中"问题课题化"的过程。其研究的重点在于对自己的教育行为的有效性、合理性进行反思,并加以改造,进而把握应该怎么做。其研究成果的形式不是结题报告、论文,而是撰写自己的教育故事,是记叙文的形式。

天津市红桥区新村小学陈淑芬说:"教育科研不仅是教师实现专业化的必由之路,也是学校走内涵发展的必由之路。要走科研兴校之路,必须打破教师中存在的教育科研的神秘感,同时也要选择教师乐于接受的教育科研方式。由教师撰写自己的教育故事、讲述自己的成长故事,这就是我们的选择。"我认为这是一种明智的选择,说它明智,是因为这种科研方式最切合教师的实际,能够把教育科研和班主任的教育教学实践紧密结合起来。

众所周知,教育科研最常见的有两种类型。

一类是严格按照教育科研程序进行的立项研究,即按照定题论证、制定方案、申请立项、进行实验、中期总结、撰写结题报告和专家鉴定的程序进行的研究。

这种类型的教育科研的结果,是为了建构起科学的理论体系和运行模式,搞清楚是什么和为什么的"应然"问题,并以结题报告和论文的形式出现。如天津市中小学德育工作者协会承担的中国教育育学会十一五重点课题《中小学班主任专业素养现状与发展的研究》就是如此。这类研究,尽管对班主任的专业化发展发挥了重要作用,但由于这类研究要求高、要求严,不好操作,加之班主任对此存在的神秘感,很难调动起他们参与研究的积极性。而且这种研究难以表征班主任各不相同的创造经历、内在体验和实践智慧。因此,班主任既感到困难,又觉得这应该是专家学者们的事。另一类是叙事研究法,在整个研究中我们高度重视并号召班主任用叙事研究的方法参与。这个课题的研究,效果非常好。

众所周知,每位班主任带班育人的实践中都会遇到这样那样的问题,都会产生这样那样的"遗憾",解决这些问题,补救这些"遗憾",本来就是有进取心的班主任时时关注的问题。因此,我们在班主任中倡导人人撰写教育故事的活动,立即得到了教师们的热烈响应。可见,这种叙事性科研形式植根于班主任的教育教学实践之中,生发于班主任的教育教学实践之上,因此,便于操作,人人皆可参与,而且能够在故事中表达自己的体验和感悟,带有强烈的个人特点。叙事研究是一次次对自己实践的反思,班主任可以完全把自己摆进去,全身心地投入,进而激活自己的感受力和创造力,感悟生命活动的意义、增进教育的智慧。这种实践、体验、感悟对于班主任来说是最实际的、最便捷的方式。叙事研究是班主任的专利,专业科研人员是望尘莫及的。

总之,叙事研究源于班主任的教育实践,离不开具体的教育情境和价值主体,这是班主任对叙事研究情有独钟的根本原因。

说它是实现班主任自主专业化发展的理想选择,是因为撰写、讲述自己的故事有两种类型:一类是讲述如何引导学生成长的故事,我们称之为"教育故事";一类是讲述自己成长的故事,我们称之为"教师自述"。我读了许多教师撰写的教育故事,深刻地感受到故事的作者对自己教育观念的深刻理解,对自己教育行为的自觉改进,而且深深地打动了我的心,使我与故事作者产生了强烈的共鸣,对某种教育观念有了新的理解和认同。因此,我曾怀着兴奋、激动的心情为不少"教育故事"写了"评析",然而,现在我更加觉得这些"评析"不过是对这些"教育故事"所产生的"共鸣"和"认同",是对班主任教育科研的积极性及专业化发展的由衷敬佩,也是为了班主任专业化发展"拾一把柴""燃一把火"。我也深刻地认识到撰写自己的故事,开展叙事研究,是教师专业化发展的理想选择。

许多班主任读过我和魏永田主编的《名师讲述班主任的核心教导力》一书(西南师范大学出版社 2008 年 2 月第一次印刷)。从反馈的信息证明,大家都非常喜欢这本书。其根本原因有四:一是故事(案例)真实而生动、典型而深刻,是全国五十多位优秀班主任叙事研究的结晶；二是作者的自我反思深刻、切入点各异，有的侧重于观念、有的侧重于教育行为和方法，极具启发性；三是主编的点评充满理性的升华，切中要害，揭示了作者的教育智慧，激活了读者的思维；四是主编就每篇故事（案例）撰写了"教育延伸"，这也是超出同类书的一大特色，提出了同质问题可能出现在不同情境时，应采取的不同应对方式，揭示了教育规律，大大拓展了读者的视野。

美国心理学家波斯纳1989年提出了一个著名的教师成长的公式：经验＋反思＝成长。

波斯纳认为：没有反思的经验是狭隘的经验，至多只能形成肤浅的认识。可见，班主任要在自己的教育实践中成长，就必须对自己的教育经验和失误进行反思。反思是一种思考问题的方式，即学会从自己的教育实践中发现问题并对问题进行必要的理性辨析，分析问题的原因，寻找解决问题的方法。观察改进方法后的效果和新问题，并写成教育故事。这种方法是班主任主动接受新的教育观念，选择新的教育行为，提升教育智慧的过程，亦即专业化发展的过程。因此，撰写自己的故事的过程是寻找问题、全面反思、改造行为的过程。

发现问题是前提。一个班主任不善于发现总结自己成功的经验，不知道自己的不足，看不到自己在带班育人中出现的问题（经验和失误），就不会有叙事性研究，也就不可能形成自己进步的动力。

反思是关键。班主任不愿反思自己的教育观念是否出了问题，不愿反思自己的教育能力、教育方法及其实践的合理性，就不能有较大的进步。只有对自己以往的教育行为进行重新审视和考察，对违背教育规律，对自己教育中的失误（成功）进行理性的分析思考，并加以改进才能促进自己的专业化发展。

优化行为是目的。反思的目的是为了调整策略，改进行为，提高教育教学的效果。

不难看出，叙事性研究同样始于问题，以及由问题而产生的惊异。当班主任意识到自己的教育行为出现问题，并想方设法加以解决，且不断回头反思解决问题的效果时，教师也就踏上了一条由"问题—反思原因—设计解决办法—采取行动—观察效果"铺就的叙事研究的历程。其实质即是"问题课题化"的过程，这个过程班主任自己是主角，而且通过反思获得对自己教育行为和教育观念的新的理解和改进，班主任也就走上了自主专业化发展的道路。

如果班主任的叙事研究也是在揭示真理的话,这种真理恐怕不是认识意义上的主客观相符合,不是某种命题的属性,而是客观存在本身的属性,通俗地说,班主任在研究中从蒙昧到觉悟和理解,把自己应该做的工作做成了,也就拥有了真理,也就走上了专业化的康庄大道。

特级教师、模范班主任于永正说:"保持教师理性状态的前提是群体具有反思能力,而名师就是处于反思的'多震地带'。他们在反思宏观的教育,也在反思教育细节;他们在反思历史,也在反思现在,尤其在反思自己。名师是我们教育界反思状态的发动机——他们启发着我们,这便是名师的价值。"特级教师苏州工业园区第二实验小学徐斌也说:"我的确愿意做一个思考的行者,在实践的土壤里,在审视自己的过程中不断学习反思,不断完善自我,超越自我。"

班主任离不开实践,实践出真知;离不开反思,反思聚"灵气"。朱小蔓教授在她的《教育的问题与挑战——思想的回应》一书中说:"反思的本质是一种理解与实践之间的对话,是这两者之间相互沟通的桥梁,又是理想自我与现实自我的心灵上的沟通;其正确性已经被大量的实践证明。"

只有实践才能产生经验,只有对实践经验(包括问题)进行反思才能形成属于自己的、独具特色的实践性的理论知识,使自己产生无限的灵感,使自己更有教育智慧。这样长期坚持下去,形成反思习惯,就会凝聚灵气,形成智慧,使自己尽快成长为科研型班主任。

3. 教育故事(案例)的特点与写法

(1)先读一篇故事:一个班里 40 多位学生,他们家庭背景不同,受家庭与社会的影响各异,特别是他们的个性也大不一样。因此,在处理学生的问题时,教师特别是班主任必须首先要深入了解研究的问题。而且,不管遇到多么棘手的问题、难缠的学生,要求得令人满意的效果,就应该像黑龙江省同江市第一中学郭丽梅案例提示我们的那样"给咖啡加点糖"。

> 她叫小 A。她的项链在第二次联检中被没收了,转移到我的手中。当学生如潮水般涌出教室时,我将她留下来。她用充满敌意的目光注视着我,并责问:"什么时候把项链还给我?"语气是那样的生硬。联想到白天她对联检教师的态度,我心中立刻升起一股怒火,真是太缺乏教养了,犯了错还如此理直气壮,应该给她点教训,可转念一想,还是算了。我冷冷地对她说:

"请你就这件事情写个心理感受吧,把你的看法和想法都如实写出来,然后交给我。""什么时候把项链还给我!"还是那句干脆的责问。"等你反思好了,我自然就会还给你。""你到底什么时候把项链还给我?"这是一句极其蛮横的责问。此时我的心里已经怒火中烧,我没再回答她,转身就走开了。虽然我没有回头,但仍能感受到身后那恶狠狠的目光在盯视着我。我心想:"这个被宠坏了的'小公主',什么时候才能懂得尊重人啊。"我认为冷处理会使这件事情就此平息,可事与愿违——真正的"战争"才刚刚拉开序幕。

放学的铃声刚刚响起,她又走到我身边,"什么时候还我项链!""你反思好了,我自然会还。""我已经反思好了,我不是说不戴了吗,还要我怎么反思,到底什么时候把项链还给我?"看着她冒火的双眼,我知道不应该再纠缠下去,就生硬地说:"你还是再想想。"我又转身走开了。她却如影随形地跟了过来,并用身体挡住我的去路,用更凶狠的眼神注视着我说:"我今天就要拿回我的项链。"我从一侧挤过去看也没看她,坚决地回答:"不行!"她在我的身后歇斯底里地喊道:"你到底还不还我?"

此时我胸中的怒火再一次被点燃,厉声回敬:"你能不能把自己的态度端正一下,再跟老师说话……""不能!我就想要回我的项链……"我们两个人都似涨红了脸的角斗士,谁也不肯退让一步。此时她横在我面前,高大的身躯将我完全罩在下面,一种无形的气势压得我透不过气来。我用锐利的目光迎视着她那美丽却充满怨恨的双眸,心想:多么张狂的学生啊,为了杀杀她的傲气,为了老师的尊严,我也一定要坚持到底。此时身后的学生依旧如潮水般地涌过去,不时有人好奇地回头张望。突然她的态度来了一个180度的大转弯,以无比柔和的语气哀求道:"我求求您,请您把项链还给我吧!"这突然的转变令我惊慌失措,一转身才发现,校长正朝这边走过来。我的脸庞再一次被怒火烧红。多么狡猾的学生啊,校长一到,态度马上由极度嚣张变成如此乖顺。我宁愿她与我一直争执下去,也不想看见她那无耻的"变脸"。我的大脑忽然乱成了一团麻,是气愤、是委屈我也说不清,只是看着校长和她在一旁说了些什么,她便怀着无限委屈离去了……当天夜里我第一次失眠,思绪烦乱,心中生出了很多委屈。

第二天,我精神恍惚地来到办公室,同事关切地给我端来一杯咖啡:"提提神吧,别太伤神了,还要工作呢;她毕竟是孩子嘛,给她一点儿时间吧,会想明白的。"我呷了一口咖啡，马上又吐了出来，嘴里尽是苦涩。"抱歉！我忘了给你加糖。"同事将白砂糖放进杯里轻轻搅动，我又试着尝一口，苦味淡了，满口留着淡淡的余香。"这糖真厉害，可化腐朽为神奇了。"我开玩笑地说。话音刚落我忽然从烦乱中理清了思绪，放下咖啡飞奔了出去。"你的咖啡。"同事在后面喊着我，"回来再喝，谢谢！"

　　我再一次把那个骄傲的"小公主"叫了出来，她依旧怒目而视。我冲她微微一笑，像什么事都没发生过一样，拉过一把椅子，请她坐下。她有些不知所措，刚刚坐下又马上起来。"瞧你怎么跟小兔子一样警觉呢，我可没在椅子上下机关哟。"她被我的话逗乐了，又重新坐下。我看着她并真诚地说："昨天气坏了吧？是老师态度不好，我没有做好调查就跟你发脾气，你这样爱护它，我想它对你一定很重要，可以跟老师说说吗？"她低着头小声地啜泣起来。当我把精心包装后的项链盒放到她手中时，她再也抑制不住内心的激动，放声大哭了起来。过了许久，她才道出了一段鲜为人知的故事：原来她有一个非常不幸的童年，妈妈在她很小的时候就离家出走了，她只记得妈妈走的时候留给她一条项链，并告诉她：如果爸爸不再喝酒时，妈妈就会回来了。她恨爸爸不争气使她失去了妈妈，失去了温暖的家，失去了幸福的童年。项链成了她对妈妈唯一的记忆和想念。她像守护生命一样守护着项链，希望有一天妈妈真的能回来。可是一天一天过去了，虽然爸爸早已扔掉了酒瓶，但妈妈还是没有回来，她绝望了，脾气变得越来越暴躁。爸爸也因为对她的亏欠而对她百般迁就。原来这一串项链背后竟有如此令人心酸的往事。我也终于明白了她所有的举动，都是出于对妈妈的爱，我摸着她的秀发让她靠在我的怀里，颤抖的双肩显得那样的悲伤，那样的无助，我知道只有这时才是真实的她，一位失去母爱而异常敏感脆弱的女孩。这事以后我发现她变了，她的眉宇间不再有幽怨的神情，经常会跟我说一些心事，而我也会像一位姐姐耐心地倾听，与她一起分享成长中的快乐，一起分担生活中的痛苦。同事们非常惊奇地问我：你是怎么制服这位"小公主"的？我没有回答，只是神秘地指着咖啡旁边的砂糖说："应感谢它……"是砂糖给了我启示："良言一语三春暖，恶语伤人六月寒"，一切没有修饰的教育和冷冰冰的态度都似恶言，有时也会像咖啡，苦到心底，令人不愿接受；而砂糖却不同，它如良言，更似老师真诚关爱的心，不但去除了苦味，还使咖啡真正起到提神作用。

郭老师在案例中用较大的篇幅记述了处理小 A 问题的冲突过程。小 A 蛮横的态度和对她的追堵,郭老师冰冷的要求(尽管郭老师没有失态),使双方的"战争""拉开了序幕"。这个过程,几乎让郭老师一筹莫展,以致失眠。转天郭老师在喝了无糖咖啡之时,立即受到了启发,她发现了对"冷处理"的理解不妥,马上改变了方法,取得了令人满意的效果。前后比较,正中了"南风效应"中阐释的哲理。

郭老师的"微笑",郭老师搬过椅子请小 A 坐下,却让这个傲慢的小 A"不知所措",郭老师幽默的语言,又把这位刚才还"怒目而视"的小 A"逗乐"。在这种良好的气氛中,郭老师表示了自己昨天的"态度不好",不应该"没有调查研究就跟你发脾气",使小 A 感动得哭了,说出了自己项链的来历和失去母爱的令人同情的故事。当小 A 靠在郭老师怀里的那一刻,让我们更加理解了"良言一语三春暖,恶语伤人六月寒"的深刻道理,并给我们留下了这样的启示,即遇到像小 A 这样的学生,一定要先摸清原因,切不可给学生冷冰冰的面孔,切不可用缺乏感情的语言提出让他们感觉不到老师关爱的要求。这样只能激化师生间的对立。让我们反复读一下拉封丹写的寓言吧。同时,郭老师的"自我反思"写得非常深刻,读了她的反思无疑会得到教益。

郭老师这个真实故事的字里行间也说明一个问题,即班主任在处理难缠学生问题时,专业素质是多么的重要(其中包括善于控制自己的无益激情、善于了解研究学生、善于改变自己的观念和方法等等)。在这里我想从以下三个方面谈一下班主任遇到类似的学生和事件时该怎么办。

第一,从"南风效应"中获得启示。读完这个案例,我一下子想起了法国作家拉封丹写过的一则寓言:北风和南风比威力,看谁能把行人身上的大衣脱掉。北风首先吹来一阵猛烈的寒风,结果不仅没有把行人的衣服吹掉,反而使行人为了抵御凛凛寒风的侵袭,把大衣裹得更紧了。南风则徐徐吹动,顿时风和日丽,行人因之觉得春暖上身,始而解开纽扣,继而脱掉大衣,南风获得了胜利。这就是心理学上的"南风效应"。郭老师处理小 A 问题前后两种截然不同的做法,恰似"北风"与"南风"的较量,孰优孰劣一目了然。

你看,教师为了"脱掉"学生身上那无知无识的土气、道德缺失的流气、独生子女的霸气，认真地工作着，然而，不同的教师在工作成果上却大相径庭。有的学生甘心情愿地"接受教育"，终成社会栋梁；有的则阳奉阴违，依然故我；还有的顽固不化，甚至变本加厉。

为什么会出现如此不同的结局呢？原因无非是来自教育者和被教育者两个方面。被教育者暂且不议，教育者的问题出现在何处呢？也许，上边讲的故事和"南风效应"对我们会有启发。

第二，向曹中原老师学习。一次上课，曹中原老师问学生："世贸组织简称是什么？"一学生回答："WTO。"小林插嘴说："打屁呕。"全班哗然。老师目视小林后，继续上课。

下课后老师与小林在楼梯口相遇，小林满脸通红。曹老师却笑着说："你的想象力很丰富，但比喻不贴切。"小林低着头说："以后我不插嘴了。""没关系，你再想想，看能不能比喻得更贴切些。"曹老师鼓励着他。

第二天，曹老师问小林，小林说："W·T可分别比成两个陷阱和一个拐杖。说明中国入世后会遇到许多陷阱，我们用拐杖探路，但还是失败了。"曹老师说："你想得太悲观了，我不满意……"

数日后，小林来找曹老师说："W可比喻成两个V，V是Victory（胜利）的缩写；T是Try（尝试）的缩写；O是OK的缩写。说明中国入世后会不断走向胜利，只要我们敢尝试，最后一定会OK。"曹老师为之拍手叫绝，连连称赞小林肯动脑筋。

不久，曹老师又收到小林的一张字条，上面写着"……是您的宽容和鼓励，使我产生了学习的兴趣，您是我心中最好的老师。"

这是曹老师课上遇到的一起偶发事件，不少老师会勃然大怒，然而他却用"目视"的方式制止了事态的发展，充分体现了一位优秀教师善于控制自己情绪的能力和宽容的博大胸怀。宽容是教育智慧的体现，它保护了学生的自尊，因此也获得了学生的尊敬。尤其令人钦佩的是，曹老师为了激发学生的想象力，在学生表示认错的时候却说"没关系"，要求学生"再想想"把它"比喻得更贴切"些，鼓励学生放飞想象，于是才有令曹老师"拍手叫绝"的比喻。曹老师不愧为"最好的老师"。

第三，控制住自己的情绪。有一位戴眼镜的班主任，在接班后，第一次走进教室时，发现全班学生情绪紧张地盯着黑板，回头一看，原来黑板上画了一个戴眼镜的头像,旁边还写着"四眼狗"的字样。这位班主任一下子怒火中烧,真想来个"杀鸡给猴看"。可是,他终于冷静下来,控制住即将爆发的情感,扫视了一下全班学生,回头将黑板擦干净。然后风趣地说:"这幅画画得不错,画画的同学一定是为了考验一下他的班主任,但不应当采取有损于老师人格的做法。"此时,学生们的目光一下子集中到画画同学的脸上,这个学生红着脸低下了头。班主任见此情景又说:"我想画画的同学此时一定已经感到自己错了,不过不要紧,你要将功补过,利用你的画画才能为集体服务。"后来这个学生真的成了班上的宣传委员,师生间的情感也非常融洽。试想,如这位老师也是大发雷霆,后果也是可想而知的。遇到令人恼火的偶发事件,第一个应该做的就是控制住自己的情绪,不让无益激情爆发,而后才会产生解决问题的良策。

(2)教育故事(案例)的基本特点。个案也称案例、实例。医院有病历、法院有案例、学校有教例,都是发生过的有价值的实例,是撰写者对在特定部门从事实践活动者的行为及其结果的客观描述和具体介绍。

教育个案是介绍学校、班级、团(队)组织内部发展过的教育、教学、管理方面的具体的、典型的实例,其中包括实例发生的时间、地点、人物及其发生的过程及结果。一般地说,一个教育个案描述一个完整的故事。当然,也有通过若干个实例介绍某一教育组织或部门整体发展水平和特征的个案。

教育故事(案例)有三个基本特征。

真实性。教育故事因为是对已经发生过的实例的真实描述,因此,其主要特点就是真实性。撰写教育故事决不能违背事情的客观性,不能虚构,更不能凭空杜撰。写作者应当客观地、全面地介绍教育实例发生的相关背景、对其发生、发展的过程和结果进行真实的描述。但是,为了达到使人物、事例更加典型、更加集中和表述更加精练的目的,在实例的内容上可以根据需要(学校干部、教师培训、教育科研),在不违背常情和确实合乎逻辑的前提下,允许在情节上做适当的删节、合并等典型化的处理,同时对其中人物姓名也可做一些掩饰性处理,这一切均以不影响其真实性为前提。

典型性。教育故事所描述的事实材料必须是最有代表性、最能反映事物本质的有价值的实例。这样的典型实例尽管均具有鲜明的个性,但个性中又必然蕴含着共性;尽管反映的矛盾具有特殊性,也同样蕴含着普遍性。写作者只有在充分认识其共性与个性、普遍性与特殊性的基础上,写出的个案才会具有典型性。

深刻性。教育故事有描述经验的，也有对实践中的问题进行反思的。不管哪种类型，主题的深刻性是它们的共同特点。前者既然是总结经验的，一定要在字里行间体现出先进的教育理念，并在娓娓动人的描述中反映科学有效的教育艺术，使人们读后受到深刻的启迪。那些反思问题的个案，往往体现了新旧教育观念的碰撞，各种教育方法的选择，最后是正确战胜错误，并揭示出教育的规律，因此更有借鉴价值。

教育故事中的事例、故事情节，尽管在一般情况下是不能重复发生的，但是由于这些实例具有典型性和普遍性的特点，因此，在类似的条件下，在不同的时间、地点有可能"相似或近似"地再现，这也正是教育故事撰写后具有的借鉴价值。

教育个案的三个基本特征，要求写作者必须具有实事求是的精神，同时，必须通过相关理论的学习，加深对案例所要描述的实例（故事）的理解，这样才可以使案例反映的主题更加深刻，更有借鉴价值。因为，只有理解了的东西才能更深刻地感觉它，才能敏锐地、准确地观察和把握现实问题，才能从对实例的科学研究中总结经验、丰富发展教育理论。

（3）教育故事（案例）的写作。教育故事从内容覆盖面的大小分，有一事一例的专题型案例，也有多侧面描述的综合性的案例；从内容的性质分，包括经验型案例和问题型案例；从内容的表现形式分，有书面文字案例和影视表演或实录案例等等。

教育故事一般由标题、正文和故事评析三部分组成，这三项构成了教育故事的整体，都为表现鲜明的主题服务。

①教育故事（案例）的标题。关于教育故事（案例）的标题同其他论文一样，教育个案的标题是教育个案的一面旗帜，好的标题可以引起读者的阅读兴趣，增强吸引力和可读性。

标题创作可根据准确、鲜明、生动的原则反复推敲、修改，力争做到语不惊人死不休。

创作标题要把握好分寸，要切合实际，要避免概念化的倾向，这是体现标题是否准确、鲜明、生动的标尺。

标题与教育个案的内容要一致，不能脱离教育个案的事实去拟题，否则就会出现文不对题的问题,这是对好的教育个案标题的基本要求。

标题要能够点亮读者的眼睛,提高读者的阅读欲望,使标题达到准确、鲜明、生动。

教育故事(案例)的标题有以下几种情况(文中所选标题均出自杨连山、魏永田主编,西南师范大学出版社出版的《名师讲述班主任的核心教导力》一书,该书已被教育部纳入国培计划用书)。

概括事实的标题,即从个案描述的事实中提炼标题。如耿荣芳老师的《爱哭,也能成为学生喜欢的理由——教育不要吝啬你的真情》、鲍桂华老师的《鲍鱼风波——有胸襟,才能应变》、陈海燕老师的《不是学生没有优点——帮他找到自信的切入点》……

以个案中的标示物为题。如郭丽梅老师的《给咖啡加点糖——沟通先要温暖学生的心灵》、姚淋老师的《紫罗兰——像水一样包容他、改造他》、陈桂媛老师的《一只小老鼠——了解真相才能有正确的应对》……

以个案中的典型场面为标题。如周晓菊老师的《擦皮鞋的小男孩——抓住机会树立榜样》、魏艾老师的《贷款——懂得责任是自我激励的原动力》……

概括主题式标题,标题本身就是本教育个案的主题。如窦书梅老师的《爱心传递——师爱让学生都学会施爱》、陆丹老师的《酽酽师爱驱散学生心头的阴霾——和风细雨的爱最能感化人》、吴优琴老师的《爱他,就任其挣扎——激励就是让他找回自信并勇于行动》……

以典故为题,这样的标题运用得准确更有吸引力。如《明修栈道　暗度陈仓》……

口语式标题,这样的标题使读者感到真实、亲切。如《象棋迷笑了》《你不傻》……

以人物的典型语言为题。如《让所有的人为我骄傲》……

问题式标题,标题本身就是一个需要解决的问题。如《尊师何须送礼》……

以观点为题。如《学优≠德优》。

②关于教育故事(案例)的正文。正文是教育故事的主体部分,通过对故事中人物行为和结果的描述来反映故事的主题思想。故事的正文包括背景材料、故事描述两部分。

背景材料。所谓背景材料是指人物行为或事件发生的历史条件和现实环

123

境,及其与周围事物的关系。任何人物和事物都不是孤立存在的,都会有其发生、发展的过程,都会有影响发展变化的客观条件和情景。因此,介绍背景材料的作用是说明人物行为发生的具体条件和独特原因,运用背景材料能起到诱发读者兴趣的作用,有利于突出主题;对个案涉及读者不熟悉的问题和较新鲜的材料做必要的解释和介绍也能丰富个案内容,增强知识性。背景材料的介绍可因文而异,一般情况不宜过长,有时只是几句简单的导语,有时也可在故事描述中灵活穿插背景材料,这样更能产生画龙点睛的作用。如果背景材料较长,不宜在正文中叙述,也可作为附录放在正文的后面。

故事描述。故事描述是故事的主要部分,主要是客观地描述教育教学和管理中发生的典型的人物活动情景,或把其中最典型的片断像讲故事一样具体生动地叙述出来。

其描述形式不一,有时可用人物之间对话的方式,如《小博士弄书潮》;也可以用有趣的引人入胜的方式进行故事化的叙述,如《镜框里的奖状》;另外夹叙夹议也是故事描述的有效方法,如《她终于找回了自信》。前文已经说过,故事描述可以采用典型化的处理方法,也可以对故事中涉及的学生姓名做掩饰性处理,但是都不能违背其真实性,不能虚构或凭空杜撰。

③关于故事评析。故事评析是故事撰写者或读者,运用正确的教育理论,对故事进行综合分析和解读。这种评析应当是多角度的,可以对故事中行为者的教育观念、理论功底、教育方法与艺术进行"就事论理"的阐释,或指出在今后的教育、教学和管理中应注意的问题。

故事评析应该成为教育故事中有机组成的关键部分,它可以从个案分析中有所发现、有所创造,进一步发展教育理论。而且我在这里还特别提出,个案撰写者,如果您就是个案中的行为人,最好在个案描述的基础上,对自己的教育行为及其结果进行理性的思考,即"反思",深入思考自己的教育行为及其结果的原因,分析总结自己的经验和教训,对自己的失误提出改进的假设和改进步骤,使自己真正成为反思型教师。当然这些内容应当是简而明的。这本身就是对个案的评析,这种评析是非常有意义的。

六、教育教学论文写作是班主任的必修课

教师离不开写作,自打我们选择了教育工作那天起,就和写作结下了不解之缘。

众所周知,教师总要写工作计划和总结,要写教案和课后小记,班主任还要写学生的操行评语,这些虽然都属于应用文的范畴,然而,如果我们对这些教育教学工作中的现象进行深层次的理论思考,去研究、探索其中带有规律性的东西,把自己的实践经验上升到理性认识,那就是一篇教育教学论文了,如《教案写作与教学改革》《板书的美学思考》《教法选择与学法指导》《评语——拨动着学生的心弦》等。

教育教学论文是研究探讨教育教学问题的专门文章,是研究和探讨教育教学中某一现象(问题)的性质、特征及规律的,它属于学术论文的范畴。

恩格斯说过一句话:"一个民族要想站在科学的最高峰,就一刻也不能没有理论思维。"同样,班主任要想占领自身业务领域的高峰,也必须借助自己经常性的理论思维,因为,正确的理论恰是事物客观规律之所在,具有科学性和真理性。

从教师劳动的文化学意义看,班主任不应当忽视自己劳动过程中经验的积累和文化的创造,要想反映或保存自己的经验和文化,目前主要是靠撰写和发表教育教学论文。能否写出观点正确、论据充足、有力,内涵有新意的教育教学论文,是称职班主任的一项重要基本功。从撰写教育教学论文的作用看,如果我们每位教育工作者都有了正确的理论思维,就如同登上高山之巅,俯视田野河流,此时的视野就会开阔,就会知其全貌,做起工作来就可以按规律办事而得心应手、事半功倍。

现在撰写教育教学论文越来越引起广大教育工作者的重视,有些学校的领导不仅自己带头搞教育科研、带头写论文,而且还鼓励教师这样做,他们甚至要

求教师不仅课讲得好,有自己的代表课,还必须文章写得好,有自己的代表作。我认为这是颇有远见的,这也是教育教学改革不断深化的必然趋势,也是教师从教书匠走向教育家的必由之路。

(一)写作成就精彩人生

衡量班主任专业化水平高低除了师德高尚之外还有两个标准,一个是看他的课上得好不好、班带得怎么样,二是看他能否写出漂亮的文章。冰心曾经说过,成为一名称职的语文教师要做到"三个一",即一手好书法,一张好口才,一笔好文章。班主任何尝不是如此,李镇西老师说:写作,就是记录生命的流淌。写作对于教育的意义不言而喻。在我看来,写作不仅仅是单纯的写作,它必然伴随着实践、阅读和思考。它与实践相随,与阅读同行,与思考为伴。实践是它的源泉,阅读是它的基础,思考是它的灵魂。只有做得精彩,才能写得精彩!而且通过写作,可以促使我们更好地做。

教师的写作是教师思考的重要途径。写作的过程,就是我们反思、审视、总结、提炼升华自己的过程。李镇西在外面向同行汇报时还说:"对教育的爱大家都是一样的,对教育的执着大家也是一样的,如果说我有什么不一样的地方,仅仅是对这份爱与执着多了一点思考并用笔将其记录下来了,也许恰恰是写作使我现在拥有了有的老师所羡慕的所谓成功。"

我在前文也说了教师的阅读要和写作结合,即读后接着思,思后莫忘写,思想落地才能生根,思想生根精神才能开花。周国平先生有一句精彩的比喻:"灵感是思想者的贵宾,当灵感来临的时候,思想者要懂得待之以礼,写作便是迎接灵感的仪式。当你对较差的思想也肯勤于记录的时候,较好的思想就会纷纷投奔你的笔记本了。"教师写作不是为了成为作家、理论家,而是教育事业的需要,个人专业化成长的追求。一个班主任写了一辈子教案,写了一辈子班主任工作计划不一定能成为名师、名班主任,如果坚持写三年教育随笔、教育教学论文,就可能成为名师、名班主任。写作可以提高专业素养,成就班主任精彩人生,坚持专业写作好处很多。

首先,写作可以与他人共享教育经验,通过表达来完善自我的专业水平。朱永新教授曾有"成功保险公司"开业启事,投保条件是:"每日三省吾身,写千字文一篇,坚持十年;若十年后自感未能跻身成功者之列,公司愿以一赔百。"除此之外,班主任要实现自主专业化发展,成为智慧型教师,必须坚持写作。写作可以使班主任有知有识、有见的、有思想、有谋略、有智慧,真正成为高水平的专业工作者。

其次,写作可以彰显自己的才气。史载:唐代才子王勃一觉醒来挥笔立就耀古烁今的《滕王阁序》,这就是才气使然。当然也离不开情景相触引发的人生感受之发挥:把人生悲剧性和奋发不息的价值追求之矛盾书写得动人心魄,于是人们皆称其有才气。司马迁赞美屈原说:"其文约,其辞微,其志洁,其行廉。"这更说明才气的涵养,实际是指精神境界的修养,是对心灵和人格的倡导。可见,才气看似纯属个人之事,其实它与天赋、机遇、社会环境都相关联,主要表现为人对事物的敏感度问题。

其实有才气的班主任不乏其人,魏书生、李镇西这些大师不说,像以一部《兵法》走红全国的万玮,这样的青年班主任也不少。我一直坚信每位班主任和任课教师都有潜在的才气,只是没有展示的机遇和条件罢了。才气的开发仍然以自我为主,其方法是坚持研究、坚持写作。有人主张:教书 + 写作 = 完师。上边所举之例都说明,写作是彰显才气的重要方法之一。因为写作的基础是实践,是对诸多教育现象的敏锐感悟,是对自己实践经验、教训的理性反思和升华,并将其用文字表述出,才气也就在这字里行间了。班主任要实现专业成长,一定要拿起笔来,满怀激情地参与到教育文化创作的行列,万万不可忽视专业写作。

我曾经在肖川先生的文章中读到这样一段话:"教师们,拿起您手中的笔吧,有意识地去创作,把你的感动、你的困惑、你成功的探索、你的希望与梦想变成文字,写成文章,你会发现你的气质、情怀、你的内心世界,渐渐地,变得纯净、澄明,变得细腻和丰富。"

这种思想正在逐步被广大班主任所接受,并付诸行动。在 2012 年以"阅读·写作·成长"为主题的天津班主任论坛上,得到了充分的印证。宝坻一中刘立雪就是突出的代表,他的文章如下。

1.教育写作能够推进班主任工作反思

教育写作能够让班主任反思教育生活中司空见惯的幽微细节,发现其中细微的教育蕴涵,从而把自己的思维触角引向自我教育的深层,发掘看似平淡的日常教育生活中不平凡的教育价值。

李镇西老师的第一篇反思作品《教育漫笔》在《班主任》杂志发表后，便一发不可收拾，从教育书信、教育手记到教育论文和教育专著，一直行走在教育写作的道路上，他反思的角度不断拓宽，反思的内容不断深入，反思的质量不断提升。反思的结晶就是他的博士论文《民主与教育》。

事实证明：教育写作是思维与事实相互作用的过程，在这一过程中，常常会闪现教育智慧的火花，唯有坚持，方能形成"星火燎原"之势——势不可当地推进班主任工作的改革和自主专业发展的进程。

2. 教育写作能够激发班主任阅读欲望

大量优秀班主任的成名经历反复证明：只要班主任经历一段时间的教育写作，就会对教育有更深的理解，就会对教育有更深的感情，就会对教育有更深的向往，强烈的阅读欲望可能会被永远地激发出来！

已经相继出版《守望高三的日子》《追求教育的诗意》和《怀揣着希望上路》三本著作的陈晓华老师，为了写出更精彩的作品，现在仍不时地与大师对话——"主要是阅读教育类的书"。他说："教育永远没有进入化境的时候，只有不断地思考，与时俱进，只有触类旁通举一反三灵活运用，才有可能成为自己的思想，才有可能和别人的经验比照，规避别人的教训，缩短经验积累的时间，借鉴别人的成功经验，驾轻就熟地为我所用。"显然，教育写作已经极大地激发了陈晓华老师的阅读欲望。

3. 教育写作能够更新班主任工作观念

教育写作是基于实践的写作、融入思考的写作、源自心灵的写作，伴随着"量"的积累，班主任工作观念必然会发生"质"的飞跃。

全国知名青年班主任钟杰老师说："没有反思，就没有进步！而反思的最好方式就是教育写作。我始终认为，看不到文字的反思是流于形式的假反思，而通过文字梳理的反思才是真正的反思。有了这样的反思，才会真正知晓自己的得失成败，才会更快地进步，也才能真正地提高。"毋庸置疑，钟老师所说的进步主要就是指班主任工作观念的更新。

李镇西老师在工作之初曾经为了"爱"自己班的学生而打了别的班的学生。后来在教育写作中总结道："以厚此薄彼的态度对待学生，并不是真心爱学生，所'爱'的一部分学生，实际上成了班主任的私有物，因而这种'爱'是自私的。真正的爱应该是一种大爱，是爱所有学生，爱身边所有的人。"

这是李老师班主任工作观念的第一次飞跃:小爱→大爱。历经多年的教育写作实践,他的班主任工作观念实现第二次飞跃——近几年来,他思考得比较多的,不是所谓的'爱心教育',而是民主教育。他现在认为,爱心不一定包含着民主,而真正的民主必然蕴含着爱心。民主教育应该是当今中国教育的时代主题。

从哲学上讲,没有教育写作"量"的积累,就不会有"质"的飞跃——班主任工作观念得到更新。

4. 教育写作能够形成班主任工作理论

综观全国著名班主任、青年知名班主任,我们不难发现,这些优秀的班主任都有自己一套行之有效的工作理论。他们的理论从哪里来? 让我们循着他们的足迹来探寻。

任小艾老师的工作理论高度概括起来就是:"一则""二感""三言""四通""五心""六法"。任老师自从参加工作以来,一直笔耕不辍。她说:"教师要学会成为工作上的有心人,在进行调查、反思、改变、创新后,一定要有总结和积累。"她所说的总结和积累显然就是教育写作。在教育写作的过程中不断凝练自己的班主任工作智慧,在工作实践中不断地检验自己的写作成果,在坚持中发展,在发展中坚持,终将形成独具特色的班主任工作理论。

魏书生老师创立了极具前瞻性的民主科学的管理指导思想。魏老师自从参加工作以来,始终把人、社会、时代这三个主题与他的工作进行有机结合,坚持不懈地进行教育写作。17 年来,他共写就了210 多万字的日记,发表了100 多篇文章,已出版了10 多本论文集和专著。风靡全国的《班主任工作漫谈》就是他的班主任工作理论的核心体现,骄人的数字无可辩驳地证明了坚持教育写作是形成班主任工作理论的铺路石。

每一次总结与反思带给他们的都是"质"的飞跃和"心"的升华。

实践已经并将继续证明:只要坚持教育写作,班主任成长的"隐形翅膀"就会不断发育,终有一天会"一飞冲天"!

(二)写什么

写什么,磐石市明城中学董秀梅老师说:班主任工作千头万绪,任务繁重,难免会有"心慵""意懒"的时候,所以有些班主任对期末要上交的材料就会敷衍了事,甚至找学生代笔。要知道"一滴水可以映出太阳的光辉",越是细节越不能忽视,越不该"手懒"!您读了她撰写的《班主任不应"手懒"》一文会受益匪浅。

云想衣裳花想容——实写"评价手册"

评价手册是每个学期期末必填的一项材料。评价手册是对学生进行综合素质评价的窗口,是对学生道德品质、文明礼仪、学习能力、交流合作、审美与健康等各个方面的评价与总结。它会把老师对学生的期许,学生在老师心中的形象展现在学生面前,所以班主任决不可"手懒",不仅要亲力亲为,还要用心去填写。

对优等生的寄语我是这样写的:

吕晶同学是个品学兼优的孩子。作为班长,你能够以身作则,起到了很好的带头作用,而且责任心强,具有管理能力,是老师的得力助手。可你的心思太重,经常给自己带来无尽的烦恼。其实许多事情都不像你想得那么严重,把心思都用在学习上吧,你会感觉豁然开朗!

对中等生我是这样写的:

陈雪婷是我班的"数学女状元",数学成绩一直优异。性格大大咧咧像个男孩子:粗犷、不拘小节。纪律上从不用老师操心!文科相对薄弱,需要加强。

对学困生和纪律差的学生我这样写:

这学期文艺汇演时你"帅气"的样子实在让人印象深刻,付出真诚才能交到知心朋友,希望你将学业"进行到底"!(写给李帅)

云想衣裳花想容,学生想看见老师心目中的自己。让学生正确认识自我,修正自我,意义重大,不可"手懒"。填写学生综合素质评价手册是学生综合素质评价的重要步骤和内容,大家困惑的是不知道应注意什么,若能写一点这方面的内容一定会更受欢迎。

沾衣欲湿杏花雨——认真做"家访记录"

家访是教师与学生、家长架起联系与沟通的桥梁,是达成家长与教师共识的纽带,是促使学生根据自己的特点健康成长的重要方式。而每学期的十次"家访记录"也是必交的一项任务,让许多班主任头疼。其实若养成习惯,家访前先把"家访记录"中的"家访原因"填好,家访结束时请家长填写

"家长反馈"，又便利又真实，同时让家长意识到班主任对家访的重视。

此处选择一例。

高春苗同学聪明，富有灵气，学习上能够努力，两次考试年级名次分别为93和94。希望家长和孩子注重语文和生物成绩，课上注意听课效率，合理安排学习时间，让自己的成绩更上一层楼。

"沾衣欲湿杏花雨，吹面不寒杨柳风"。让老师对学生的关爱化作丝丝春雨，滋润学生的心田（这里再总结一下家访的简要过程和学生及其家长的相应态度和表现就更有借鉴价值）。

青鸟殷勤为探看——诚回学生来信

当初中班主任的都知道，初中生的心理教育最令人头疼。有时学生有了为难的事不敢明讲，就会塞给老师一张纸条。纸上的话或长或短，但都是学生十分困惑，亟待解决的问题。班主任收到这样的书信不要掉以轻心，更不该置之不理。抽出时间，写一封回信，学生在展信细读时，不仅感受到了老师的重视与关爱，也增强了解决困难的勇气和决心。

班上有个叫孙美娜的女孩，有一天她就塞给我一张纸条："老师，我学习已经很刻苦了，为什么成绩还是很糟糕？平时明明会的题，到考试时一点儿思路都没有了，大脑一片空白！老师，我该怎么办？"

收到纸条，我马上给她回信："小娜，别灰心！你的努力大家都看在眼里。你的成绩不好关键在于你的心理素质差，一到考试就格外紧张，生怕自己考不好。明明有八分的能力，仅能发挥出三分。心理素质是可以通过锻炼提高的。首先，你要有决心，人一生最大的敌人就是自己，战胜了自己你就是最强大的人！其次，你要抓住机会锻炼自己，平时课上大胆发言，多参加班级、学校的活动。胆子大了，心理素质自然就好了。最后，还要注意调整心态，不要给自己太大的压力，考场上要时刻告诉自己要放松，排除杂念，只关注于考题，不要总想着结果。刚刚羽翼丰满的小鸟若总担心飞不高，飞不远，只能一辈子撺跤，永远无法翱翔于蓝天！相信自己，鼓足勇气，振翅高飞吧！"

这样真诚的回信捧在学生手里，一定能打开学生的心扉，抚平学生心灵的伤痕。放飞一只青鸟，让它载着爱飞在你和学生之间（"心病"需要"心药治"，只要班主任心存诚意，找准病根，对症下药就会有效疏导）。

千树万树梨花开——勤记工作日记

班主任工作是十分琐碎的,常常让人手忙脚乱,所以勤记工作日记就显得格外重要。收费、开会、值周分工、活动布置、民主选举、劳动安排等等。当时记下来,下次就可以参考,既积累了经验,又在不断完善中提升了自己的管理水平。

做班主任几年后,回首翻翻工作日记,我就会不禁感慨:"忽如一夜春风来,千树万树梨花开。"朵朵梨花飘馨香,智慧的结晶留下来,这是多么令人高兴的事啊!

"不积跬步,无以至千里;不积小流,无以成江海。"身为班主任,从眼前的细小工作写起,日积月累,你会发现:你的学生越来越懂事了,你的班级越来越有凝聚力了!班主任工作中的细节,不可忽视,不可"于懒"!

除了董老师说的之外,以下几项内容也是必写的。

1. 写工作札记(课后小结)

养成写工作札记(课后小结)的习惯,不仅可以随时反思自己的工作、改进工作思路、方法,积累工作经验,锻炼思维能力、研究能力、写作能力,为今后写教育科研论文积累素材,而且对提高专业素养具有重要作用。

我们许多教师和班主任对写好工作札记(课后小结)越来越重视。但,如何写呢?上海特级教师于漪的经验认为,一是"记自己的一孔之见";二是"记教学中的疏漏失误";三是"记学生中闪亮的光点"。这三条颇有见地的实践经验,值得借鉴。

事实证明,即使是经验极少的年轻教师,在教学与做班主任中也会有许多宝贵的发现,"千虑一得",正是此意。点滴的发现,即便是"一孔之见",却是自己经验教训的结晶,把它随时记录下来,长期积累下去,就会摸出规律,丰富自己的教学和带班育人的经验。另一方面,多有经验的教师和班主任,备课再充分,课前设计似乎天衣无缝,付诸实践时,也难免发现疏漏,产生失误。如果教师和班主任能够及时发现、记录下来,并认真分析造成失误的原因,就能做到"吃一堑,长一智",使以后的教学和带班工作少出类似的"失误"。

目前写工作札记(课后小结)的班主任越来越多,这方面的经验也越来越丰富。然而,也有不少教师,或缺乏正确的认识,或嫌麻烦,不大重视写好工作札记和课后小结,使工作中许多看来微不足道的经验,细小的失误,从自己的眼前溜过,既不能积累、丰富自己的经验,也不能引出前车之鉴。这是何等可惜之事啊!

2.写读书札记

写读书札记是做学问、长知识、提高专业素养的有效方法。要想尽快实现自主专业化发展,就应养成用心写阅读札记的好习惯。札记之功历来为人提倡。梁启超说:"君问读书之法,我想向君上一条陈。这方法是极陈旧极笨极麻烦的,然而实在是极必要的。什么方法呢? 是抄录和笔记。"清代学者章学诚说得更精辟:"札记之功,必不可少。如不札记,则无穷妙绪,皆如雨珠落大海矣。"教师阅读须时时用"烂笔头"札记,积累多了,阅历丰富了,眼光就高。利用的时候,素材便会跃然而出,不必劳神费力去找,而感慨于"书到用时方恨少"了。所谓"出口成章""倚马可待"总是得益于长期札记之功。

古人说:"学而不思则罔,思而不学则殆。"我在这里再加一句:"思而不写则空。"因此,我一直主张:打开书精心阅读,合上书认真思考,放下书提笔写作。我也相信,真诚的文字,能够将平淡如水的岁月定格为永恒。班主任写读书札记,记录自己阅读思考的感受、体会和收获,分析自己阅读思考的困惑、迷茫和缺失,探寻今后的发展、设计和构想。

读、思、写是班主任专业生命的成长链,是精神发展的伊甸园。阅读是获取、积累,为思和写提供养料;思考是沉淀、内化,为读和写架设桥梁;写作是倾吐、外化,为读和思创造表达。阅读就是一棵树,一棵知识之树、生命之树,生命因"读"而茁壮。思考就是开一朵花,一朵智慧之花、心灵之花,心灵因"思"而芬芳。写作就是结一枚果,一枚成功之果、人生之果,人生因"写"而丰满。鲁迅说:"我尚能生存,我仍需学习。"张中行说:"一觉醒来,发现自己还活着,那就读读书,写写文章。"商友敬说:"教师要在读书中生存,要处在真正的'读书状态'。"这些蕴含大智慧的教诲,无时不在我们耳边响起,昭示着前进的方向。著名特级教师周一贯说教师是"三耕族":读书是"目耕",上课是"舌耕",教学写作是"笔耕"。班主任的思考是"脑耕",这也至关重要,它们共同构成了教师的生命状态和专业生涯。

"大量地、高品位地读;勇敢地、大胆地思考;自由地、诚实地抒写。"这是班主任自主实现内涵发展的理想境界。

3. 写教育教学论文

当然，班主任的带班育人和教学实践十分丰富，因而写作的题材也十分广泛，实践为我们的写作提供了取之不尽、用之不竭的写作素材。一般来说，班主任可以先写一些阅读札记、教育随笔、教育叙事、教材分析、班会设计、教学案例等，突出教育教学实践，追求生动灵活、短小精悍。再写较复杂的教育教学论文还困难吗？

宁静的夜晚，月挂窗前，掩卷遐想，思绪翻飞，当你抛开一切喧嚣和烦琐，完全沉浸在写作的情境中时，你会觉得笔下的每一个文字都是那么富有灵性和诗意，就像自己的孩子一样调皮可爱，冲着你眨眼，围着你环绕。你轻轻地抚摸它们，倾诉着彼此心灵相遇的愉悦。每写一篇文章，都是一次思维的升华，都是一次倾听花开的声音，都是一次成长的拔节。这个不仅是凝固阅读思考的痕迹，更是对教育本质深度的开掘，更是自己对灵魂的呼唤。也正是在这样的境界中，我们才能保持自己生命的本真角色，更能生活在心灵之中，生活在情感之中，生活在班主任工作的诗意之中。一位特级教师曾经说过："同样一个教师，同样一个晚上，可以同样废寝忘食地打牌或写作，但第二天的两个人就不一样了，人的差异主要在业余时间上。我写的文章公开发表了，就能成为教师的共享资源，我就对教育做出了贡献，这就是一种价值观。写作，能使班主任这一职业伟大起来，能使班主任的生活质量提高起来。"

广大中小学任课教师和班主任有丰富的教育教学实践经验和较为系统的教育科学理论知识，有一定的写作能力，可以说教师具有写好教育教学论文的得天独厚的有利条件。坚持在实践中撰写教育教学论文，也是提高教师和班主任专业素养，形成教育智慧的有效途径，是从经验型转向研究型班主任的必然结果。

写教育教学论文本身就是研究，就是教育反思的过程，甚至是一种研究方式。它不仅是思想的记录和梳理，还是不断深化的思考，在某种程度上是班主任的思想在推进着研究。写作可以帮助班主任进行深入思考，而且对我们的思维方式和内容进行挖掘和澄清，使班主任的正确理念和教育教学方法可以彰显出来。

写教育教学论文还是一种知识转化的活动，它可以把自己的隐性经验显性化。许多时候，班主任的教育教学经验往往是处在可意会难以言传的隐性状态，也就难以向其他教师传播这种经验，不能实现资源共享。班主任本人的专业素养提高也处在一种高原期。要想突破自己专业化发展的瓶颈,走出高原期,必须提高主动发展的自我意识,特别是问题意识,养成良好的写作习惯。因为"播下一种意识,就会收获一种行动,播下一种行动,就会收获一种习惯,播下一种习惯,就会收获一种命运"。即习惯决定命运。

有了这种意识,你就会对自己的经验进行反思,分析其成功的原因和失败的教训。使其在头脑中逐渐清晰,这时如果能够提笔将其梳理、提炼、记录下来,就不是太难的事了。于是那些平时散乱于日常教育教学生活中的素材,就会被唤醒,为你的经验提供依据。将隐性状态下的经验显性化,真正形成具有个性化的"实践性理论知识",这是班主任专业化成长的最重要的标志之一。因为写教育教学论文也会使你感到一定的难度,这也是一件好事,因知难然后知不足,知不足才会有学习的动力,才会加紧阅读、学习、进修,才能关注理论前沿,从理论和现实中寻求灵感和解决的办法。著名教育学者肖川有一个诊断:"会写论文的教师是一个好教师。"我想,这其中真正的根源就是:"会写论文,必有积累;会写论文,必善总结;所以会写论文,理应智慧。因为智慧,所以优秀。"

写作是一个人思维的固化,是一个人的另一种语言。班主任在成长过程中必须掌握这种表达方式,必须掌握这门语言。甚至可以说,如果一个班主任写不清楚一件事情,那么他也不可能讲明白一个道理。我们在反思中形成了自己的思想,我们在思考中进行专题阅读,我们在实践中领略了教育的魅力,而这一切都需要一种形式表达出来,传播出去,这种形式就是写作。

美国学者舍恩认为:人们职业水平的提高,最主要的渠道不是离开职业活动的专门学习,而是在职业实践当中不断反思。事实上,65%以上的班主任专业技能都是在任职以后的实践环节中形成的,实践可以弥补职前师范教育的不足。日常教育反思是在日常教育教学活动中,班主任对专业实践中的经验问题进行回忆、思考、评价,总结和探讨解决问题的办法。教育教学反思,撰写教育教学随笔、教育故事或论文,开拓了班主任专业化成长的重要途径,这个途径就是班主任的个人行动研究。个人行动研究要解决的不仅仅是"如何做",而且是"应该怎么做""为什么这样做",就是说要"发明"此"理"。

班主任带着问题,通过实践探索问题解答的一般原理或者在理论的指导下去解决和验证某些现象与问题,都属于个人行动研究。此外,根据自己的兴趣和方向,教师还可以开展富有成效的个性化研究。不像工程技术人员那样强烈地依赖于基础理论,教育(学)是实践之学,我们甚至可以说只有教师、班主任才能做真正的教育研究。当前,教师缺乏的是敢于发出自己声音和相信自己感受的那种自信。教师通过行动研究,哪怕是一个很小的问题,只要长期关注、探索,日积月累就会形成自己的"实践性理论",并由此弘扬开来,辐射教育整体,感悟教育真谛,提升专业水平。

除此之外,教师要实现自主专业化发展,成为智慧型教师,还应明确倡导自主专业化发展。我并非主张教师自我中心而囿于个人狭隘经验。阅读可以开拓理论视野,借鉴他人优秀经验,丰富自己的专业理论。写作在于反思自我,与他人共享教育经验,通过表达来完善自我的专业水平。

关于如何写作,有不同的观点、不同的理论。但在我看来,对班主任的写作而言,思想重于形式,内容重于修辞。一篇好的文章可以没有华丽的辞藻,但不能没有穿透灵魂的思考;可以没有空灵的想象,但不能没有鲜活的真实。班主任的文章理应如此。

其实,写作本身就是把自己的真知灼见梳理清楚,记录下来。如果我们表述的内容本身就不真实,或者有部分不真实,那么它就像一只包含水分的海参一样渐渐干枯、发霉,最终被人丢弃。所以说,真实才是写作的根本,见解才是文章的生命。唯有真实,才能在反思中不断前进;唯有见解,才能做到完成"传道、授业、解惑"之使命。

总之,教育的属性已经决定了一切。即每个人都是独一无二的,这当然包括班主任各自的成长历程。同时,在各种理念铺天盖地宣传的当下,要始终把握"小马过河"的原理:水既没有像松鼠说的那么深,也没有像水牛说的那么浅,只有自己蹚过之后才会知道水到底有多深。

(三)怎么写

如同教无定法,教又有法一样,写作也无定法却也有规律可循,广大中小学班主任有丰富的教育教学的实践经验和较为系统的教育科学理论知识,有一定的写作基础和能力,又有班集体这个实验场和学生这个研究对象。可以说,这些都是班主任写好教育教学论文的得天独厚的条件。可是,为什么带班多年、具有丰富的教育教学经验的班主任们,仍然写不出较高水平的文章呢? 有的班主任当看了别人的文章后,往往还会发出如此的慨叹:我也是这么想的,我也是这么做的。那为什么人家能写出来,我就写不出来呢,我怎么就不知道从哪里下笔呢!是啊,有些班主任也曾这样问我:"写文章应当从哪里开始呢?"这个问题是一个既复杂又简单的问题。下面将从五个角度谈些浅见。

1. 必须掌握教育教学论文的基本要求

一是科学性。科学性是教育教学论文的生命。教育教学论文必须能够揭示教育教学的本质和规律,探求其客观真理,以便给读者以启迪和指导。因此,论文的观点要正确、材料要可靠、分析要实事求是,立论要不带偏见。

在大量的论文来稿中,许多文章就是因为缺乏科学性而落选,有的是因概念不准,有的是因为论点不鲜明、论据不充分、分析得不透彻。总之,科学性是符合客观实际的,是对实际的科学总结和概括。

二是创造性。创造性是衡量教育教学论文质量和水平高低的重要依据。创造性就是有所发现、有所发明、有所创造、有所前进。为此,论文写作之前,要紧的是审视一下,自己所论的是不是新问题,得出的是不是新结论,选择的是不是新方法,如果不是,就背离了论文的创造性。

陶行知先生曾经说过:"敢探未发明的新理,即创造精神;敢入未开化的边疆,即是开辟精神;创造时,目光要深;开辟时,目光要远。总起来说,创造开辟都要有胆量。在教育界有胆量创造的人,即是创造的教育家;有胆量开辟的人,即是开辟的教育家,都是第一流的人物。"我们都应当朝着这个方向努力,写出人人心中所有,却人人笔下所无的文章来,千万不能人云亦云,吃别人嚼过的馍。如《教师要自觉克服心理障碍》(杨连山,1988 年第 4 期《天津教育》)。

三是论辩性。作者要将自己的思维成果形成文字,公诸于众,不仅让人知,还要让人信。所以写教育教学论文,既要有鲜明正确的观点,又要有充实可靠的论据,还必须有论辩性,即论证要合乎逻辑,要具有深刻的哲理,要经得住推敲和驳难。(要想着对立面)如《谈班主任的应变能力》(杨连山,1993 年第 2 期《天津教育》)

四是可读性。可读性包括四个方面的内容。

(1)真实性。就是说真话,不讲假话,这是文章的生命线。

(2)时间性。就是及时反映新情况、提出新问题,不要老生常谈,文章内容要有超前性。

(3)知识性。就是言之有物,具有较高的科学理论水平,或传播新的知识。

(4)趣味性。就是要文风清新,娓娓相叙,如送春风,不能板着面孔训人;形式要短小精悍、活泼,深入浅出。

根据上述四条基本要求,我们在写教育教学论文时,要做到深、实、新、活。

深,指文章内容要有一定的深度,即便是写自己的经验,也要以事论理、揭示规律,写出理性,既深入浅出,又具有超前性。

实,指写文章要紧密联系教育教学实际,实事求是,实实在在,内容充实、贴近实际,即便是写理论性文章也应以事实为依据,理论联系实际,做到具有可操作性。

新,内容要有新意,角度要新、形式要新,老问题要写出新意,新问题要写出深度,做到具有启发性。

活,语言活泼富有哲理,形式新颖不是八股腔,内容上要能活跃人的思想,活跃争鸣气氛,使其具有可读性。

2. 写作从问题开始

谈到写作从哪里开始这个问题,由于每个人理论功底不同,写作习惯各异,对写作的认识及其写作过程,也就千差万别,而且有种种不同主张,有的说"写作从积累资料开始";有的说"从确立主题开始";有的则认为"应该从选择题材开始";有的还说:"写作就是把平时对某个问题的点滴认识及时写下来,一旦有合适的题目就可以用上。"这些答案不能说不对,但是,如果追问一下,你根据什么积累资料? 你根据什么确立主题? 你又根据什么选择题材呢? 我们不难发现,写作的准备过程是相当长的,需要做好思想上的准备、理论上的准备和实践上的准备,而且这一切都要从有了问题才开始。有了问题才能围绕问题确定实践与研究的范围;有了问题才能有针对性地去学习思考,分析问题的性质,思考自己对问题的认识,并通过实践设法去解决它,只有认识清楚了,问题基本解决了,才谈得上写文章,总结规律。

例如,我们在和学生谈话的时候,有的学生可能不爱听,甚至和老师顶牛;有的学生可能非常爱听,甚至言听计从,实际上,这时问题已经产生了,那就是为什么学生不爱听,跟你顶牛? 为什么学生爱听,而且言听计从? 我们就应该带着这些问题去分析原因,当自己还不能把握问题实质的时候,就应当立即收集相关的资料,加强这方面的学习,也可以和其他老师切磋,经过一段时间的不懈努力,你肯定会对谈话成功与失败的原因有个新的认识,并总结出你的经验和教训以及解决的办法,这时,把文章写出来,才有价值,不知从哪里下笔的困惑也会迎刃而解。看来写作需要相当长的准备过程,需要作者带着问题去读书、去思考、去实践、去分析问题、解决问题。问题彻底解决了,通过写作总结教育规律,也就水到渠成了。这也恰恰是自己提出问题、分析问题、解决问题,提高能力的过程。因此,我在这里明确提出写作从问题开始的观点。

3.抓住问题的类型

既然写作从问题开始,那么问题有几种类型呢?

一是教育教学实践中的疑难问题。教育教学实践活动是一线班主任取之不尽、用之不竭写作素材的源泉。教师要做教育教学实践的有心人。毫无疑问,在长期实践中遇到的疑难问题可以说是大量的,就看你是否能抓住,是否能及时将这些问题课题化,并带着问题去研究。如果抓住了,就应当从问题入手,结合理论学习,在实践中寻求解决问题的办法,并把实践探索的结果写下来。这也是我们教育科研中一种常用的方式,即问题探索式。它的基本范式为:发现实践中的问题——学习教育理论,分析问题的原因,提出解决问题的方案——实践探索,对照教育理论,进行研究、总结——发现新问题。

记得20世纪80年代初期,教育界提出了"加强双基,培养能力"的改革要求。当时,一些老师产生了"强调培养能力会不会影响学习成绩"的问题。

上海特级教师钱梦龙就带着这个问题进行了实践研究。他在两个条件大体相同的班级中,用同样的时间、不同的教法,教同一篇课文——鲁迅先生写的《一件小事》。甲班采用讲授法,钱老师凭着扎实的教学基本功和对教材的深刻理解,用生动的语言让学生听得津津有味,讲完课还让学生在课上做课后练习题。由于教师做了详细的指导,因此,学生做习题时很少出错。

乙班采用导读法,学生自读、思考、讨论,钱老师只做重点指导。其教学步骤为:学生根据课后提示要求自读课文——质疑问难——教师组织学生讨论并解决疑难问题。在课上,钱老师没有让学生做课后练习题,只是布置学生按照发言提纲讨论后自己对文章中的"我"的认识写一篇文章。一学期后,钱老师搞了一次"突然袭击",用同一份试卷对甲、乙两班进行对比测试。试卷的题目以《一件小事》这篇课文后的练习题为主,并补充了一些小题目。测试的结果令人深思:没有做过课后练习题的乙班学生的成绩超过了曾经做过这些练习题的甲班。乙班的优秀答卷(85分以上)占全班答卷总数的70%,而甲班仅占38%,尤其在对课文内容记忆的准确程度以及理解的深度上,乙班远远超过甲班。钱梦龙老师确实是教学研究的有心人,他以自己的教学实践证明"把学习的主动权还给学生,能提高学科教学的质量"这一命题是正确的。他把自己的探索过程写成了教学论文,并以此为起点,经过多年的探索,创立了以"以学生为主体,教师为主导,训练为主线"为理论框架,以"自读、教读、复读"为基本模式的"导读教学法",在国内产生了深远的影响。至今仍被广大教师所采用。这个案例足以说明中小学教师,发现问题,学习理论,在实践中解决问题是写好教育教学论文的基础。

二是前人讲错了需要纠正或需要进一步完善的问题。这类问题一般是通过读书、读文章或听报告时发现的,我们称之为"读书得间"。"间"是空隙,"得间"就是找到一个"空子",也就是发现别人写的、别人说的有问题可以进一步钻研的意思。这说明这类问题离开了读书学习是无法发现的,"得间"又是勤于思考的结果。

发现这类问题的同时,一般已经形成了自己的观点,也可能不那么清晰,但是,若用科学研究的标准来衡量,自己所发现的问题和所形成的观点必须具有新的因素,其中包括新观点或新的解决问题的办法。对此类问题应当抓住不放,要带着这个问题进行定向学习,或围绕这个问题收集专题资料进行比较研究。比较是人们认识事物的重要方法,它可以促使自己对这个问题有系统而深刻的认识,促使问题的解决,使自己的观点更加清晰。在比较学习中,一定要建立专题资料库,其中包括基础理论研究方面的资料和实践应用方面的经验,然后,对所收集的资料进行学习和比较研究。如该题目有哪些方面做过研究,得出的结论(观点)有哪些,对自己有什么启发;他们在研究这一专题时的观点是否一致,不同观点分歧在哪里;该题目还有哪些方面,哪些角度没人涉及等等。在学习中要做好笔记或资料卡片,并归纳整理,以备在阐述自己观点时查阅。

三是填补空白的问题。这类问题既是过去没有人意识到,但确实非常重要,应该解决的问题。这类问题的发现需要教师具有现代的教育观念,具有深厚的理论功底和对各种教育前沿问题的特别关注,否则是难以发现这类问题的。如近年互联网的发展异常迅速,网络对青少年有许多有益的方面,但也确实存在着许多负面影响。通过网络时代的道路并不是铺满鲜花的金光大道,在给我们的生活、道德带来良好发展机遇的同时,也给我们带来许多麻烦、灾难和不安,特别是给班级德育工作提出了严峻挑战,我们不得不把网络德育工作迅速摆进学校整体德育工作的日程,于是,一个全新的问题:网络德育,便摆在了班主任工作的面前,这是一个前人不曾遇到的问题,而且是必须迅速加以解决的问题,于是我的《也谈网络德育》(杨连山,2002 年第 1 期《天津教育》)一文一发表便引起了强烈的反响。再如"班集体激励机制"的研究,"班集体建设与学生创新精神培养"的研究,"德育基地的开发与利用"的研究都是前人未曾研究过的问题。

班主任必须提高问题意识。在自己的教学和带班实践中,可以说问题无处不在,可是有些教师为什么视而不见呢?我想恐怕是因为缺乏问题意识吧。班主任在实践中应该养成发现问题、提炼问题、归纳问题、研究问题的习惯。不管自己的教育教学工作是成功还是失败,都要问一个为什么,都要通过学习教育科学理论对成功与失败进行归因分析,从而总结出自己的经验和教训,揭示教育规律。

要培养自己的问题意识,就要逼着自己思考问题、提炼问题。如,在后进生转化的研究上文章写得实在太多了,但我们发现多数研究成果仍停留在"后进生形成的心理分析及对策"上。当时,我在想后进生的形成与教师的教育观念和心理是否有关的问题,于是我带着这个问题进行了研究,并将研究成果写成《教师要自觉克服心理障碍》的文章,分析教师对后进生存在着"定型心理""厌弃心理""偏激心理"和"惩罚心理",这些心理不改变,观念不更新,后进生的转化工作就不能取得实效。

又如,做学生的思想工作,离不开谈话的方式,我曾经根据我做班主任时与学生谈心的经验与失败的教训,写了一篇《谈心艺术五题》提出了五个观点:一是"创设相互信任的气氛";二是把握谈心的时机,选择谈心的环境;三是注意语言的运用(实事求是、释义技术、幽默语言、体态语言);四是善于倾听学生的心声;五是选择合适的谈话方式(体贴入微式、含蓄暗示式、设疑提问式、直接批评式等)。

除此之外,提高自己的问题意识需要努力学习、不断提高自己的学识水平和理论水平,要经常用新知识、新理论武装自己的头脑,更新自己的教育观念、端正自己的教育思想。只有这样,才能够从一个新的角度、新的高度去发现原本没有意识到的问题。比如,"关于增加班集体凝聚力"的问题,有许多老师写过文章,有的从教师自身的凝聚力谈起,认为形成教师凝聚力有五个要素,即"真诚坦率""理解宽容""关心尊重""信用调解"和"民主公正",有的认为开展丰富多彩的班级活动是形成班集体凝聚力的有效途径,我在对这些资料进行对比研究后,又选定了两个题目:第一个题目是《浅谈班集体的凝聚力》,从三个小论点做了阐述:(1)班主任的凝聚力是形成班集体凝聚力的核心;(2)科学的班级管理是形成班集体凝聚力的保证;(3)进行集体主义教育是形成班集体凝聚力的关键。第二个题目是《班集体凝聚力的心理素质》,文章从青少年的"归属感""认同感"和"满足感"三个方面阐述了在班集体的建设与管理中只有抓住学生的心理特点,并千方百计地满足学生的这些心理需求,才能形成凝聚力。这样的选题角度才具有新意。

说到读书学习,学些什么呢?有条件的可以读一两本专著,如《实践教育学》(熊川武等著,上海教育出版社),《班主任工作行为论》(杨连山等著,吉林人民出版社)《班主任工作心理学》(李建民著,学苑出版社)。更有益、更有效的是带着自己要研究的问题去学,建立自己的专题资料库,或多读一些教育报刊上的文章。如我在写《教师的情感与情感教育》时,就曾阅读了不少关于这方面的文章,并搞清楚了教师应具备哪些健康的情感,以及理智感、道德感、美感的基本内涵,并研究了一些教育情感的表达艺术,只有这样,才能写出与众不同的文章来,做到人无我有,人有我新。

4. 标题创作——标题要能点亮读者的眼睛

首先要学会选题。选题有两个意思:一是选择论题,二是确定文题。下面分别加以说明。

先说选择论题。选择论题,即选择拟写文章"论"的范围和研究的方向,即在一个相当长的时间内研究活动的工作方向,它规定了我们一个时期的研究领域和内容。例如,班主任教师,是探讨学生品德教育的问题,还是探讨班集体管理问题;是研究班集体活动问题,还是研究班集体的形成与发展问题……再如,语文老师,是研究作文教学中的问题,还是研究阅读教学中的问题;是研究教育观念问题,还是研究教育方法问题。写文章前首先应有所选择,选择"论"题的范围,然后广泛地收集资料进行对比学习,掌握这个领域研究的广度与深度,找准自己研究时的主攻方向。

选择"论"题的范围要从两个实际出发:一个是从班主任履行职责的实际出发,一个是从自己的专业素养的实际出发。前者是告诉我们要考虑教育教学中哪些方面需要进一步研究,应该有新的突破,脱离了教育教学改革的实际需要的选题就没有价值。后者是考虑作者自身在哪方面实践最多、体会最深、研究最透，就在哪方面立论作文，感受深则写之顺，则会产生真知灼见。

再说确定文题。选定"论"题之范围后，还不能动笔，还要进一步缩小，把目光聚焦在某一点上，想出以此为议论话题的论文题目，然后才能依题写作，这便是确定文题。

确定文题，即选择一个适合自己写的题目。题目是否适合自己写，主要考虑两个因素。

一是主观因素，即考虑自己的主观能力，扬长避短。

第一，最好不选择纯思辨、纯理论的题目，而应当选择那些与班主任教育教学实践紧密联系的题目。这样的题目来自教育教学实践，自己有丰富的经验，事实论据容易选择。

第二，不选择大的题目，而应当选择较小的题目。通常情况下，题域小一点儿，容易把问题讲透彻，题目大了，题域宽了，由于我们理论功底的限制，容易造成面面俱到、蜻蜓点水。一位小学班主任老师写了篇 600 字的论文，题目却是《班级德育探析》，这个题目显然太大了。除了上面两个应注意的问题之外，还需要考虑以下几点。

之一：所确定的题目自己是否有了较长时间实践与思考？自己有无独到的认识？

之二：对该题目是否收集积累了一定的理论和事实材料？

之三：自己能否从这些材料中归纳出几点共性认识？

之四：所选题目过去是否有人在报刊上探讨过，目前自己的认识是否有所超越。

这四方面都有比较充分准备的情况下，写作才容易成功，且产生好的社会效益。

二是客观因素——要考虑到报刊利用稿件的范围和要求。（这里从略）

学会标题的创作。有人说，标题是文章的一面旗帜，可以使文章更加亮丽；有人说，标题是文章的点睛之笔，可以使文章锦上添花。的确，"题好一半文"。可是我们在写教育教学论文的过程中，有时会出现这种情况，文章从内容到形式，从构思到文笔，都觉得很满意，却觉得开始确定的文章题目不尽如人意。这就说明标题创作是一次艰苦的智力活动，有一个不断创作的过程，因此，对开始时确定的文题,有一个不断修改和创作的过程。谈到标题的创作,我这里想说明以下三个问题,供大家参考。

先说标题表述的形式。标题表述的形式,可以作为标题创作时的参考,我从大量的教育教学论文的研究中发现,标题表述的基本形式有两种,下面以笔者发表的论文为例加以说明:

一是立论式——直接揭示论点,提出解决办法。从题目可知作者的基本主张和看法。如《班主任专业化需要制度保障》(2007 年 11 期《班主任》)、《班主任要坚持自主专业发展》(2007 年 2 期《班主任》)、《学习型组织:班主任专业化的摇篮》(2010 年 3 期《天津教育》)、《关键事件:班主任专业成长的挑战与机遇》(2011 年 4 期《思想理论教育》)、《个人发展规划——班主任专业化发展的蓝图》(2010 年 11 期《天津教育》)等。

二是非立论式——题目仅表示作者研究问题或论述的范围,这里边又包括六种情况:

第一,论题类,如《新时期学生特点与班主任素质》(1988 年 9 期《山西教育报》)、《德育工作者的心理素质与自我修养》(1990 年 7、8 期《陕西教育》)、《班主任专业化的现状与发展》(2004 年 9 期《天津教育》)、《构建班主任专业发展的长效机制》(2010 年 8 期《天津教育》)、《班主任的专业精神》(2002 年 2 期《德育研究》)等。

第二,关系类,如《营造学校文化氛围,促进班主任专业发展》(2009 年 11 期《班主任》)、《用科学评价引领班主任走专业化之路》(2010 年 12 期《天津教育》)……

第三,界定类,如《班主任专业化刍议》(2003 年 12 期《天津教育》)、《关于启发式》《谈班集体的激励机制》……(以上这些文章作者均为杨连山)

第四,探讨类,如《与×××协商》之类的题目。

第五,评驳类,如《尊师何须送礼》(天津青年报 1984 年 9 月 15 日)、《好问何错之有》(天津青年报 1985 年 2 月 23 日)。

第六,提问类,如《怎样开展心理健康教育》之类的题目。

再说标题创作。文章的标题包括文章的总标题(其中有的可能还加一个副标题),也称一级标题和二级标题或三级标题。

标题创作共分两部分,首先是总标题(一级标题)的创作,第二是二级标题的创作(说明论点的分论点)。标题除了要做到简洁、准确、生动、新颖之外,还应当达到让读者"一见钟情"的程度,这样的文章才为上乘之作。

一级标题创作。初试写作的班主任在标题上往往会出现以下几种毛病:有的失之过大(如《谈谈班主任的德育工作》),有的失之过长(如《重视数学课对高年级学生的点拨启发,把放和扶结合起来》),有的失之过俗(如《浅谈小学数学课的提问》),有的犯了绝对化的毛病(如《激励教育最能体现时代精神》),有的题目不准确,这类问题五花八门(如《开展电化教育有助于增强教育事业心》《让小学生的自卑心理重获自信》等)。

可见,总标题的创作首先要忌大、忌长、忌俗、忌绝、忌混。除此之外,也有些技巧,提出来供大家参考。

一是求异作题,如《勤奋未必都好》《批评重在评》;

二是巧用古诗,如《新竹高于旧竹枝》;

三是翻新典故,如《对牛弹琴与因材施教》《尊师与非师》《从不识泰山谈起》;

四是以问题为题,如《尊师何需送礼》《好问何错之有》《雷锋老了吗》《怎样教学生会学》;

五是巧用比喻。如《班主任的记账本》《扇扇子与泼冷水》……(以上这些文章均收入杨连山著《思辨集》,运河文学杂志社出版)

二级标题的创作。二级标题实际上是说一篇论文的中心论点确定后,要考虑文章的结构和思路,拟定几个分论点来说明中心论点的正确。从写作程序的角度说就是拟定一个写作提纲。拟写提纲有三大好处:一是帮助我们仔细审题,避免下笔离题;二是可以使文章条理清楚,结构严谨,帮助我们运用好写作材料;三是使我们写作时放得开收得住。

二级标题创作有三种方法:

一是递进式。说明论点的几个二级标题之间逐层深入的递进关系。如《班级氛围与学生的创新精神》,三个小标题是:

(1)班级氛围是指班级环境中能够给人一种强烈的精神感受的气氛和情调。

(2)创新精神是一种敢于超越的精神,它是由"创新意识(动机、需要、理想)和创新品质(独立性、创新性、批判性)组成的"一个不怕困难和挫折的进取精神。

(3)良好的班级氛围能够激发学生创新意识,使学生形成创新精神,提高创造能力。

二是并列式。说明论点的几个二级标题,即是分论点,是从不同侧面阐述中心论点的,二级标题之间是并列的,如《浅谈班主任的应变能力》:

(1)当怒不怒的自控力。

(2)迅速准确的判断力。

(3)审时度势的变通力。

三是对比式。对比式是指每个二级标题中都是用对比方式提出的。如《知识经济时代学校校长的管理观念的更新》:

(1)树立"管理中心观"实现由"重物"到"重人"的转变。

(2)树立新的组织观:管理组织结构实现由"金字塔式"的等级结构向"网络式"的平行结构转变。

(3)树立新的职能观:管理职能实现由"控制性管理"向"服务性管理"转变。

(4)树立新的过程观:管理过程和途径实现由"封闭式"向"开放式"转变。

(5)树立创新观:管理者实现由"经验型"向"科研型"转变。

5.议论文写作的"三步构思法"

文章的标题基本确定了,中心论点也比较明确了,下一步怎么办?写什么内容和如何下笔?有些老师还不一定十分清楚。记得我们在读高中、念大学,学习议论文写作的时候,老师基本上是这样教我们的:议论文的结构一般包括三个部分,即提出问题、分析问题和解决问题。本来议论文就比较抽象,在讲议论文写作时,这种抽象的说教,也很难把议论文的写作具体化、形象化,因此,大家仍不能把握要领,得到一个便于掌握的写法。

在多年的《基础写作》《应用写作》的教学过程中和教育教学论文的写作实践中,我总是在想,数理化都有公式,议论文写作是不是也应该有个公式?就这样,经过这些年的摸索,我逐步积累总结出了议论文写作的"三步构思法",即在标题和论点基本明确后,要根据作者的主张和看法,回答好以下三个问题:一是论点是什么(什么是),二是为什么,三是怎么做。形成议论文写作的"三步构思法"。

这"三步构思法"实际上就是对提出问题、分析问题、解决问题的形象化、具体化的表述。

$$
\text{标题（论点）}
\begin{cases}
\text{第一步回答是什么、什么是；（提出问题）} \\
\text{第二步回答为什么；（分析问题）} \\
\text{第三步回答怎么做。（解决问题）}
\end{cases}
$$

第一步提出问题，即说明作者的主张和看法（即论点）是什么，并对观点中涉及的重要概念进行界定。

第二步分析问题，即说明论点"为什么"。也就是对所提出的论点的重要性、意义进行论述，要准确地说出几条理由。这部分实际上就是通过摆事实、讲道理、引名言说明论点的正确性。

第三步解决问题，即怎么办，是对论点提出的要求的具体实施办法。

这个"三步构思法"不仅好记、好理解，也好应用。如《信仰教育　亟待加强》这个题目的写作，第一步就是要说明什么是"信仰"，什么是"信仰教育"。概念界定准确了，是体现论文科学性的关键。第二步就是要通过摆事实、讲道理、引名言等方法阐述为什么"信仰教育亟待加强"，可从正反两个方面说明进行"信仰教育"的重要性、现实性和长远意义。第三步则是写怎样开展"信仰教育"，应该采取什么具体而有效的措施。

应该指出的是，在一篇文章里不一定都包括这三项内容。

有的题目侧重于回答"是什么"（什么是）。这类题目主要是探讨或阐释某一概念的，如《网络德育概念之我见》《谈"启发式"》。有的侧重于回答"为什么"。这类题目多是为分析原因、陈述理由的，如《为什么要加强公民道德教育》《撰写论文是教师的重要基本功》。有的侧重回答"怎么做"。这多是为了谈解决问题的途径和方法的，如《怎么开展心理健康教育》《提高学生心理承受能力的有效途径》《批评重在"评"》等。有的包括以上两个或三个问题。如有的教育教学论文涉及的概念众所周知，则不需要阐释概念（回答"是什么""什么是"），只要分析原因、讲清道理（回答"为什么"），并提出解决办法（回答"怎么做"）就可以了。如《略论建立良好的师生关系》，这个题目就不需要阐述概念，但必须深入分析建立良好的师生关系对学生个性发展和心理健康、对班集体的形成与发展具有什么重要意义，然后再说明怎样才能建立起良好的师生关系。再如《学生的心理特征及其教育》这样的题目主要是回答两个问题，一是学生的心理特征是什么，有哪些。二是谈教育的方法。

6.让论文具有说服力——好文章是改出来的

凡论文,都要以理服人。只有让读者同意你的主张,赞成你的分析,对你的论据深信不疑,你的论文才能产生积极的社会效益,达到指导教育教学改革的目的,推动教育教学的发展和质量的提高。如何才能使教育教学论文具有说服力呢? 我认为好文章是改出来的,修改应当从以下几个方面做出努力。

首先使立论更客观,更有新意。立论就是提出作者的主张和看法,即教育教学论文的中心论点。它是教育教学论文的灵魂,是作者认识能力、学识水平和治学态度的反映。理论偏颇,不仅反映了作者认识上的片面性,也直接使论文丧失了科学性。而且会给读者造成思想混乱,直接干扰教育教学改革的实践,造成不良的社会效果,因此写教育教学论文,关键是把自己的主张和看法搞清楚、搞准确,要多角度审视自己的观点,力求立论客观、准确、实事求是,防止片面性。如有位作者提出《激励教育,最具有时代特点》的观点,显然这个立论绝对化了。

立论要有新意。尽管论点正确是教育教学论文存在的前提,但这并不表明这样的论文就有存在的价值。教育教学论文有没有价值,及其价值的大小,主要看其立论是否能触及现实中最亟待解决的问题,以及是否具有鲜明的现实针对性,就是我说的是否有新意。如《德育基地重在开掘》《在班集体中培养学生的创新精神》,就是两个很有新意的立论。那些陈旧的人云亦云的立论,即使是正确的也是毫无价值的。因此,要想使教育教学论文具有说服力,就必须有创造、有新意,才会推动教育教学改革,才能起到发展教育文化的作用。

其次使论据更真实可靠、具体充分。论据是说明论点的理由和根据,是支撑论点的基础。论据不真实不可靠,论点就难以成立;论据不充分、不具体,也难以说明论点。如,有一位小学语文教师以《如何帮助学习上的差生提高写作水平》为题写了一篇教学论文。这篇文章中的五个小标题或五个分论点分别是:①教师要坚持正面教育,使差生消除自卑感,树立自信心。②教师对差生要降低要求,因人制宜,进行多样练习。③认真地指导修改,这是帮助差生提高写作水平的重要一环。④加强面批,多做个别辅导,提高指导效率。⑤教师要组织学生阅读修改后的文章。

应当说,这篇论文的选题是有积极意义的,文章的题目也具体、明确。并且,从这五个小标题看,这位教师在帮助差生提高写作水平方面确实有些思考,而且可能做了不少工作。如果这位教师认真分析思考和总结自己的工作,并具体真实地写出自己所采取的各种有效措施及其效果,不但使文章具体、充实,有理有据,对读者也会有切实的帮助。可惜,作者写作时却简单从事,把一个不错的题目写失败了! 全文五个部分,外加导语300字,总共写了1000字。用700字来写五个方面的内容,难以做到具体和充分,只能各自填上几句笼统空泛的话应付了事。结果呢,文章题目中的"如何……"完全没有着落,别人读后深感遗憾!

再次修改要注重分析。写教学论文离不开真实、具体、充分的论据。但是,真实、具体、充分的论据并不一定就能有力地证明论点,犹如盖房用砖,不能随意摆上完事,必须用黏合物严丝合缝地砌好,才能使其发挥强有力的支撑作用;而恰当透彻的分析正起着连接论据与论点的"黏合"作用。仍以《如何帮助学习上的差生提高写作水平》一文为例,前面谈到,作者没有写五个方面的具体措施而导致了文章空洞无物。其实,即使把五个方面的措施写出来了,也还是不够的;还必须通过逐一分析论证,让读者知道,为什么这样做差生就能提高写作水平。只有不仅写出方法、步骤,还要对这些做法进行合情合理的分析,把具体做法提升到方法论的高度,才会使读者受到思想启迪,产生认识上的飞跃。这就是说,一篇论文,不仅应当让读者知其然,还要让读者知其所以然;而让读者"知其所以然"的中介,便是分析。不少初写教育教学论文的教师所缺少的,往往是这种"分析"的功夫。所以,加强教师的理论修养,提高教师的思辨能力,乃是提高教师教育教学论文写作水平的根本一环。

七、谁掌握了时间谁就掌握了
自主专业化发展的主动权

有的班主任说:我们又教课、又带班,工作千头万绪,整日忙得不可开交,哪有读书、写作的时间? 哪还指望成为有较高专业素养的专业化班主任!

最近我读到高海迪老师写的《做个"害怕时间"的教师》(见《青年教师》2012年8月第32期)引起我的深思,也非常敬佩高老师的爱岗敬业的职业精神和他对时间把握过程中的哲学思考。读了这篇短文,我敢说,时间永远与勤奋的人相伴。现将江苏省姜堰市桥头中心小学高老师的文章录后。

"所有的人都害怕时间,时间独怕东方人。"这是已故国学大师季羡林先生在德留学期间,曾经读到过的一句谚语。这里的东方人大概指的是中东地区的人,他们过着"树荫下一本书籍,一瓶葡萄美酒"的悠闲生活,因而时间这个不可一世的主宰,对此毫无办法、束手无策,只好乖乖拜倒在这样的"东方人"的脚下。

写下上文,不禁心生"羡慕嫉妒恨",为什么我的生活没有美酒? 我对于时间总是战战兢兢、如履薄冰? 那样的生活离我究竟有多远?

带着这些追问,我开始审视自己的生活。我就像一个永不知终点的列车,在一条叫作教书育人的轨道中,不停地上"课"下"课",穿行在曲折神秘的铁轨上,不住地滑行奔跑。担心会赶不上等候的学生,害怕会落下本该属于我的乘客。小心翼翼地掐算着40分钟的每一秒,细心呵护着每一位自卑、敏感的学生。没有美酒的滋润,没有树荫的温馨,站在没有空调的教室前面,汗流浃背,终老一生。"未觉池塘春草梦,阶前梧叶已秋色"。恍惚间,逝者如斯。一去不复返的是时间,我却收获了一车厢永恒的真爱。

写下上文,不禁心生"欣慰感恩爱",我的美酒不是瓶装,而是心藏。我的战战兢兢、如履薄冰，不是贪生，而是爱"生"。

害怕时间，不是恐惧我们的来日无多。相反的，我们都清醒地意识到生命的有限与短暂；害怕时间，不是忧愁我们的年华苦短。相反的，我们是倍加珍惜孩子们一去不复返的宝贵童年。

没有哪一个民族可以在大树下屹立不倒。同样的，没有哪一个民族，在害怕时间中轰然倒塌。做个害怕时间的教师，把那份东方人的闲暇留给我们的孩子，我们的民族才有希望。

这篇短文告诉我们，班主任专业化发展是一个长时间动态的过程，既需要外部环境的支持和政策制度保障，更需要自身不懈的努力。其中很关键的问题就是善于把握时间。爱因斯坦说：人的差异在于业余时间，业余时间生产着人才，也生产着懒汉、酒鬼、牌迷、赌徒。因此，不仅使工作业绩有别，也区分出高低优劣的人生境界。班主任专业化发展是需要时间的，专业阅读需要时间、参加专业培训需要时间、反思自己的工作实践需要时间、与同事交流经验需要时间、专业写作更需要时间。谁掌握了时间特别是业余时间，谁就掌握了自主专业化发展的主动权，谁就会攀上专业化发展的新高度。尽管班主任沉重的教学任务和烦琐的班级工作，使我们用于专业发展的时间大大缩水。然而，真正想读书学习、专业写作的人总会有时间的。

墨子出使卫国，车载许多书随行，弦唐子见了不解，墨子说："从前周公旦白天读书百篇，晚上还要会见七十个士人，我既无朝廷之事，又无耕作的劳苦，怎敢荒废读书呢！"客观地说，墨翟也不是个"闲人"，作为一个思想家、教育家、社会活动家，他要做的事该有多少！他之所以外出办事时都要带着书，无非是他把读书当回事，放在心上，落实到日常生活里了。有人写了一首忙人的顺口溜："手机不离手，忙字不离口，双脚四下走，身影到处留。"这样的忙人在我们教师队伍中并不少见，他们不得闲，也不清静，却没把时间用在总结思考自己，所以忙的只是过程，结果难料，很可能事与愿违。

忙与闲总是相对的。有人说："读书则无日不闲，不读书则无日不忙，是读书又却事之第一法也。"这话看上去矛盾却富含哲理，读书本来是添"忙"，然而不读书却可能事情更杂沓、忙乱。用读书来"却事"，当只有读书一事时，可能反倒觉得"闲了"，我们应由此获得一点儿启示。

如果说忙,李镇西比我们不忙吗?他既当校长,又当班主任,既坚持读书,又忙于写作,恐怕没有多少人可与之相比。特级教师郭子其先生说:"只要干好教育工作,读书、写作总比打麻将等消遣方式更有积极意义。"班主任要想实现专业化发展,就要用理想指引自我的发展前程,坚守发展的道路。反思读书的过程,逐步形成自我读书的价值理念,形成"为生存而读书,为工作而读书,为价值而读书,为民族而读书"的内心境界。这四个"为"应该成为每位班主任的追求。这就是我们坚持不辍的动力。怎样才能把握住时间,实现自主专业化发展呢?下面从三个方面提些建议。

(一)掌握时间管理艺术

常言说,"忙者,心亡也,大忙则心死"。爱因斯坦还说过:"负担过重必然导致肤浅。"班主任的忙与累,抛开体制的因素,一个严肃而又严重的现实问题不容忽视,即绝大部分班主任管理时间的能力相对不足,更缺乏时间管理的意识。我们都羡慕李镇西这样的名师,其实他们并没有生活在真空的状态中,他们同样受着体制的约束。这些年来,我访谈过不少名师和名班主任,发现他们很会享受生活,每天并不比我们辛苦到哪里去。这一切的关键就是他们有时间管理意识,把握住时间管理法则。帕累托法则(又称80/20法则)告诉我们20%的时间可以完成80%的工作,完成20%的工作就能达到80%的绩效。关键在于学会通过选择正确的方法,优先做重要的事情,再做次要的事情。无论在哪里,时间都是自己的,关键是如何管理时间以提高效率。

子在川上曰,逝者如斯夫,不舍昼夜。时间对每个人都是完全平等的,但各人使用时间的效果却不相同。美国著名管理大师杜拉克说:"不能管理时间,便什么也不能管理。""时间是世界上最短缺的资源,除非严加管理,否则就会一事无成。"实践证明,时间管理是自我管理的起点,是专业化发展的关键。通过有效的时间管理,班主任专业成长的品质可以得到巨大提升。班主任应如何管理好自己的时间呢?关键是要牢记三个法则。

1.根据"象限法则"树立优先意识

"象限法则"是指把所有的事务按重要性、紧迫性两种属性排列,并将其分为四类,或称四个象限。

A类,重要又紧急的事务,例如解决急迫的问题,处理危机,完成有期限压力的计划。以此类事务为主的,通常是些拖拉的人。

B类,重要但不紧急的事务,例如个人专业成长,与家长建立信任关系,排除安全隐患。以此类事务为主的,通常是些轻重缓急分明的人。

C类,不重要但紧急的事务,例如接待不速之客,处理某些信件、文件、电话,出席某些必要而不重要的会议、活动。以此类事务为主的,通常是些唯唯诺诺的人。

D类,既不重要也不紧急的事务,例如聊天、看电视,一些可做可不做的杂事,一些不必要的应酬,有趣的活动。以此类事务为主的,通常是些懒散的人。

这四类事务,哪些应该去做? 哪些不应该去做? 如何去做? 时间管理的象限法则告诉我们:应养成"要事第一"的习惯。因此,可按照 B—A—C—D 的顺序,优先处理那些重要但不紧急的事务。我们应把更多精力集中到重要但不紧急的事务上来,此类事务解决得好,那么,重要又紧急的事务就会越来越少。之所以会有很多紧急的事务发生,就是由于时间的分配与使用不科学造成的。

"象限法则"启示我们要培养自己的优先意识。

在班主任的工作实践中,班主任们往往不分主次,认为每件事都要做,都要做好,而时间又不够,所以感到困扰,甚至导致身心疲惫。而陷入"眉毛胡子一把抓"或"东一榔头西一棒",时而忙这,时而忙那,结果是"勤苦而难成"。

有些班主任习惯按着事情的"缓急"程度决定和安排工作顺序,把每天待处理的事分成三个层次:今天"必须"做的事,即最紧急的事;今天"应该"做的事,即有点儿紧迫的事;今天"可以"做的事,即最不紧急的事。恰恰忽略了事情的重要程度,而违背了"象限法则"。很多时候,越是重要的事,偏偏不那么紧迫,从而产生早几天晚几天关系不大的错误想法。

"象限法则"告诉我们,班主任要培养优先意识,工作时分清主次,抓主要矛盾。班主任每一天的教学任务和履行班主任职责的杂事很多,如备课、上课、批改作业、教育科研、班级日常管理、开会、应对各种检查等活动。需要班主任在认准工作目标的基础上,根据各项工作的重要程度和必须完成的时限排出处理的先后顺序,分出主次,明确哪些事情最重要是急着办的,哪些事情是可以放一放的,哪些事是必须自己来做的,哪些事是可以交给任课教师和学生来做的,哪些事情是个人事务,应当放在其他时间完成的,然后把主要时间和精力用来处理重要事情。

抓住了处理重要问题的时间,就提高了时间管理的时效。例如,专业成长的事情就必须列为 B 类事务,由教师亲力亲为,授权是无意义的,放弃也是不应该的。

意大利经济学家帕雷托提出著名的"重要的少数与琐碎的多数原理"。其大意是:在任何特定的群体中,重要的因子只占少数,而不重要的因子则占多数。只要控制了重要的少数,就能控制全局。这个原理经过多年的演化,发展为管理学中的"80/20"原理。这一原理存在于社会生活的各个领域,在班主任的时间管理上也同样适用:将绝大部分时间安排在教育教学工作上,小部分时间用于教师专业成长相关课程的学习,这样就抓住了主要矛盾,从而确保教学相长的成效。

2. 根据"目标法则"树立目标意识

哈佛大学有一个非常著名的关于目标对人生影响的跟踪调查。该项调查的对象是一群智力、学历、环境等条件都差不多的年轻人,初始调查发现以下情况。

有清晰的长期目标的占3%;有清晰的短期目标的占10%;有较模糊目标的占60%;无目标的占27%。25 年后,这些人的状况是怎样的呢? 那3%的人,25年来几乎都不曾更改过自己的人生目标,他们始终朝着同一个方向不懈地努力。25 年后,他们几乎都成了社会各界顶尖成功人士,他们中不乏白手起家的创业者、行业领袖、社会精英。那10%的人,大都生活在社会的中上层,他们的共同特点是那些短期目标不断地被达到,生活质量稳步上升,他们成为各行各业不可缺少的专业人士,如医生、律师、工程师、高级主管等。那60%的人,几乎都生活在社会的中下层面,他们能安稳地生活与工作,但都没有什么特别的成绩。剩下的27%的人几乎都生活在社会的最底层,他们的生活都过得很不如意,常常失业,靠社会救济,并且常常在抱怨他人,抱怨社会。

调查者因此得出结论:目标对人生有巨大的导向性作用。成功在一开始仅仅是一个选择,你选择什么样的目标,就会有什么样的成就,就会有什么样的人生,这就是目标法则。

目标法则启示我们制定个人切实可行的发展目标的重要性。

目标是行动的指南针,但学习目标的确定,受多种因素制约和影响,比如个人的兴趣爱好、各种主客观条件等。合理确立学习目标,应注意以下三点。

第一,增强目标意识。自主制定切合实际的目标。对实现目标的承诺愈重、期望愈高,教师会愈加努力。但是,教师确立目标应当实事求是,对自己的实际专业水平有一个比较科学的估计和预测,找准自己的"最近发展区";目标定得过低,轻易即可达到,不利于开发自己的潜能;目标定得过高,则可能成为空中楼阁。教师应当选择让自己"跳一跳能够摘到桃"的目标。

第二,目标必须具体可测。例如,每人每天通常用于学习和工作的时间不超过12.5小时,设定一个具体的行为目标为每天安排15分钟的静思(相当于时间总量的2%),对每天的时间和行为进行正确的导向与反思,这项简单可测的日常习惯目标,将会给教师的专业成长带来巨大而深远的影响。

第三,目标要分层渐进。一位著名的马拉松运动员说:"我没有什么取胜的秘诀,只是在比赛时,将整个赛程分成不同的路段,并在各个路段设定一个目标,这个目标可以是一根旗杆、一棵大树,也可以是一个标语牌。比赛时,我尽力从一个目标向下一个目标冲刺,直至跑完全程。"班主任专业成长亦如赛跑。要根据班主任专业发展阶段(适应阶段、成熟阶段、骨干阶段和研究阶段)定出具体目标,并努力向着目标奋斗。又如,要想在未来的五年中晋级高一级岗位,必须分层次、分阶段地设定目标,渐次推进。(可参阅《自己的成长自己规划——为自己绘制专业化发展的蓝图》)

3. 根据"节约法则"绝不浪费时间

马克思说过,一切节约,归根到底都是时间的节约。

(1)用好一切可利用的时间绝不浪费。目前班主任浪费时间的现象并不少见,课余时间老师们聚在一起,天南地北地闲聊,拿学生学习中出现的问题和别人的缺点进行调侃,却听不到对自己工作的反思:这节课讲得效果如何,这次与学生沟通有无成功的经验和失败的教训,怎么才能更上一层楼。看不到有人在那里认真写反思小结,有的老师甚至打开电脑玩起游戏,就这样时间白白地浪费掉,岂不可惜。

学校把参加市区专业培训的宝贵机会给了班主任,有的却不知道珍惜,签个到就离开,或去办个人私事,或去逛商场。根本就没想如何带着问题参加培训,更没想借此机会与专家、优秀班主任对话、请教一些问题,一整天的时间就这样毫无意义地消磨殆尽。在一次全国性的班集体建设理论研讨会上,专家和优秀班主任云集,这是一次多么难得的机会呀,可是却有不少的与会者中途退场,据了解多数退场者去逛商场,或去旅游。某地区组织的一些大型班主任工作会议,也是一个难得的经验交流的机会,可是集体活动结束后,一些人却是聚在一起打扑克,一玩就是大半夜。尽管这种现象仍是少数,但不能不引起我们的重视。

众所周知,时间是班主任专业成长的宝贵资源,是浪费不得的。有的班主任总是强调工作忙、压力大(这是事实),没有时间用于专业发展,细想一想时间总还是有的,看你有没有自主专业化发展的需要和动机,千万不能将时间白白地浪费掉。曾经听同事讲述了一个真实的故事,这个故事说明了谁会把握时间谁就会较快实现专业发展。故事是这样的。

甲和乙是同时分配到某中学任教的,都担任班主任。

甲轻轻松松地上课,管理班级,似乎班上不存在调皮的学生。她所带的班级也秩序井然,各科任课教师都反映到她班上课很舒服,很愉快。

乙恰好相反。在办公室里,你总能看到她认真地一遍遍地跟着录音带朗读,矫正发音,抱着英文书籍认真阅读,或者看一些教育教学理论书籍,有时还经常向有经验的教师请教教学和班级管理方面的问题。

第一学期结束时,甲所带的班,量化总分位居年级榜首,而乙所带的班级是最后一名。

甲和乙的表现和成绩让办公室的教师很是好奇,简直就是真实版的龟兔赛跑。当然,甲被认为是那只跑得快的兔子。

第二学期,甲还是轻轻松松地上课。她坐在办公室唯一的一台电脑前,听听歌,或是准备上课的资料。课间依然很少见她找学生谈话,办公室教师闲聊的时候,她总能适时地发表自己的见解,的确不同凡响。

乙还是认真地听着录音带,练着口语和听力,看着英文书籍。她在办公室依然是很少言语,只是频繁地找学生个别谈话,常与家长进行面谈,还利用周末休息时间到学生家里走访,有时甚至步行很远的山路。

此时,年级组长安排甲写一篇《我心目中的教研员》的文章,甲婉言拒绝了。年级组长又请乙来写,乙洋洋洒洒很快就完成了。不仅文笔不错,而且对教研室的工作改进很有价值。后来,同事有问题向乙请教,乙都让同事满意而去。于是,对乙刮目相看。

再后来,大家说尽管在乙的班上课,感觉依然累,但她班上的学生课堂参与度高,都能大胆地发表自己的意见,能感觉到每个学生都在努力。

县里期末统考,乙的班级量化总分明显要好于甲的班级,甚至可以和有经验的英语教师相提并论了,同事们都对乙表示祝贺。

第二年,甲和一同事确定了恋爱关系。乙到北京买了很多的书,说是决定考研。

乙依然衣着朴素,依然手捧书本……

甲说,人有两种:一种人聪明而不勤奋,一种人不聪明但勤奋。

甲说自己属于第一种。乙说,很多事,结果并不重要,努力的过程本身就是快乐的。

两个教师的故事仍在继续,但道理已经很清楚:谁能把握住时间,进行专业阅读,了解研究学生,谁就会尽快实现专业发展。

(2)要善于拒绝打扰,减少浪费。日本的统计数据指出:"人们一般每8分钟会受到1次打扰,平均每次打扰大约是5分钟,总共每天大约4小时,其中80%(约3小时)的打扰是没有意义或者极少有价值的。而人被打扰后重拾原来的思路平均需要3分钟,总共每天大约就是2.5小时。"也就是说,每天因打扰而产生的时间损失约为5.5小时,按8小时工作制算,这占了工作时间的68.7%,所以说"打扰是第一时间大盗"。

教师每日受到的打扰主要来自学生、同事、家长;此外还有来自社会的不速之客,这些打扰占其每日时间支出的很大比例。这就要求班主任必须学会拒绝打扰,对于无意义的打扰要学会礼貌地拒绝,按照自己效率最高的作息规律安排时间,每天可以安排固定时间用于接待家长,也需要提醒家长、同事要互相珍视对方的时间,不要随意打扰对方。

(3)合理使用"零碎时间",节约时间。班主任的时间管理目的就是要有序、有效地工作和生活,从而提升职业成就感和自信心,促进身心健康发展,提高生活品质,为日后的发展奠定基础。

莎士比亚有句名言:"放弃时间的人,时间也放弃了他。"只有养成良好的工作习惯,才能切实提高班主任的时间管理效率。善用零碎时间就是一个好习惯。有人常说自己的时间都被占满了,但是"时间就像海绵里的水,只要肯挤,总还是有的"。的确,如果我们做好时间日志,把每天的工作都记录下来,就会发现,还有很多零碎时间可以利用。利用零碎时间,集腋成裘,也可以完成大事,关键在于持之以恒,不能半途而废。例如,利用零碎时间练习钢笔字,批改学生作业等。

(4)勤于学习,磨刀不误砍柴工。日常工作中,有许多班主任倾心致力于"砍柴",却很少"磨刀"。例如,课前很少花时间去研究教材和学生,尽管课堂上眉飞色舞,但是给人的感觉却是对牛弹琴,甚至让班主任大吃一惊的是,学生早已对新授知识知之甚多,致使班主任有一种严重的受挫感。长此以往,将直接导致班主任的威信大幅下滑。其实主要缘由就是班主任疏于"磨刀",没有充分的专业知识准备和技能储备。再例如,有一些教师过度沉湎于网络、热衷于"肥皂剧",不仅扰乱了自己生物钟的规律,还浪费了宝贵的时间,而这些休闲本应该更加有意义、更加有品质。作为有理想的优秀班主任,必然重视高质量的休闲,利用休闲时间参加社会实践、锻炼身体、愉悦身心、充实自我。因此,事业有成的教师无一不是勤于学习、勤于"磨刀",将学习与休闲结合起来;为自己创造出额外的"充电"时间。

(二)解放自己,开发时间资源

学校不能把班主任专业发展当成班主任个人的事,应该将其纳入学校内涵发展的规划之中,要按教育部的要求,减轻他们过重的工作负担和精神压力,要通过组织丰富多彩的专业活动,如读书沙龙活动、治班方略和个案交流点评活动、与专家和优秀班主任对话活动等,为他们创造专业发展的时间和平台。要尊重班主任的主体地位,把专业发展的自主权还给他们,鼓励他们主动寻求与开发时间资源,激励他们的专业成长,这是非常必要的。经验表明,班主任专业成长的自主权还是掌握在自己手里,关键是把长期当班主任作为自己的理想和信念,树立选择了教育就是选择了幸福的职业幸福观,这是班主任克服职业倦怠,实现自主专业发展的动力。

这里想重点谈谈班主任要努力实现自我解放,最大限度地开发自主专业发展的时间资源。

1.学会授权

班主任的自我解放,主要是如何使自己从沉重而烦琐的班级事物中解脱出来,能有更多的时间用于专业发展。时间是没有弹性的,每天只有 24 小时,如果每一件事班主任都要亲力亲为,还要做得最好,那是不可能的,要想实现给自己设定的工作和专业化发展目标那就更是困难了。在教育学生和管理班级的过程中,关键是充分相信学生、把自我教育和自我管理的主动权交给学生,才能既解放自己,又锻炼了学生。一个成功的班主任,在他们的周围都有一批热心班级工作的小干部、小能人,许多班里事物不必班主任亲历亲为,要善于发挥学生的主体性,那些学生能够完成的工作,尽量让学生自己来完成。这在时间管理方法上叫作"授权",只要授权给学生并加以指导,他们都可以做得很好。这样会使班主任有更多的时间了解研究学生和班级发展的规律,思考用什么样的理论和方法把班级工作开展得更好,更能促进学生素质的可持续发展。班主任只需尽全力抓好班干部队伍建设与培养,并鼓励学生自我教育和自我管理,这样即可从烦琐的班级工作中解放出来,时间资源也会源源不断地来到你的身边,为你所用。

当然,学生是不断成长中的人,知识与技能等各方面还不够成熟,所以班主任不能简单地把工作的权力下放,而应在学生力所能及的条件下,不仅下放权力,更重要的是教给学生完成工作的方法。如此授权,并不是班主任"偷懒"的行为,而是班主任教学的智慧行为。

同样,在个人生活中,也有许多事情,例如小家电维修、搬运家具,可以通过合理授权给子女,从而减轻自己的时间负担,并可能将授权后得到的时间用于个人专业成长或是休闲活动。这就需要班主任拥有强烈的时间成本意识。有人算了一笔账,按照年薪5万元、每天工作8小时、全年教学工作200天计算,每小时的时间价值为31元。如果将宝贵时间用于低价值的活动,无异于浪费时间、窄化个人专业成长的道路。这种价值意识必然会使班主任学会授权,从而提升班主任的时间消费品质,使得班主任达成专业成长目标的时间得到充分保障。

2. 注重合作

实现自我解放也不能忽视团队的力量。班主任再有能力也不如团队合作的力量。只要班主任诚心诚意地相信、尊重和依靠任课教师和学生家长,使这两部分人与自己形成教育合力,共同为实现教育目标而努力,班主任就不必因孤军奋战而疲惫不堪。你也就有了更多的时间进行专业阅读,反思工作实践中的问题,并将其课题化,开展行动研究,这就大大拓展了自己专业发展的时空,迅速走上专业化的康庄大道。

班主任教育教学活动需要与教师、学生及其家长互相学习、团结协作、取长补短。这样,在目标一致的情况下,更容易取得更大成效。为此,班主任必须正确认识协作增效的价值,每个人的知识能力是十分有限的,要有成就,要有进步,就需要与他人协作。协作也是现代人自身发展的需求,相互协作,彼此交流,有助于摆脱原有思想的束缚,进入一个更宽广的思想高地,可以发挥出超越原先很多倍的效力。

建立良好的人际关系,发现与培养志同道合的朋友,通过与同事、学生、家长协作,相互支持,相互帮助,可以高效地完成许多重要的事情,为教育教学创造宽松的环境、便利的条件,顺利完成教育教学任务,还可节约大量的时间,这远比个人独自努力要容易得多,快得多。而协作要懂得与人分享,一个不懂得与人分享的合作者,不可能取得真正的进步。

(三)科学用脑,合理支配时间

1.合理支配时间

了解自身生物钟,科学使用时间,是班主任合理支配时间的有效方法。每个人的体内都有属于自己生理特有的"时钟",它决定了什么时候效率高、什么时候更容易集中精力。因此,合理利用最有效率的时间是高效学习、高效工作的关键,教师要编排好、利用好自己一天里的"黄金时段",合理安排充分的休息时间。同时,还要加强体育锻炼,每天挤出一小时时间锻炼身体,精神旺盛有利于提高工作效率。你对自己的生理周期了解吗? 生理周期因人而异,心理状态和精力充沛程度在一天内也有高潮和低谷。为了准确把握自己一天的心理状态、清醒程度和对事物反应的敏捷度,平时要记录自己的体力和脑力出现高峰的时间及其持续多久,找出生理周期的变化曲线,以便合理安排每日活动,利用好高峰期,提高专业学习和工作的效率。

2.合理运用业余时间

珍惜时间并不断开发时间资源固然重要,但更重要的当属科学地支配时间,只有这样才能在有限的时间内,完成更多的自主专业发展的任务。如何科学地运用时间,具体到每个班主任也存在差异,综合成功班主任的经验,有以下几点可供借鉴。

第一,明确自己专业发展任务,科学规划工作时间。科学规划和运用时间及其实施方法都有赖于对自身专业发展目标的清楚了解。如果我们不知道明天该干什么,就不知道行动的方向,就谈不上合理安排和运用时间。只要发展方向明确了,就可以本着重点任务用时优先的原则,预测一下各项任务所用时间,并形成一个阶段性的有一定弹性的行动方案,并努力依案实施。

第二,个人行动规划与学校工作安排时间的整合。当前中小学普遍重视教师和班主任的专业发展,基本上考虑到班主任专业发展的需要,有计划地组织了各种专业活动,为其专业发展提供专业学习交流的时间和舞台,我们应当充分利用这些机会与自己专业发展行动计划在时间上的有机整合,积极参与,做各种专业活动的主人。

3.劳逸结合,形成规律

可以根据自己的学习和工作习惯或生物钟制定作息时间,如果觉得在某个时段内进行学习的效果最好,可以把它固定下来,休闲时间和工作时间一样,都是组成我们生命和生活的一部分。学会休闲是社会进步的一种标志,休闲的真谛是"自由、快乐、意义",是"以欣然之态,做心爱之事"。要懂得放松,安排好自己的休息和体育锻炼时间,才能把自己的身体状况调整到最佳状态。作息时间可以因人而异。

除此之外,再提几点建议。

一是零碎时间不容忽视,应充分利用。零碎时间看似很少,但集腋成裘,聚沙成塔,如果能够将其充分利用,以很少的时间来做一些学习中的小事,坚持下来,也是非常可观的。如候机、候车、等待开会这些零碎时间也要充分运用。

二是清晨时间要用好。清晨,头脑清醒,可根据处理家务所用时间,安排出学习思考时间,内容可视自己的情况而定,或读书、或写作、或为新一天的工作做准备。

三是巧妙拒绝一些邀情。现代人的生活越来越丰富,人际交往越来越频繁,这其中既有有益的,也有无益的,因此在接到邀请时应视具体情况有所选择,并学会拒绝,以免浪费时间。

四是每天晚上要读一篇自己喜欢的或与工作、与专业发展有关的文章,或在睡前梳理整天的学习与工作情况,计划一下明天干什么。这个时段的思维是非常活跃的,会经常在阅读与思考中产生新的灵感,在从事研究中许多有价值的选题是这时产生的。美国一所著名大学流行一句箴言:人的成就,决定于他晚上八点到十点在做什么。

总之,班主任要善于把握时间,不能忽视时间流淌中的生命享用和价值追

求。即把握时间,实现自主专业发展。这里再介绍一个小故事:

著名教育家班杰明曾经接到一位年轻人的求教电话,于是与那位向往成功、渴望指点的年轻人约好了见面的时间和地点。

当那位青年如约而至时,班杰明的房门敞开着,眼前的景象令年轻人颇为意外——班杰明的房间里乱七八糟,狼藉一片。

没等年轻人开口,班杰明就招呼道:"你看我这房间,太不整洁了,请你在门外等候一分钟,我收拾一下,你再进来吧。"班杰明一边说着一边就把门关上了。

不到一分钟的时间,班杰明又打开了房门,并热情地把年轻人让进客厅。这时,年轻人的眼前展现出另一番景象,房间里的一切变得井然有序,而且有两杯刚刚倒好的红酒,在淡淡的香水气息里,正漾着微波。

可是,没等年轻人把满腹的有关人生的、事业的疑难问题向班杰明讲出来,班杰明就非常客气地说:"干杯,你可以走了。"

年轻人手持酒杯一下子愣住了,既尴尬又非常遗憾地说:"可是,我……还没向您请教呢……"

"这些……难道还不够吗?"班杰明一边微笑着一边扫视着自己的房间,轻言细语地说:"你进来有一分钟了。"

"一分钟……一分钟……"年轻人若有所思地说:"我懂了,您让我明白了一分钟的时间可以做许多事情,可以改变许多事情的道理。"

班杰明舒心地笑了。年轻人把杯里的酒一饮而尽,向班杰明连连道谢之后,开心地走了。

在这个故事里,我们没有看到板着面孔刻意说教的痕迹,也没有滔滔不绝的长篇大论,有的只是充满智慧的爱心和充满艺术的启发,而结果却出人意料,又在情理之中。班杰明舒心的笑和年轻人的恍然大悟,也让我们从中感受到班杰明暗示的艺术效果和教育的智慧。

让我们把握好自己生命中的每一分钟吧!

八、自主专业化发展，信仰比方法更重要

教师从事班主任工作要有动力、能力和精力，缺乏动力不愿干、缺乏能力不会干、缺乏精力不能干。这三者之间动力是关键，动力是什么？就是对教育的信仰。教育信仰是班主任的职业理想与信念、事业心与责任感、坚强的意志品质的总和。它既是班主任专业素养的核心，也是形成其他素养的动力。有了这种信仰，才能愿意长期从事神圣的班主任工作，而且能够克服一切困难把工作做好。

朱自清在他的《教育的信仰》一文中说："教育者须对于教育有信仰心。""假如教育者不对教育事业心存敬仰，而是将其看作名利的阶梯，忙于钻营和应酬，那么他就体会不到教育这一崇高事业所带来的成就感和幸福感，而且可能教出同样把教育看作'阶梯'的学生。"这充满哲理的语言，一定会使我们的灵魂受到震撼和洗礼。

（一）自主专业化发展必须树立一辈子做班主任、一辈子学做班主任的信仰

在以儒家为代表的中国传统文化中，信仰是对人生价值的体现；是对人性本源的回归；修身既是安身立命之本，也是成己成人之要，是治国平天下之基。是一种"内向用力"，以静坐来观心，以自省来明不足，以谨言来养德。因此，班主任实现自主专业发展关键是通过自我修炼，确立一生当教师，一生做班主任而无怨无悔的教育信仰。对教育和做班主任有一种情有独钟的"热望之爱"。安徽省宿州市泗县丁湖中学韩昌发老师说："理想信念就是我和妻子在农村学校 20 多年的坚守。沿着乡间小路送走一批批学生的同时，也养育了即将以教师为职业的女儿。"韩昌发对女儿说："我和你妈妈都无怨无悔，因为我们把教育当作我们的信仰，我们对党和国家充满坚定的信念！我们希望你长大能成为一个对社会有

用的人,为国家振兴和民族复兴做出应有的贡献,并收获幸福于其中。"

许多优秀班主任的事迹已经证明,有了这种对教育的信仰,就会在职业的艰难、苦恼和社会上出现的浮躁、功利的冲击下,矢志不移地坚守住自己神圣的岗位;有了教育的信仰,就能够不受外物的诱惑、摆脱虚荣的惑乱,不去追求物质生活的享受,而重视精神生命的升华,做到得意不忘形,失意不悲观。如孟子所说的"贫贱不能移";有了教育的信仰,就会在挫折面前,披荆斩棘,激情满满地在挑战挫折的同时,更能战胜自己的懦弱,一直战斗在为中华民族伟大复兴奠基的教育岗位上;有了教育的信仰,就能够认真学习《中华人民共和国教师法》《关于进一步加强中小学班主任工作的意见》等法律法规,明确班主任工作的地位和作用,及其对推动素质教育的意义。教育信仰不仅是班主任专业素养的灵魂,也是班主任形成教育激情的动力。

班主任要坚持对自己角色认识和选择的正确性,并经常用来支配自己的行动。信仰以理想信念为核心,以师爱为表征,集中反映在班主任的认知、情感、意志、态度和价值观上,反映着教师的立场,支配着教师的行动。满怀激情走班主任专业化道路,无数优秀教师和班主任也都在用自己的行动践行自己的教育信仰。

斯霞老师的墓碑上深深地镌刻着她的一句名言:"我为做一辈子小学教师而自豪。"这句虽然极其朴实却振聋发聩的话,集中体现了她对教育的大爱,也诠释了教育信仰的丰富内涵,激励着所有的教师们。

"一辈子做班主任,一辈子学做班主任"。这是全国教师楷模于漪老师的一句朴实又感人的名言,这是于老师教育信仰的深刻写照。语文教育家张志公先生称她是为工作"着了魔"。正因为她对教育怀有崇高的信仰,才形成了闪烁着教育智慧与人格魅力的教育风格和教育思想。于漪老师之所以成为人们崇敬、爱戴的教育家,恰恰取决于她的教育信仰。

于漪老师这位有说服力的典型、这位颇具影响力的教育家,战胜了许多艰难险阻,甚至闯过生命险关而对教育研究之路终生无悔地热情追求,建筑起被称为教育家的人格长城。在教育教学研究上的知名度与她身上折射出的知识分子的品行和情怀,一直被广大教师们称道。任何挫折,都没有让她放弃做一辈子教书育人的理想和信念。最终以扎实的功底,鲜明的学术风格和富有感染力的精神气质,成为教育界的一位大家。成就了她享受终生的职业幸福。我们广大教师和班主任就应该以她为榜样，长期历练，做一个有教育信仰的优秀班主任。

（二）没有对教育的信仰，就没有名师，就没有教育家

真正有教育信仰的人，不仅有理想、有追求，而且能在理想与现实之间找到实现理想的现实路径。班主任岗位的专业性，足以让我们用不懈的努力和自己的智慧，履行好教师和班主任职责，完成好教师和班主任应承担的历史使命，为学生的终身发展和一生幸福奠定基础。为祖国的伟大复兴培养有用人才。

我们要实现专业成长也需要信仰的力量，信仰好比灯塔，能给黑夜里海上航行的水手照亮前进的路，能使我们班主任始终坚守一种纯净和崇高。不管在实践中遇到什么曲折和困难，都能从容应对，赢得胜利。

我们所崇敬的李镇西先生，就是一位在教育信仰灯塔的照耀下，自主成长起来的班主任的典范，了不起的教育家。

班主任工作可能会遇到许多麻烦，也不可能没有烦恼，但烦恼皆由心生，心情平静下来，烦恼就会一扫而空。自身道德修炼也就跃上一个新的台阶。班主任应用自己的智慧看清前边的路，分析利弊，选准方向一直走下去，就会明白"脚比路远"的道理和教育信仰比什么都重要这些真理。要用自己脚踏实地的努力践行自己深爱的工作，实现自己的人生目标。

许多优秀班主任跟我们表达这样的观点：我们一辈子站在讲台上，默默地耕耘，吃着粉笔灰，过着平凡而清苦的生活，一个个都如同奔跑在教育马拉松的跑道上，跑完全程所用的时间可能是漫长的 30 多年，这是经历 8 届奥运会的时间啊，可是，也许最终我们连一块奖牌也拿不到，但我们一直无怨无悔地坚持着，没有豪言壮语，没有惊天地泣鬼神的业绩，但我们坚持着、坚持着，把一代一代的莘莘学子送上国家有用的岗位，而自得其乐。每每听到这些话，我们因感同身受而为之动容。正是有这种教育信仰支撑，我们教育战线上才有了层出不穷的优秀教师和优秀班主任！

我国现有教师 1200 万，这 1200 万教师是我国教育事业发展的支柱。我国推行的素质教育能否成功，我们培养的人才能否适应新世纪知识经济社会的需要，能否使我国永远屹立于世界民族之林，都取决于教师素质的高低。

人民教育家陶行知曾经这样说：教师的手里操着许多家庭的"家运"和国家的"国运"，也就是我们现今常说的一句话"国运兴衰系于教育"。事实已经证

明:教师特别是班主任的素质提高一个层次,学校教育就会提高一个层次,我们的国民素质也可以提高一个层次。因此,我们当教师的特别是班主任,必须认清自己肩上的责任,勇敢地承担起"国运兴衰""家运兴衰"的历史重任。

2005 年 4 月中旬在浙江桐乡市召开的"全国班主任工作与班主任专业化论坛"上,班华教授在发言中说:"班主任专业发展,是为了学生发展,这是班主任的责任;班主任的专业发展也是为了班主任自身的发展,这也是班主任的教育责任。"我在《专业性岗位与班主任专业化》一书中说过:"班主任专业化是在实现任课教师专业化目标的基础上,在践行班主任任职条件、履行班主任职责的实践中,不断提高专业素养的动态过程。班主任的专业成长,单靠'外塑式'的专业培训是远远不够的,更主要的还得靠自我塑造(即'自塑式'),才能实现班主任自主专业发展,即通过自己的努力实现专业理想与信念、职业道德与专业精神、专业知识与专业能力等专业素质不断完善为基础的专业成熟的过程。"这种专业成熟的过程是随着时代的不断发展,不断具有新目标的动态过程。因此,要实现自主专业化成长,提高教育质量,必须确立自主专业发展的精神支柱。

(三)教育信仰是班主任专业发展的精神支柱

毛泽东同志"问苍茫大地,谁主沉浮"这句振聋发聩、发人深省的天地之问,让我们联想到班主任的专业化发展"谁主沉浮"的问题。班主任专业化成长的主体是谁呢?是校长吗?是培训教师吗?当然不是!班主任专业化成长的主体是班主任自己。尽管班主任专业化发展中,"被打造""被包装""被发展"的现象并不少见,这样"被发展"的班主任可能红极一时、星光一闪,但难免成为一颗流星。班主任才是自己专业化成长的真正的"主宰者"。哲学上讲内因是变化的根据,外因是变化的条件,只有鸡蛋才可能孵化出小鸡,石头永远也孵不出鸡来。

因此,有位班主任对我说:要实现自主专业化发展,必须要唱好以下三支歌,形成自己的精神力量。

1. 用"三支歌"鼓舞自己:自主、目标、拼搏

要实现自主专业化发展,确实应唱好"三支歌",以形成自己的精神力量。

一支是《国际歌》,世上没有救世主、只有靠我们自己。班主任没有自主专业化发展的愿望,任何外部的支持和帮助也无济于事。

第二支是《敢问路在何方》,路在自己的脚下,自己的路只有自己去闯。不管

班主任专业化发展的路有多远，只要迈开你的双脚，目标就一定能达到。这使我想起了一句俗话即"脚总比路远"。也记起了这样一个故事。

　　古老的阿拉比国坐落在大漠深处，多年的风沙肆虐，使城堡变得满目疮痍，国王对四个王子说，他打算将国都迁往美丽而富饶的卡伦。

　　卡伦距这里很远很远，要翻过许多崇山峻岭，要穿过草地、沼泽，还要涉过很多的江河，但究竟有多远，没有人知道。

　　于是，国王决定让四个儿子分头前往探路。

　　大王子乘车走了七天，翻过三座大山，来到一望无际的草地边。一问当地人，得知过了草地，还要过沼泽，还要过大河、雪山……便调转马头往回走。

　　二王子策马穿过了一片沼泽后，被那条宽阔的大河挡了回来。

　　三王子漂过了两条大河，却被又一片辽远的大漠吓退返回。

　　一个月后，三个王子陆陆续续回到了国王那里，将各自沿途所见报告给国王，并都再三强调，他们在路上问过很多人，都告诉他们去卡伦的路很远很远。

　　又过了五天，小王子风尘仆仆地回来了，兴奋地报告父亲——到卡伦需要的时间。

　　国王满意地笑了："孩子，你说得很对，其实我早就去过卡伦。"

　　几个王子不解地望着国王——"那为什么还要派我们去探路？"

　　国王一脸郑重道："那是因为我只想告诉你们四个字——脚比路远。"

　　班主任实现自主专业化发展如同前往卡伦的路，既遥远又充满着艰难，但只要我们像国王小儿子那样，脚踏实地地走下去，目标一定能达到。如果像那三个儿子那样惧怕困难，偷奸耍滑，必将一事无成。这就是"脚比路远"的道理。我们不怕目标的高远，只怕没有追寻的勇气、热情、执着……只要心头时时燃烧着坚定的信念，一往无前地进行下去，就会惊讶地发现——很多所谓的远方，其实真的并不遥远。"脚比路远"，多么具有哲理啊！

　　这第三支歌是《爱拼才会赢》，三分天注定，那是遗传，七分靠打拼，拼才能赢得精彩的人生。上文所讲的故事也告诉我们，班主任专业化之路也充满着艰难困苦,但只要我们敢于拼搏,勇往直前,就一定能体验到实践专业化的幸福。

魏书生、李镇西这些杰出的班主任,我们崇敬的教育家,哪个是别人"打造"出来的? 哪个又是靠"包装"出来的? 他们都是靠自己持之以恒、一路拼搏出来的。

2. 意识的觉醒是实现班主任自主专业化发展的当务之急

天津市中小学德育工作者协会受市教委的委托在一项《班主任专业素养现状的问卷调查》中,有一个"老师愿不愿意当班主任"的题目,得出了这样一组数据:"不愿当班主任"的教师高达23%,"积极主动做班主任"的仅占8%,多数教师持"服从分配的态度"。在"为什么不愿当班主任"的归因中,也多是强调客观,如工作压力太大成了重要原因(评比检查压力占34%、学生安全压力占23%、升学压力占20%、竞争压力占16%,其他占7%),家长支持不够,也是教师不愿当班主任的重要原因。我们也发现教师很少从主观上找原因。其岗位意识还处在"沉睡"状态,因此,意识的觉醒成了是否愿意当班主任的关键,也是实现班主任专业化发展的当务之急。

意识是支配人行为的动力,班主任的岗位意识,在其专业化进程中之所以特别重要,是因为班主任工作是一种有目的、有计划、培养人的社会活动,其行为是主动的不是被动的、是积极的不是消极的、是清醒的不是盲目的、是规范的不是随意的;是做好班主任工作的有意识的追求和探索,是运用教育科学理论指导工作的自觉,是对班主任工作的意义、任职条件和应履行的职责清晰和完整的认识和接纳。它既表现为对班主任工作的主动适应也表现为对教育环境的积极影响和改造。然而,目前不少班主任的岗位意识不强,已经成为班主任专业素养提高的障碍。因此,要使更多的优秀教师长期从事班主任工作,并实现班主任专业化发展,关键是要通过学习教育部《关于进一步加强班主任工作的意见》和《中小学班主任工作的规定》(下称《意见》和《规定》),不断树立四种意识。

一是深刻领会班主任工作意义,增强价值意识。教师对班主任工作重要价值的认识不清,是不可否认的事实,有些班主任也认为:班主任工作就是管好班级纪律,为课堂教学保驾护航。有的人还说:"学生不出安全事故成了我们重中之重的工作。"显然这种认识是不全面的。难怪《意见》《规定》中反复强调班主任工作不是"副业"而是"主业"。

为了加速班主任专业化水平的提高,必须认真学习《意见》和《规定》,全面领会班主任工作的地位和作用，增强价值意识。老教育家于北辰说："天下之主任多矣！"而班主任则是"极重要、极普遍、极光荣、极伟大的主任"。《意见》中对班主任工作的意义说得更加具体："中小学班主任是中小学教师队伍的重要组成部分……在普遍要求全体教师都要努力承担育人工作的情况下，班主任的责任更重，要求更高。做班主任和授课一样都是中小学的主业……加强中小学班主任工作，对于贯彻党的教育方针，全面推进素质教育，把加强和改进未成年人思想道德建设的各项任务落在实处，具有十分重要的意义。"只有深刻理解班主任工作的意义，增强班主任工作的价值意识，才能把提高自身的专业素养，把做好班主任工作作为自觉的追求。

班主任工作的价值，首先体现在"为学生一生发展和幸福奠定基础"上，这种教育价值观的内涵是十分丰富的。其中包括通过认真履行班主任职责，千方百计地开发学生的智力，提高学生学会做人、做事、做学问的能力。同时要着力激发学生的学习兴趣，提高他们独立发展的积极性。在我们的教育实践中，下面这个案例并不少见，希望引起我们的反思。

　　一个从未考过 100 分的女孩，意外地考了 100 分，她高兴极了，接过老师递过来的试卷，情不自禁地做了个"鬼脸"，美滋滋地将身体扭了两下，才朝自己座位走去。那幸福的心情溢于言表。老师却生气了，绷着脸说："回来，得了 100 分看你美的，连步都不会迈了，重走！"小女孩一团高兴一下子让老师吓到了九霄云外……

这位老师因不理解学生获得成功的那种喜悦心情，更不懂教师工作的价值就是要激发学生的兴趣，调动学生自我发展的积极性，只有如此，才能为学生的终生幸福奠基。由于这位教师缺乏这种价值意识，不仅一个调动学生积极性的好机会丧失了，而且也有害于学生智能、身心、个性与人格的可持续发展，更表现出其师德的缺失，这不能不让人感到遗憾。

班主任的价值意识具有广阔性、全面性、超前性和革命性的特征。只有具备这种价值意识，才能通过我们的教育教学为学生的一生的发展和幸福奠定基础，为学生找到一条最适合他们发展的道路。大家知道的"拉瓦赫效应"就是证明。

二是恪守班主任任职条件，增强自塑意识。在以往的班主任聘任中，常可以听到一些领导和老师们说:"某老师能管住学生,是当班主任的好手。"于是就出现把一些教不好课但"能管住学生",甚至思想意识、工作作风有些毛病的教师安排在班主任工作岗位上。于是也真的发生了一些不热爱学生、不尊重学生人格、不能依法执教等种种问题。体罚、变相体罚的现象屡禁不止,甚至出现了以职务之便违法乱纪的问题,造成了严重的危害。仅各大报刊披露的案例,就令人触目惊心。尽管这仍然是极少数,但造成的恶劣影响是非常严重的。因此,教育部在《意见》中明确要求各中小学要"认真做好班主任的选聘工作""规范班主任工作行为",并再次明确了班主任的"任职条件":班主任"应由取得教师资格、思想道德素质好、业务水平高、身心健康、乐于奉献的教师担任"。而且,班主任必须"忠诚党的教育事业,热爱学生,善于做学生的思想工作,具有符合素质教育要求的教育观念和较强的教育教学和组织能力,掌握教育学、心理学的基本知识和方法,熟悉相关法律法规,品德高尚、为人师表,具有团结协作精神和较强的人际沟通能力"。

班主任任职条件是教师职业道德的集中体现,这些条件意味着不是所有的教师都能当班主任。作为班主任要严格按照任职条件修炼自己,在修炼过程中,关键是增强自律意识,自觉学习班主任任职条件,将其烂熟于心,用其规范自己的行为,并变为自觉的行动。班主任任职条件实际上就是自己从事班主任工作的基本要求。班主任只有增强自律意识,才能深刻理解任职条件的重要意义,自觉形成自己的师德规范,做到爱国守法、爱岗敬业、关爱学生、教书育人、为人师表、终身学习,并在履行班主任职责中形成基本的工作规范。

自塑意识,是指一个人为了达到预期的目标,进行自我要求、自我约束、自我控制的心理过程的自觉意识。严于律己,以身作则,既是班主任形成规范行为、树立自身威信的必要条件,也是做好教育工作的前提。

有了这种自塑意识,才能把师德规范变为自觉行动,做到教书育人、为人师表,并能正确处理好"做人与育人"的关系。

做人方面的要素是"言"与"行",应该坚持"言行一致",言足以为人师,行足以为人范。

育人方面的要素是"言传"与"身教",应坚持"身教"重于"言教",高度重视教师人格的影响力,万万不可"说真方,买假药",否则,就别怪学生不买你的账。因为世界上再也找不到另一件东西比教育者"说真方,买假药"更能使教育归于一败涂地的了。班主任如何做人和他们的"光彩人格"是教育学生活的教材，是专业化素质的灵魂。

结论是做人决定育人，身教重于言教。教育的成败与班主任人格的信度与力度，知识的深度与广度，存在着必然的因果关系。因此，班主任应当清楚：厕身教育，忝为师表，必须诚惶诚恐，在自己平凡而伟大的岗位上勤于学习、严于自律，修炼自己完美的人格。做一天教师，为一天师表，这便会向理想人格迈进一步。

三是履行班主任职责，增强责任意识。班主任承担着教书育人、管理育人、服务育人的光荣使命。班主任教育的对象——学生，延续着父母的血脉，倾注着一家人的期望，成才则意味着家运之兴，不成才则意味着家运之败落，从某种意义上说，教师的手里操着许多家庭的家运。另外班主任的育人工作不仅承载着千千万万学生的希望、梦想和无数家庭的和谐与幸福，更承载着祖国和人民的重托，因此，胡锦涛同志曾在"全国优秀教师代表座谈会"上对教师提出了殷切的期望，他说："希望广大教师爱岗敬业、关爱学生。切实承担教育者的社会责任，满怀对受教育者的真心关爱，是党和人民对广大教师的基本要求。"

班主任既要教好书，又要带好班；既要履行教师职责，又要履行班主任职责，承担着教书育人、管理育人、服务育人的重要任务，除了需要付出比一般任课教师大几倍的精力之外，还要具有比一般任课教师丰富得多的专业知识和较强的专业能力。从班主任职责分析，《意见》和《规定》中将原国家教委提出的中学班主任八条职责和小学班主任七条职责，从"专业性岗位"出发高度概括为中小学班主任的五项职责：即抓好班级德育；做好班级管理；组织好班集体活动；关注每一个学生的全面发展，做好学生综合素质评价；利用好各种教育信息，协调好各种教育力量。

班主任工作诠释着"责任源于使命"的真谛。责任源于使命，使命深化责任。如果说责任是具体化的使命，那么，使命就是崇高的责任，两者不可分割。没有脱离政治背景的"责任"，如同没有远离社会道义的"使命"一样道理。在我们班主任看来，如果没有明确的"使命感"，他有可能仅仅知道自己在"做什么""何时做"，但不知道"为什么做"，这样就永远不能取得最好的工作绩效。"一切工作都源于使命，并与使命密切相关""你不需要为了管理而成为管理者，你是为了使命而成为管理者。你所做的一切工作，无非是与大家进行沟通，让大家接受这个使命,然后带领大家,朝着这个方向前进"。使命,之所以如此重要,是因为它表达了我们"为什么做"我们所从事的工作。例如,在工作中,我们往往重视将学生培育成"有知识的人才",而放松了对于大前提的研究。那就是,我们的学生不仅要有知识,还应该是精神高尚的觉悟者,即德智体美全面发展的人才。因此,要使学生成为"四有"新人,那么,班主任老师要率先垂范,"高尚的师德,是对学生最生动、最具体、最深远的教育。"为人师表,讲的就是做有理想、有道德、有文化、有纪律的先锋。假若只是用"手电筒照别人",那就无法起到楷模作用。一个优秀班主任,就是一面旗帜;带起的一个优秀班级,就是一座丰碑。这其中的甘苦,只有班主任才体会得深刻,这也正是家长们向班主任老师致敬的缘故——他(她)们承担着平凡而伟大的教育使命和责任。

由此可见,班主任责任之重大远远超出了一般任课教师,而且哪一项职责都需要丰富的专业理论知识和较强的专业能力,都需要付出艰苦的劳动。如果缺乏责任意识和专业素养,就很难做好班主任工作。班主任必须从对学生德智体美全面发展负责的高度,认真落实学校德育工作的要求,积极主动地与其他任课教师一道,利用各种机会开展思想道德教育,引导学生明辨是非、善恶、美丑,并从身边小事做起,逐步树立社会主义荣辱观、明确远大志向、增强爱国情感、明确学习目的、端正生活态度、养成良好的行为习惯。与任课教师和学生家长一道,充分调动学生自我教育、自我管理的积极性。通过科学的班级管理、组织好班集体活动,落实好素质教育的各项要求。只有树立高度的责任意识才能自觉地、千方百计地去学习、实践,提高自己的专业素养,有效地履行班主任职责,完成班主任承担的各项任务。

四是理解班主任岗位的专业性,提高专业意识。教育部第一次在《意见》中明确了"班主任岗位是具有较高素质和人格要求的重要专业性岗位"。并指出:"要提高班主任地位和待遇,班主任工作是中小学教育中特殊重要的岗位,中小学校要在教师中营造从事班主任工作为荣的氛围。"而且,原教育部长周济曾在一些场合反复讲过要鼓励优秀教师长期从事班主任工作。因此,广大班主任要明确什么是专业性岗位,为什么班主任工作岗位是专业性岗位,专业性岗位对其从业人员专业化水平的要求是什么,以便增强专业意识,自觉投身班主任工作。

专业意识是指班主任对所从事的工作深刻理解和自觉认同。有了这种理解和认同才能明确班主任工作的专业性。它是一种特殊的职业类型，是一种复杂的智慧性工作，其从业人员应该在职业理想支配下，树立崇高的职业道德、修炼崇高的专业精神，具有高度的专业知识和专业技能。可见班主任工作不是拍拍脑门就能干的，他的专业性不亚于医生和律师。有了这样的意识，才能建立基于任职情境的实践智慧的发展，即真正意义的专业化发展。

既然班主任岗位是专业性岗位，班主任是专业工作者，就必须具有专业道德、专业知识和技能，要在工作实践中不断提高自己的专业水平，仅从专业知识而言就必须从读书、实践中不断更新自己的知识结构。记得加里宁说过："既然你们今天、明天、后天就得把你们所有的一切都贡献出去，但同时你们若不日新月异地补充自己的知识、力量和精力，那么你们就连什么也不会剩下来了。所以教师一方面要献出自己的东西，另一方面又要像海绵一样，从他人生活中、科学中吸收一切优秀的东西，然后把这些优良的东西贡献给学生。"班主任更应如此。作为班主任，更应有广博的知识来满足学生对各科知识的渴望。

全国教师楷模于漪老师有一句朴实又感人的名言是："一辈子做班主任，一辈子学做班主任。"她就是我们学习的榜样。

3. 弘扬五种职业精神

班主任专业化的关键是师德的自我完善。2008 年重新修订的《中小学教师职业道德规范》(下称《规范》)中对教师的职业道德提出了"爱国守法""爱岗敬业""关爱学生""教书育人""为人师表"和"终身学习"等师德要求。良好的师德，向来被认为是一名班主任最基本的专业素质，也是其他专业素养提高的精神动力。不仅要将其牢记在心，而且要将其变为自己的实际行动，才能成为一位师德高尚的人。

师德的修炼，对于班主任来说，是一个永恒的主题。一个专业化的班主任，不仅要有渊博的专业知识、技能和聪颖的智慧，还要有崇高的师德风尚，时时处处能够为人师表。

孔子说："德之不修，学之不讲，闻义不能徙，不善不能改，是吾忧也。"《韩诗外传》中说："智如泉源，行可以为表仪者，人师也！"明代有个叫陆世仪的，他在《思辨录辑要》中说："凡学校之师，不论乡学、国学、太学，绝当以德行学问为主。"汉代的扬雄更是说得恳切："师哉！师哉！桐子(即童子)之命也！"意思是说：老师呀，老师！你简直就是儿童的生命啊！就是说，老师不仅要教孩子们读书写字,还要教给孩子们做人的道理,更要以自己做人的榜样去影响孩子。有了知识和做人的道德,儿童才会具有真正意义上的生命! 良好的师德,向来被认为是一名班主任最基本的专业素质。当一位班主任将职业道德变为自己的内在需要和自觉行动之时,就形成了职业精神。

著名特级教师杜蕴珍说:"专业精神是实现教师专业化的'魂',没有师魂就实现不了真正的专业化。专业精神指的是酷爱事业的奉献精神,乐于吃苦的实干精神,敢为人先的创新精神,勇于进取的学习精神,关注发展的科学精神。"

职业精神与职业道德系同一范畴的概念,但职业精神比职业道德却又高出了一个层次。它是某职业的从业人员对其职业道德规范与要求深刻认识、严格遵循的基础上,通过职业实践和长期修炼所表现出来的行为特征和思想成果,并逐步升华为一种高品位的职业风范和精神境界。班主任的职业精神包含着融为一体的三个层面。

一是职业认同。班主任不是一个只靠热情和勤奋就能干好的职业,它还需要很高的技巧和专业智慧。一个没有专业素养的班主任,会把天才培育成庸才,那是对人类文明最大的犯罪。法国文学家雨果说:"只要学有专长,就不怕没有用武之地。"对于班主任来说最大的危机就是业不精专。学生可以原谅老师严厉、刻板,但是不能原谅老师缺乏专业精神和不学无术。班主任的专业成长首先是精神与心灵的成长,而专业精神的形成,关键是对职业和专业的认同,即对自己从事的工作的认同,对岗位专业性的认同,以及对从事班主任工作的价值认同。这是班主任形成专业精神的起点。有此基础才能升华为职业精神。

第二个层面,即美德层面。集不少学者的研究成果,美德集中体现在责任感、道德感、审美感和忠诚度等方面。从此才能升华为第三个层面,即职业信念、价值观念、行为准则及他们对本职业的信誉和使命感。这种使命感的获得是比较难达到的状态。正如朱小蔓在《情感德育论》一书中所说:"人的精神发展的较高阶段是价值观及态度内化为比较稳定的人格。"

不同职业的从业人员的职业精神有许多共同之处,但是由于职业的区别、劳动特点的不同,共性中也包含着鲜明的个性。国家公务人员是从他们全心全意为人民服务中体现职业精神;医务工作者是从其救死扶伤、治病救人中体现专业精神;企业职工则是从他们的生产劳动和服务工作中体现职业精神。作为教师特别是班主任,在他们能够自主反思和探究之后,其精神的独特性是通过带班育人的工作中显现出来的,这就是班主任专业精神特性。而且,具体到每个班主任身上其专业精神也有其个性存在。因此,抽象地谈论班主任的专业精神并没有意义,因为,精神的这种独特性,决定了其在具体的情境和每个人身上有不同的外显形式。如甲班主任的"爱岗敬业精神"表现为关心、尊重学生,处处对学生实施精神关怀。而乙班主任的"爱岗敬业精神"却表现为用大量的时间、精力和学生共生活、共学习、共造班风方面。他们都需要对自己的行为有持续的理性反思,以保证自己的行为有利于学生德智体美全面发展,而不是起阻碍作用。

班主任的专业精神是一种职业意识、思想活动和心理状态,是对现实自我的自觉超越。具体地说,班主任的专业精神是一种向着理想的教师形象拼搏进取的精神,体现了人类追求真善美的人文精神。其价值取向是更加重视全体学生包括自身整体素质的全面和谐和可持续发展,持续不断地向高层次提高,体现了对学生人生的终极关怀。班主任的职业精神的核心是"师之范"精神,具有鲜明的时代特征,这种精神是以时代精神和民族文化为背景,以丰富的人文精神为渊源,以促进学生和自身素质全面发展为根本宗旨,趋美向善、修身正己、探理求知、奉献示范,向着理想化的教育目标执着追求的精神。

专业精神,实质上是班主任对党和人民的教育事业执着追求的反映,是对其职业道德践行过程中的精神升华。班主任只有具备与自己职业相称的专业精神才能当之无愧,班主任应该弘扬以下职业精神。

(1)爱国守法精神。班主任尽管同其他职业的从业人员一样,都应当首先是爱国主义者。但教育事业是培养和造就热爱社会主义祖国、热爱人民、热爱共产党,能够献身祖国现代化建设人才的事业,是"谋全民幸福"的事业,这样的重任完全落在了班主任和任课教师的肩上。班主任和教师的好坏"简直可影响到国家的存亡和世运之治乱"(陶行知语)。因此,必须以高度的爱国主义精神培养学生,以使他们在深刻地了解祖国的基础上,产生爱国之情,树立报国之志,付诸报国之行,这是区别其他职业的最大特点之一。

列宁说过:"爱国主义就是千百年来巩固起来的对自己祖国的一种深厚感情。"爱国主义精神是中华民族的优良传统、崇高的思想品德和精神境界,它是我们的民族性格和精神支柱。社会主义的爱国主义是历史上最高形式的爱国主义,它是强烈的民族自尊心和自豪感的体现,集中表现为祖国的荣誉、人民的利益高于一切。爱国主义精神是中华民族道德的核心,也是教师职业道德的最高体现。班主任和任课教师就是要以崇高的爱国主义情怀,把爱国主义圣火一代代传下去。

支撑这个民族的伟大力量是比泰山凝重、比黄河久长、比原始森林广袤的爱国主义精神。爱国主义精神是中华民族的筋骨,是各族人民风雨同舟、自强不息的强大精神支柱。

教师特别是班主任,要把爱国主义当作自己教书育人默默奉献的强大精神支柱。爱国精神是师德之魂!

一位班主任的日记里,有一首毫无包装的诗,最真实地道出了教师爱国精神的本质含义。诗云:

> 为什么总是倾尽心血去浇灌花朵/为什么泪水总是火热/为什么总愿把身躯化为桥梁/为什么总乐于陪伴平凡与苦涩/似乎是一个很复杂的问题/答案却最简单不过/只是为了一个伟大的称谓/她的名字叫中国。

教师特别是班主任的爱国精神具有三大特点。

一是高度的自觉性。我们不必举"面对带血的屠刀,拍案而起,横眉冷对"的闻一多先生的例子;不必举"一身重病,宁可饿死,不领美国的'救济粮'"的朱自清先生的例子;也不必举"一身正气,铁骨铮铮地为祖国的尊严挺身而出"的诸如陶行知、张伯苓诸先生的例子。青年教师李红英的例子已经很有典型性了。李老师在天津市一所小学任教,这位年仅27岁的老师取得了 AFS 项目赴美国学习一年的资格。学习即将期满,美国政府表示可以延长留学人员的签证,她不为所动,如期回国了。回国后,凭她的资历、能力,在涉外企业当个翻译或公关是不成问题的,但她仍回到了挚爱的学生身边。李老师的两个重大选择:不在美国进修,坚决回国工作;不慕金钱,只求为国育人。这不正是高度自觉的爱国精神的体现吗?

当年爱国先驱者的爱国精神正在今天广大的教师身上闪现,并闪现出更绚丽的光辉。

二是历史的深刻性。广大教师爱国精神的深刻性,来源于他们对祖国传统文化理解和继承的充分性。一方面他们理解和继承了诸如儒学的"修身、齐家、治国、平天下"的思想,唐朝诗人"胡虏不灭,何以为家"的思想,宋代民族英雄、诗人文天祥"臣心一片磁针石，不指南方不肯休"的思想，以及清朝爱国学者顾炎武提出的"天下兴亡，匹夫有责"的思想，激发了民族气节和民族情感；另一方面，广大教师也理解和继承了诸如屈子的"眷顾楚国""上下求索"的思想，宋代文学家范仲淹的"进亦忧，退亦忧"的思想，以及我国古代最后一位也是近代最初一位著名诗人龚自珍，面对英国觊觎东南、沙俄虎视西北的政治形势，深为国家命运担忧，所谓"平生之忧患""百出无穷期"的忧国忧民思想。

爱国必先知国。正是在知国与忧国的交映下，当代教师的爱国精神更加异彩纷呈。

三是时代的博大性。"胸怀祖国，放眼世界"谓之博，"海纳百川，有容乃大"谓之大。教师出于对祖国现代化事业的历史责任感，出于对于人类社会业已国际化的时代特征的观察与思考，深知要想让中国腾飞，必须坚定不移地坚持"三个面向"的方针，让中国走向世界。坚持改革开放，吸取先进国家的先进技术，为我所用，是强国之路。基于这种认识，我们的教师们要带领学生大步向世界走去。熟悉世界，学习世界，准备着在未来的激烈竞争中为祖国争光，成了师生共同的奋斗目标。这是在更高、更新层次上的爱国精神。"全球意识"是21世纪人才必备的素质之一，21世纪是全球经济竞争更加激烈的历史时期。经济竞争的成败，取决于人才素质的高低。现在的青少年是21世纪的主人，是保证我国超过发达国家的执行者。所以，要从小对他们进行"全球意识"的启蒙教育，舍此，不能使我们的青少年承担"让中国走向世界，让世界了解中国"的历史使命。

教师，特别是班主任，总是站在时代的最高处，怀着对祖国的前途与命运的深切焦虑来观察与思考问题的，因为在他们的胸中永远跳动的是一颗拳拳赤子心。

再说守法。班主任必须依法履行教师和班主任职责，不得有违背党和国家方针政策的言行。爱国必先守法，遵守国家的法律法规是爱国的具体表现。

知法、守法、护法是班主任追求的高层次人生境界。法制精神，包括民主与法制两个不可分割的方面，是班主任思想观念在新形势下不断更新的体现。民主精神即承认个人价值，尊重学生人格。班主任要发扬教育民主，让学生在民主生活中学会民主，学会生活，学会自治，学会做自己管理自己的人。法制精神是指教师要学法、知法、守法、护法，尤其要学好《中华人民共和国教育法》《中华人民共和国教师法》，严格遵守教师的行为准则，不体罚、变相体罚学生，班主任坚持依法执教,要做到以下三点。

一要提高法律意识。由于一些班主任法律知识知之不多,法律意识不强,施教中常常发生一些违背法律的问题,这种违法现象多是先由学生违反学校纪律,而使自己控制不住情绪,甚至不顾后果而造成的侵犯学生受教育权、财产权、自由通信权、隐私权等违法行为。如有的班主任为了解决学生早恋问题而私扣学生信件,侵犯了学生自由通信权。这样做不仅伤害了学生及其家庭,也使自身形象和学校形象蒙受重大损失。如侵犯学生隐私权问题,在《中华人民共和国预防未成年人犯罪法》第三十条明确规定:"任何组织和个人不得披露未成年人个人隐私。"可是,有的老师却在公开场合大谈学生及其家长的隐私,甚至在斥责学生时也以其家庭和个人隐私为杀手锏,这便伤害了学生的自尊心,造成学生的逆反心理,甚至遭到起诉。

再如侵犯学生的财产权。众所周知:学生违纪往往是有"道具"的。例如上课不注意听讲而玩电子游戏机、看课外书,老师提醒又不改正,一气之下便予以没收、毁弃,或者长期扣押留用。殊不知,教师这样做在客观上就侵犯了学生的财产所有权。其实上述情况,教师可以根据具体情况采取不同的办法。课堂上收缴的课外书刊、手机之类,只要经教育,学生认识了错误,即可退还本人。比较贵重的东西可与家长联系交家长处理。让学生心服口服,避免误会。

依据《中华人民共和国宪法》,我国陆续出台了《中华人民共和国国旗法》《中华人民共和国教师法》《中华人民共和国教育法》《中华人民共和国预防未成年人犯罪法》《中华人民共和国义务教育法》《中华人民共和国未成年人保护法》《中华人民共和国侵权责任法》……使我国的教育成为在法制轨道上运行的教育,提高法律意识,依法执教已形成了不可动摇的趋势。

二要提高执法的自觉性。《中小学教师职业道德规范》第一条就要求教师"爱国守法",这不仅是对一个公民的要求,更是对教师执教的要求。另外,在我国这个法制的国家里,学生权利范围的扩大和维权意识的增强,已是不争的事实。可是,有的教师由于地位的优越感,认为自己的岗位是法律照不到的地方,又忽视了自己工作的每一个环节,自己每一个教育行为都可能触犯法律、引起纠纷,而遭到学生及其家长的诉讼。因此,班主任不仅要学法、知法——提高遵法守法的自觉性,而且要明责任——在工作中保护学生享有的合法权益。恰恰是有的班主任由于缺乏法律知识,甚至出现侵犯学生权益的违法行为。下面以侵犯学生受教育权为例，做简要的说明。

受教育权已被《世界人权宣言》宣示为"人之为人的基本权利"，是一项宪法性权利。我国宪法第四十六条明确规定："中华人民共和国公民有受教育的权利和义务。"《中华人民共和国义务教育法》第四条规定："凡具有中华人民共和国国籍的适龄儿童、少年，不分性别、民族、种族、家庭财产状况、宗教信仰等，依法享有平等接受义务教育的权利，并履行接受义务教育的义务。"可有的学校对适龄儿童进行智力测验，拒绝测验成绩不好的"笨孩子"入学，就是一种侵犯学生入学权的违法行为。《中华人民共和国教育法》第九条规定："公民不分民族、种族、性别、职业、财产状况、宗教信仰等，依法享有平等的受教育机会。"那种把学习差、不守纪律的学生推出校门或拒绝他们参加集体活动的现象就是侵犯了学生受教育的平等权。《中华人民共和国教育法》第四十二条规定：受教育者享有参与教育教学计划安排的各种活动的权利。有的教师和学校一起弄虚作假，不让成绩差的学生参加考试，即违背了这条规定。类似于侵犯学生上课学习权力、强制分流侵犯升学考试权力等问题依然存在。可见班主任只有学习掌握法律知识，才能提高依法执教的自觉性，千万不要做那些侵犯学生权益的傻事。

三要用法律保护学生和自己的合法权益。教师特别是班主任要善于拿起法律的武器保护自己的合法权益。而恰恰是这一点我们重视不够、法律知识不足、自我保护意识不强，在遭遇诉讼时处于被动地位。因此，在法制社会里，班主任的法律知识，已成为专业化班主任知识结构中不可缺少的组成部分。班主任要认真学习上述所列的法律，领会其精神实质，要牢固掌握班主任在执教过程中应遵循的相关法律法规，同时还必须学好《中华人民共和国侵权责任法》(2010年7月1日正式实施)，用该法维护自己的合法权益。

一位学生经常上课捣乱，搞得班上一片混乱，使老师讲课和学生听课受到严重干扰。一次数学课上，这位学生又挑起事端，撕了同学的书，还大吵大闹，老师劝阻无效，无奈将其请出教室，并让班长把他送到班主任那里。可是他坚决不去，还擅自逃离了学校。下课后数学老师立刻与班主任进行沟通，梳理了整个事件过程，并通知其家长，要求家长配合学校做好学生的工作。第二天学生仍未到校上课，班主任打电话询问情况，家长却责怪数学老师为什么将其赶出教室，不容分说将电话摔掉。第三天区教育局就给校长打来电话,询问情况,并说家长告老师侵犯学生受教育权。教育局根据学校详细说明,与校长一同做家长工作,但毫无效果,家长还要起诉。这时校长坚定地说:诉诸法律是您的权力,但我可以肯地说我们的老师没有侵犯您孩子的受教育权。结果正如校长所说,家长败诉,教师的合法权益得到保护。

之所以学校胜诉,根本原因在于:

①把违纪学生请出教室,完全是为了保护大多数学生受教育的权力。

②处理学生违规行为的程序周密,教师和班主任都无过激言行。

③证据保存完整,对事件过程记录详细清楚,无懈可击。

④法律在心,依法行事。学生伤害事故、侵权事故与教师、班主任有密切关系,了解相关法律知识,不仅可以有效地保护未成年人的合法权益,也可以拿起法律的武器保护自己的合法权益。

(2)爱岗敬业精神。师德是中华传统美德的重要组成部分,其核心就是爱岗敬业。师德包括两层含义。一是为学生,教师要教书育人。二是为自己,教师要实现自我价值。教师只有爱岗敬业为学生,才能甘作泥土护花木;才能"只问耕耘莫问年";才能为祖国培养出高素质的人才;才能适应时代需要,不断提高自身素质,担负教书育人的神圣责任;才能为创造公平公正的教育环境,构建和谐社会贡献自己的微薄之力。

爱岗敬业精神是忠诚党和人民的教育事业、呕心沥血传递人类文明和科学文化知识、实现个人奋斗目标和人生价值的实际表现,是教师高尚的道德品质和崇高精神境界的体现。它反映了人民教师为培养社会主义事业的建设者和接班人的高度政治责任感和历史使命感,倾注了他们对祖国、对人民、对学生的深情厚谊和对建设有中国特色社会主义的信心和希望。他们把事业的发展和祖国的兴旺发达与个人的命运紧紧联系在一起,忠于职守,献身教育。爱岗敬业精神是人民教师在长期的教学实践中逐步积累和形成的精神财富和精神生命,是教书育人、管理育人、服务育人,做好工作的重要条件和必要保证,它形成于实践之中,并随着时代的发展,在实践中不断得到升华。

爱岗敬业是教师崇高精神境界的反映、是传播人类文明和进步的需要、是教师教育智慧的源泉。

赵朴初同志在他的题为《金缕曲·敬献人民教师》的词中写道：

"不用天边觅，论英雄，教师队伍里，眼前便是。历尽艰难曾不悔，只是许身孺子。堪回首十年往事，无怨无尤吞折齿。捧丹心，默向红旗祭。忠与爱，无伦比。幼苗茁壮园丁喜，几人知，平时辛苦，晚眠早起，燥湿寒温荣与悴，都在心头眼底，费尽了千方百计。他日良材承大厦，赖今朝血汗番番滴。光和热，无穷际。"

这首词赞颂了人民教师鞠躬尽瘁献一片痴情于国于民的高尚情操，将教师爱岗敬业、无私奉献精神，讴歌得淋漓尽致。人民教师在平凡的岗位上兢兢业业、勤勤恳恳、默默奉献，向青少年献出一片痴情，向中华民族献出一份忠诚，在三尺讲坛上铸造一颗忠心，以自己的工作表达出爱国爱民的一片赤诚。鞠躬尽瘁，献一片痴情于国于民，这是人民教师的立身之道。

笔者从教以来一直认为朱自清三十年如一日的辛勤从教，是伟大的师德楷模，并始终以他为榜样，践行他积极倡导的"只问耕耘莫问年"的师德理念。早在20世纪20年代中期，朱自清就已经是清华大学的知名教授，他用自身榜样的力量成为学生的生活导师和道德教员，激励学生努力塑造良好的品行。抗战期间，朱自清除了执教于西南联合大学外，还兼讲五华中学的国文课，住所离学校很远，但他风雨无阻从不误课。有一次因西南联合大学临时开会，又无电话可打，他就一大早跑到五华中学请假。作为一名教师，朱自清上课认真，深受学生爱戴，学校还特地邀请他写校歌，歌中唱道："还我大好河山，四千年祖国重光，责在吾人身上。"诗言志，歌咏情，至今读来仍令人心头火热，气血奔涌。

朱自清认为，教育者要有健全的人格和坚贞的教育信仰，其人生理想应该超乎功利之上。所谓"健全的人格"，即"为学"与"做人"应并重。所谓超乎功利之上，即教育者不但要做一个能干而有用的人，更要做一个正直、坦白和勇于担当的人！

要做到爱岗敬业，班主任必须"知责任、明责任、负责任"，集中精力、专心致志履行好班主任职责，要对学生倾注全部的心血，甚至对个人利益做出重大牺牲，用自己的先进思想和高度责任感影响和感染学生。既要做到学而不厌，诲人不倦，又要做到教书育人、言传身教。树立起忠诚党的教育事业，血汗浇沃桃李的爱岗敬业精神。爱岗敬业精神的内涵和外延十分丰富,它凝聚着教师的多种精神,然而,"爱岗"就要有务实精神,"敬业"就要有奉献精神。

班主任承担着任课教师和班主任的双重职责,无疑比一般任课教师需要更高的师德水平、更多的专业知识和专业技能,这就要求班主任既要热爱教学岗位,也要热爱班主任工作岗位,更要关爱学生教书育人。这两项职责处理好了能相辅相成、互相推动,所以只有两手抓,两手都要硬,才能是真正的爱岗敬业。爱岗敬业体现在以下几方面。

其一,为人师表——坚守教育操守。学校应是圣洁之地,教师应是儒雅之士。班主任坚守教育本原的操守十分重要。班主任在履行职责中,其职业操守、精神追求不仅影响自己的道德修养和专业化发展,而且直接影响学生学业成绩的提高和良好精神品质的形成。因此,班主任一定要把教育部提出"班主任任职条件"牢记在心,内化为自己的道德操守,外化作自觉的行为。如果一位教师正直、高尚、儒雅、大气、热爱自己的事业,认真负责,学生就会佩服你,尊敬你,崇拜你,反之,如果一个教师自私狭隘,低级趣味,不负责任,缺乏事业心,则一定会为学生所鄙视,被学生看不起。

当今社会正处在转型期,经济快速发展,社会现象五光十色,班主任面临严峻的考验。应该看到,在教育领域里,的确存在着让人不悦的事。如讽刺挖苦学生;从事有偿家教;暗示学生给自己送礼;视学生家长地位区别对待学生等。

班主任的责任重如泰山。其双肩,一头挑着学生的现在,一头挑着祖国的未来。今天的教育,就是孩子们的明天,就是祖国的未来!家家户户把子女送到学校,托付给班主任,寄托着多么殷切的希望;国家把民族复兴和昌盛的未来,交付给教师和班主任,这是多么巨大的信任和期待!教师的职业本质决定了其道德底线必须高于普通人。社会上可以有的,学校里不能有;社会上可以做的,教师不能做。周恩来总理、温家宝总理的母校——南开中学,被孙中山先生誉为"世界上知名的好学校"。当年学校地处"三不管"地区,社会环境十分不好。张伯苓校长坚定地提出:社会上可以有贪污,学校里不能有贪污;社会上可以有市侩,学校里不能有市侩!学校、教师、学生"出淤泥而不染",董守义、熊十力、范文澜、老舍……学校里一位位名师、一位位"人师",人人守住教育的真义,守住社会的正义,守住教师的神圣。"允公允能""为中华之崛起",成为永远的南开精神!

学校是学生健康成长的精神家园,教师和班主任是学生做人的楷模。班主任面对当前社会上形形色色的诱惑，要一身正气，保持心境的纯正与安宁，抗诱惑，拒腐蚀，坚守教育的圣洁，坚守教师的尊严，努力提升自己的精神境界，远离庸俗，远离铜臭，远离低级趣味，远离不正之风，一门心思追求事业，全心全意奋发进取。让学生看到班主任是高尚的人，纯粹的人，磊落大度的人，奋发有为的人。

其二，学而不厌，严谨治学。学而不厌，严谨治学是爱岗敬业的重要表现。班主任既是教育者又是受教育者，在向学生传授人类科学文化知识的同时，自身也应该不断地勤奋学习，提高自身的修养和素质。尤其是班主任工作涉及的管理学、教育心理学、行为学、德育论知识更多，必须坚持终身学习，活到老学到老。学而不厌勤奋进取，是必备的一种可贵的思想和学习品质，是班主任的职业责任，同时也是敬业爱生、具有高度责任感的一种表现。学而不厌，不仅可以掌握更多的现代科学文化知识，而且还能够陶冶道德情操、修养性格、磨炼意志，形成勇于进取、严谨治学的优良作风（详细请阅：三、终身学习，自主专业化发展的第一要务）。

其三，诲人不倦，甘为人梯。我特别喜欢将教师比作诲人不倦的"人梯"，虽然记不住诗人的姓名，但他的《浪淘沙》我仍记忆犹新："学子校园中，活虎生龙，英姿焕发志恢宏，宁静致远勤进业，景慕师宗。师表力无穷，才德高风，含辛茹苦意方浓。愿做人梯迎日月，海阔天空"。"愿做人梯迎日月"是人民教师高尚情操、恢宏志向的具体写照。人民教师对教育事业忠诚不渝、赤胆忠心，他们含辛茹苦夜以继日，尽洒汗水无怨无悔，以青春与热血谱写出一曲惊天地、泣鬼神的奉献之歌。

学生是教师精神生命的延续，是实现教师人生目标和人生价值的寄托。人民教师在辛勤的耕耘中充满着信心和希望，以孜孜不倦的精神传授知识，培育人才，探索人生的真谛。诲人不倦是班主任爱岗敬业精神的突出特征，是他们坚定的育人信念的标志，无论在哪里，他们都应闪耀着这种令人尊重的光彩。他们正是用这种精神去拥抱每一个学生，拥抱整个世界，拥抱人类的今天和明天。

诲人不倦、甘为人梯是班主任坚定育人信念的标志。这不仅表现为一种精神，而且也表现为班主任的一种高尚的思想和认识境界，凝聚着他们对事业对学生的高度责任感和信任感。具有明确而坚定的育人信念，即相信每一个学生经过培养教育都能成为国家有用的人才和合格公民，对每一个学生的健康成长都寄予最大期望,相信自己所从事的事业一定能够成功。有了这种信念,就会把满腔热情投入于工作之中,感到工作充满了成功和希望,就会全身心地走进每一个学生的心田,在教育中尽情播种希望。有了这种信念,就会正确认识和对待教育过程中的困难和挫折,并以顽强的毅力和意志克服困难,排除干扰,使诲人不倦的精神在工作中无限延伸。

许多优秀班主任的经验还表明,有了坚定的育人信念,就能以学生为中心,按照他们的心理特点、认知特点和身心发展规律去组织教学,开展教育、设计活动。就会发现每个学生都有各自品行上的闪光点,才觉得学生个个可亲可爱。工作中有挫折也会觉得无怨、无悔。

诲人不倦、甘为人梯是班主任工作成功的因素。国内外一些经验表明,教育质量的提高与教师和班主任素质的提高成正相关。而在班主任素质中,诲人不倦、甘为人梯的精神是其中一个重要因素。因为它能最大限度地发挥和挖掘人的潜能,最大限度地发挥人的主动性和积极性。如果把这种潜在能量和积极性有效地投放到教育工作中去,就会产生比自身一般情况下高出许多的教育效益。全国农村优秀教师、从事了三十多年班主任工作的杨光志几十几年如一日,一心扑在工作上,依靠这种精神不断超越自我,创造了令人信服的业绩,他说:"我心里装着许多人、许多事,但装得最多的是学生。"

教师的劳动对象是一群群朝气活泼、渴望求知、期望成才的青少年学生,所以,在人的全面发展和健康成长上下功夫,用毕生的精力培育人才便是教师敬业精神的突出特征。德国的卡尔·伯克博士认为,人所拥有的最大的天赋就是他的精神,就是他认识自己和认识世界的能力,人越是使用这种能力,越是发挥这种能力,他就越趋于完善,他的价值就越大,他的人的质量和尊严就越高。从这个角度讲,诲人不倦、甘为人梯应该成为每一位教师被赋予和特殊拥有的精神财富,谁不珍惜甚至抛弃这种珍贵的精神,谁将一事无成。作为教师,只有将他有限的生命延伸到学生的健康成长的道路上,其生命才更有意义。

爱岗敬业精神是无价之宝。拥有它就可以为每一个学生的人生大厦铺垫好最初的基石,为建成中国特色的社会主义增砖添瓦;拥有它可以将以汗水播种的希望变成丰硕的果实,为民族的振兴输送一批批人才和栋梁;拥有它就可以在坎坷的人生路上无悔地追求,以足够的热情和力量去托起明天的太阳。没有平凡,难有伟大,平凡中孕育着伟大,伟大中凝聚着平凡,有了这种精神就可以在平凡的岗位上超越平凡，创造奇迹。

（3）奉献精神。最美女教师张丽莉 2012 年教师节接受中央领导同志接见时的感言是这样说的。

　　人民教师理应为人民服务，这也是为人师的光荣职业。作为一名基层的人民教师，在学生面临危险的关头站出来，是职责，也是义务，我觉得这个时候，无论做出多大的牺牲，付出多大的代价，都是值得的。有人也问过我后悔不后悔，我想如果能用我的生命换回更多人的生命，这何尝不是一次人生的凤凰涅槃。人生有了这样的重生，还后悔什么？新中国成立前，多少革命志士为民族、为国家的重生献出了自己的生命，把新生活给予了后来人；如今，在和平年代，在分享改革发展带给我们的富足生活时，我为什么不能保持这种付出，这种给予的精神，为社会的美好给予更多。我想说，这是我渴望达到的人生境界。

　　这段时间以来，党和国家给了我这么多的荣誉，让我深深地感动，我想，这不仅仅是对我个人的肯定，这是对所有恪尽职守、敢于担当、敢于牺牲的人们的褒奖！未来我的人生道路还很长，我一定克服身体上的不方便，把大家的关怀化为生活的勇气和工作的动力，加强学习，不断进步，为党和国家、为教育事业贡献我的力量！

在我读到张丽莉的充满激情的感言不禁热泪盈眶的时候，我又想起了一位普通得不能再普通的全国优秀班主任的典型的案例。

　　全国优秀班主任、白山市六道江镇中心小学教师王玉萍，二十多年来把爱无私地奉献给学生，关心和爱护着每一个学生。有的学生因家境困难，无钱交书本费，她就先替学生交上，几年来累计 1000 多元。学生们来自农村，衣食住行有许多不便，她就把他们看作是自己的孩子，有时候给他们衣服，有时候给他们买饭或者把他们领到自己家里吃饭。二十多年来，她所教的学生没有一个留级的，没有一个辍学的。

　　为了教好每一个学生，王玉萍经常拖着疲惫的身体，利用有效的时间为学生辅导和批改作业。有时批着批着作业就趴在桌子上睡着了，当她迷迷糊糊醒来的时候,看到的是同学们静悄悄地围在她的身边,有的学生眼里竟挂着泪花。

衡量一个人的品质不单单是一两句话、一两件事,重要的是每时每刻的行为和表现的精神境界。低年级工作辛苦,很多老师不愿意承担,王玉萍就主动挑起这副重担;有的班级纪律比较乱,学习成绩较差,送完毕业班后,王玉萍就接过来当班主任。作为年级组长,王玉萍带头搞教研课,作为学校的骨干教师,处处走在别人的前面。

看上去这都是些平凡的小事,可是班主任的奉献精神,正是由张丽莉和王玉萍的这些行动有说服力地诠释出来。也就是在这种平凡的服务与牺牲中体现着全心全意为人民服务的献身精神,体现着班主任正确的人生目标和态度。奉献精神正是广大班主任正确人生观和价值观的集中反映。

教师职业在一些人看来是一种不得已而为之的职业(家有三斗粮,不当孩子王)。在教育活动中,我们也确实感受到"教育者所得的机会,纯系服务的机会,贡献的机会,而无丝毫名利尊荣之可言"(陶行知语)。目前,我们教师地位虽然空前提高,但是,在市场经济的冲击下,"一切向钱看"的思想有所抬头,如果缺乏奉献精神,就不会热爱自己的职业、坚守自己的岗位,把自己的全部知识传授给学生而无怨无悔。可见,奉献精神要求班主任要无私献身祖国的教育事业,因为它决定着教育事业的兴衰。我们提倡奉献精神是因为它是教师职业道德的先进性的集中表现,但这绝不意味着"超越索取",更不是"毫无索取"的同义词。如果班主任的生活与安全得不到保障,如果分配不合理现象长期得不到解决,势必要影响教育事业的发展。

奉献精神就是"捧着一颗心来,不带半根草去"。陶行知在他的教师教育论述中,是最早提出教师职业精神这个概念的,而且还着重强调做教师要弘扬以"捧着一颗心来,不带半根草去"的奉献精神为核心的职业精神。

这是陶行知办教育的重要思想,而且他用实际行动践行这种精神。纵观中外教育史,还没有一位教育家对教师职业精神有如此全面、精辟的论述。陶先生不仅将教师的职业精神归纳为服务精神、专业精神、进取精神、开拓精神和改造社会精神,而且指出这种职业精神来自教师的"责任心"和"信仰心"。他说责任心是指教师必须具备"使命感"和"紧迫感"。他说作为一名教师"要晓得国家还有一块未开化的土地，有一个未受教育的人民，都是由于我们没有尽到责任。"1919 年陶先先在在《新教育》中说："信仰心"说的是教师必须深信教育是变少数人受教育为多数人受教育的"大事业"。而且"教育有大快乐"，非得有众多教师"终身从事"的决心。有了这种"信仰心"就会珍惜自己"所得的服务的机会、贡献的机会"为振兴民族教育"做一番事业"。陶先生不仅是职业精神的倡导者，而且是忠实的践行者，成为我们光辉的榜样。

1930 年他就写下了"捧着一颗心来，不带半根草去"这副著名的对联，作为座右铭，其大公无私、鞠躬尽瘁、培育人才的苦心溢于言表。这种精神使陶行知成为我国第一位放弃优厚生活待遇为人民办教育的学者。20 世纪 20 年代他就身体力行，深入农村，穿草鞋，挑大粪，和农民交朋友，靠募捐为农民办教育，含辛茹苦，坚持不懈。后来他又到了上海为工人办教育，创办工人夜校、劳工幼儿园、山海工学团，使工人和农民的子女受到教育。他自己和家属的生活却十分艰难，常常是靠卖字、卖文为生。"五四"运动后，他和安徽的教育人士，在南京创办了"安徽公学"以收容"五四"失散的学生。当时他曾题联："义则居先，利则居后；敬其所长，恕其所短"，不仅申明了办学宗旨，更表达了自己的无私精神和用人之道。

在他参加革命后，虽然屡遭国民党反动派的通缉和迫害，但他却意志弥坚、不屈不挠。1946 年 7 月，国民党在昆明暗杀了李公朴和闻一多，陶行知得知自己在国民党特务的黑名单上是第三名，郭沫若、翦伯赞等好友都劝他提防"无声手枪"，他却坚定地说："我等着第三枪。"

他的一生忠实地履行了"捧着一颗心来，不带半根草去"的诺言，其耿耿丹心令人肃然起敬。他的一生为教育工作者树立了光辉的榜样。作为班主任要以陶行知为榜样，在教书育人、管理育人、服务育人等方面全心全意为祖国的教育大业贡献力量。

奉献精神就是要有甘为人梯的精神。人民教师为人师表，乐于奉献。人民教师是孺子牛，吃的是草，挤出来的是奶。他们黎明即起，披着霞光走进校园，在三尺讲坛上播撒知识的甘霖；夜晚还要伏案备课，精心批改作业，默默耕耘。为了教育事业，他们置小家于不顾；为了学生，他们忘了自己的孩子；为了传道授业解惑,他们将个人的一切抛至九霄云外。他们像火把,为青少年照亮了道路;他们像人梯,把青少年送上知识的峰巅;他们以"春蚕到死丝方尽,蜡炬成灰泪始干"的忠贞不贰的信念,披肝沥胆,呕心沥血,以奉献为荣,"甘洒热血写春秋"。人民教师是中华民族最优秀的组成部分。

教师的职业特点决定教师要当人梯。教师肩负为祖国的明天培养人才的重担,只有具备甘当人梯的精神,才能兢兢业业、克勤克俭、言传身教、循循善诱。

凯洛夫在《教育学》一书中说:"教师站在人们未来专业的摇篮边,因为他应当是第一个能够看出和发展学生能力的人。他应当首先看清楚学生当中未来的设计师、飞行家、农学家、工程师、医师、工业和农业的劳动者或科学和文化的活动家。"做祖国未来人才的梯了,这是教师职业的要求。反过来讲,如果没有甘当人梯的精神,缺乏为人才成长呕心沥血的热情,那就不配"人类灵魂工程师"的称号。奉献精神是这样形成的:

强烈的事业心是基础。衡量一个教师的师德水平,人们往往看事业心之强弱。各行各业的人都必须热爱自己所从事的工作,这是做好本职工作的基础。对教师而言,要想当好人梯,首先必须具有强烈的事业心。对教育事业忠贞不贰,矢志不渝,才能做到甘洒汗水、无怨无悔。

高尚的道德情操是保证。教育事业是"太阳底下最光辉的事业"。从事"最光辉的事业"的人,必须有高尚的道德情操,能正确看待贡献与索取的关系;树立科学的人生价值观。人民教师作为辛勤的劳动者,应该在政治上、经济上、业务上享有充分的权利,社会应该给教师以尊重,不断提高教师的待遇,改善他们的生活条件。而对教师来讲,不仅应当享受索取的权利,也应注重奉献的义务。如果过分强调待遇,只重索取不求奉献,给多少钱干多少活,这还谈什么当好人梯。只有思想道德高尚,才能甘当人梯。北京实验小学前校长王企贤退休后仍然不忘教育事业。80高龄两耳失聪,两手发颤,不能用粉笔教孩子了,便拿起钢笔辅导青年教师,做他们的人梯。他说:"我愿做一支两头点亮的蜡烛,照亮更多的人。我的日子屈指可数了,更应该多做工作,多为教育事业贡献一点力量。"

热爱学生是动力。要当好人梯,必须热爱登梯之人——青少年,心甘情愿为他们铺路架桥搭梯,以教育青少年为荣,以培养他们为乐,真心实意地热爱他们。热爱学生是当好人梯的强大动力。湖北省罗田县梅河乡的126名青年教师在穷山沟里奉献着情、贡献着爱,默默地改变着失学少年的命运。为了让失学少年重返校园，他们每年都要在陡峭的山路上行走 7599 千米；给学生垫付救助学费，购买学习用品、供食宿的费用累计达 8 万余元；他们每人每周承担 30 节课的教学任务，还要挤休息时间为学生补课……这个青年教师群体为山村教育事业做出了巨大贡献，而热爱学生是他们甘为人梯、无私奉献的巨大动力。

不断充实提高自身是条件。当人梯，并且当好人梯，不是一句空话、一种愿望。梯子搭得越高越牢，越有利于青少年成才。俗话说得好：要给人一碗水，自身必须有一桶水。为了当好人梯，必须具有学而不厌的精神，苦学勤学持续不断地学；不仅学习所教学科的知识，而且应该学习德育知识，学习相关学科的知识，读些哲学理论著作，读些世界名著。知识丰富了，就具备了做好人梯、把青少年送上知识和思想峰巅的资本。知识渊博、教学精湛，才能培养出人才！

人民教师甘当人梯乐于奉献，尽洒汗水无怨无悔，这是多么崇高的精神！

（4）廉洁自律精神。廉洁自律既是师德的重要内容，又是制约师德其他内容的关键。学校历来被称为"清水衙门"，然而，近几年新闻媒体披露了许多"清水衙门水不清"的现象足以引起我们的反思。《中小学教师职业道德规范》中特别强调教师要树立廉洁自律精神。班主任必须坚持"教育者先受教育"的原则，做到严格自律。自我教育、自我完善，决不说违背党和国家政策的话，不做违背党和国家利益的事；决不利用职责之便谋取私利，坚决按教育规律办事，真正做到一言一行，一举一动都不愧为人师，真正担当起教书育人，为人师表之大任。

自律，是指一个人为了达到预期的目标，进行自我要求、自我约束、自我控制的心理过程。严于律己，以身作则，即是班主任的自律行为。其主要表现是：忠于祖国，做典范。以身立教，做人师。严于律己，做模范。遵纪守法，做楷模。

德国教育家第斯多惠在他的《德国教师培养指南》一书中指出，凡是不能自我发展、自我培养和自我教育的人，同样也不能发展、培养和教育别人，教师只有先受教育，才能在一定程度上教育别人，教师只有诚心诚意地自我教育，才能诚心诚意地教育别人。他在书中对教师发展目标和应采取的方法也提出了许多建议，对我们班主任颇有启发。

班主任的专业发展目标，就是全面提高自身专业素养，实现专业自主，更好地为学生素质的全面可持续发展服务，为中华民族的伟大复兴培养高素质人才服务。有了这个目标才会严于律己，不懈努力。中小学生的向师性、模仿性，决定了班主任一切言行的规范性，因此我们班主任都应严于律己。

廉洁自律精神就要"以人为镜""见贤思齐""见不贤而内省"。只有以贤为镜，才能明确自己的努力方向，只有以不贤者为镜，才能产生矫正毛病的决心。

学高为师，身正为范，中小学生的向师性、模仿性，决定了教师一切言行的自律性。只有班主任具有廉洁自律精神，才能培养和塑造学生良好素质。因此，班主任应视严于律己、以身作则、为人师表为天职。班主任在实际工作中应做到：要有自知之明。自知之明，是一个人之所以能够不断进取、有所发展、有所成就的内在力量，也是一个人思想品德修养的体现。只有具备了自知之明的可贵品德，对自己各方面都有清醒的认识，才能在工作、事业和生活中，自觉地寻找差距、弥补不足，更好地完善和丰富自我。要努力做到自知而不自见(xiàn，意即显示自己)，自爱而不自贵(贵：自觉了不起)，自信而不自负，自谦而不自卑。

要做到严于责己。古人说："以责人之心责己，则寡过。"意思是，以要求别人的标准来要求自己，自己就可以减少过错。在中华民族这个文明古老的国度中，严于责己是加强自我修养，攀登道德制高点的阶梯；是一种力行道义、心怀宽广、情操美好的人格品质；是人的高风亮节的彰显；是较高水准道德修养的一种体现，同时也反映了人们处理人际关系的高尚人格，是中华民族待人处世的一种美德。严于责己实际是一种心灵的自律、心灵的约束。教师自我塑造，就必须用心灵来规范自己的言行，以自己的"言"为学生之师，以自己的"行"为学生之范。

要做到慎独慎微。"慎独"一词，出自《礼记·中庸》一书："君子戒慎乎其所不睹，恐惧乎其所不闻。莫见乎隐，莫显乎微，故君子慎其独也。"慎独慎微是一种情操；慎独慎微是一种修养；慎独慎微是一种自律；慎独慎微是一种坦荡。所谓慎独慎微，是指人们在独自活动无人监督的情况下，凭着高度自觉，按照一定的道德规范行动，而不做任何有违道德和法律之事。"勿以恶小而为之，勿以善小而不为"。这是进行个人道德修养的重要方法，也是评定一个人道德水准的关键性环节。

慎独是很难的。今天，在市场经济条件下，物欲横流，处处充满着诱惑和陷阱，慎独更是难上加难。刘少奇同志在《论共产党员的修养》中引用了慎独一词并赋予新意，他指出：对于认真进行道德修养的共产党员来说，"即使在他个人独立工作、无人监督、有做各种坏事的可能的时候，他能够'慎独'，不做任何坏事。"无数革命前辈，由于地下工作的需要，常常独立作战，正是靠这种高度自觉的慎独精神，给后人留下了"清白于世，忠诚一身"的光辉典范。"慎独慎微"是道德修养的最高境界，是教师良好师德和修养的体现，要求学生做到的，教师首先要做到；在学生面前做到的，在学生不在的地方也能做到。要充分认识到，坚定的意志是教师自身修养的重要保证，而"慎独慎微"是磨炼意志的有效途径。教师要自觉地同私心杂念做斗争，自觉纠正不良行为，在自我批判中坚定自己的意志，保持良好的品质。

应该指出的是，班主任能自觉地检点自己的言行，做到"为人师表"，这是正确的，但还远远不够。班主任只有在自觉检点自己的言行的同时不断地加强思想修养，把各种高尚的道德品质融入自己的个性，才不至于在"无意和不慎"之中给学生带来不良影响。

一个班主任的师德和规范行为，确实需要廉洁自律，但高层次的职业精神的形成，也是从不自觉到自觉，从被动到主动，从外化到内化，再外化为规范行为的过程，这也正是师德日趋成熟的过程。班主任的廉洁自律，对于全面履行教师与班主任的双重职责，提高专业素质有着十分重要的作用。

（5）开拓创新精神。温家宝同志在"百年大计，教育为本"的讲话中要求教师要"严谨笃学，与时俱进""求真务实，勇于创新"，创新既要有志气，又要有勇气，既要有灵气，又要有锐气。任何一位优秀班主任都是在锐意创新中不断走向辉煌的。只有不满足现状，永远想着超越，锐意创新，才能攀上专业发展的一个个新高峰。创新是在继承传统基础上的超越、是学习他人并超越他人的历程、是战胜自我超越自我的革命。创新是旧我与新我的较量，这一切都需要勇气和锐气，需要决心与恒心，需要知识与能力。创新铸就锐气，锐气又推动创新。

温家宝还要求教师要静下心来教书、沉下心来育人，其实质就是告诉我们要力戒浮躁，静心养气，脚踏实地地教好书育好人。

班主任劳动的复杂性、教育改革的艰巨性，不仅要求其追求新知、不断进取，还要有开拓创新精神。这种精神要求班主任要在教育的全过程中，敢于冲破影响教育和科技发展的旧观念的束缚，"敢探未发明的新理，敢入未开发的边疆"（陶行知语），这是教育与科技发展的生命。班主任要"有魄力、讲科学、敢开拓、勤实践，把教育的奥妙新理一个个地发现出来"（陶行知语）。教师的职业是传播真理、培育真人的职业。班主任必须具有执着地追求真理、诚挚地热爱真理、勇敢地捍卫真理、不懈地传播真理的精神，"抱着真理为小孩、为国家、为人民服务"（陶行知语）。这种精神体现在班主任的言行中，即为求真知、说真话、付真行、做

（育）真人，站在科学与教育事业的前列，引导学生去探索未知领域及其规律，善于实践和追求真理，走前人未走过的路，解决前人未解决的问题。对那些伪知识、伪科学，要勇于斗争。要以科学发展观为指南创造性地全面推进素质教育。要努力培养出一批批"值得自己崇拜"的人才，"创造出值得自己崇拜的创造理论和创造技术"（陶行知语）。

班主任的创新精神主要体现敢于超越上。

第一，敢于超越现状。长期以来广大中小学班主任兢兢业业、教书育人、无私奉献，做了大量教育和管理工作，为促进中小学生的健康成长做出了重要贡献。但是，在专业发展上因存在一些不足而影响工作的有效性，主要问题有：一是专业知识匮乏，二是专业能力不强。不解决这些现实问题，实现新的超越，班主任工作就很难跃上新水平。

要实现对现状的超越，一要不断深化专业认知、增强专业能力、提升专业道德，努力从经验型班主任向研究型班主任转变，使自己的专业成熟程度不断提高，真正成为训练有素、不可替代的角色，才能使班主任工作成为令人尊敬和羡慕的职业；二要明确班主任工作是中小学教师的主业，这是由班主任工作的性质、特点和职责、任务决定的。必须具有强大而恒久的内驱力，不断调整和改进自己的工作理念、工作思路和工作技巧，才能适应社会、教育和学生的发展要求。

班主任要有自主发展意识和强烈的自主发展愿景，一方面，班主任要把所拥有的原理性知识、陈述性知识转化为实践性知识、程序性知识，实现理论在实践平台上的"软着陆"，优化班主任工作实践；另一方面，班主任要把知识和个性体验提炼、升华，纳入班主任的理念体系和素质结构之中，促进班主任的思想更新和能力提升。因此，激发内在动力，促进自主发展是班主任专业化的理想境界。

第二，敢于超越自我。影响班主任专业发展速度的最大敌人是自我。只有战胜自我，才能超越自我。战胜自我就要善于解剖自己，承认自己的差距，找出自己的"最近发展区"，通过学习与实践积累实现超越。班主任必须增强与时俱进的学习意识，做到在工作中学习化、在学习中工作化，坚持学中干、干中学，努力提升自己的学习能力。加强学习，要做到学以立德，提高境界；学以增智，开阔眼界；学以致用，改造世界。

超越自我需要有较强的研究意识和研究能力，要树立终身学习的思想和教育科研意识，确立"问题即课题，教育即研究，成果即成长"的理念，将工作任务和工作中的难点与教育科研相结合，将接触学生与研究学生相结合，将制定班主任工作计划与研究课题方案相结合，将班主任的教育活动与相关的课题实验研究相结合，将撰写班级工作总结与撰写科研论文、实验报告相结合，在把握规律中超越自己，不断提高工作能力和学术水平。

超越自我要在总结经验中实现。加强对实践中出现的问题进行批判性反思的意识，加强对自己工作中的经验进行及时总结，"没有反思的经验是狭隘的经验，至多只能形成肤浅的知识"（波斯纳语）。

班主任的专业化发展是一个目标，是一种追求，也是一项事业，需要建立和健全相关的保障制度促进班主任形成专业角色意识，需要班主任在教育教学实践中去体会和感悟，更需要班主任个体的素质建构、内涵提升、自主发展，实现自我完善、自我超越。

第三，敢于超越他人。班主任实现自我专业发展，还必须善于学习他人、超越他人。学习他人包括的范围很广，如向专家学习、不断提升自己的专业知识和理论水平。向优秀班主任学习，学习他们的先进理念、先进的教育管理经验，以实现对他们的超越。甚至包括向比自己专业水平相对较低的老师和自己的学生学习。学习的目的是把他们的优点、变为自己的财富，以实现对他人的超越。

班主任劳动的个体性和教育效果的滞后性，不仅要求其具有高度的事业心和责任感，还特别强调要有团结协作精神。社会主义市场经济鼓励人们公平竞争，也倡导团结协作，尤其是中小学教育教学质量更是群体协作的结果。因为没有哪一位教师精通所有学科知识，全面了解来自四面八方的信息。中小学各科教育教学单位都是结合体，每位教师都应当具有团结协作的精神。要培养全面发展的人才，靠教师个人奋斗是远远不够的，必须"谋充分之协作"，克服"文人相轻"，反对教师之间的相互"封闭"；要树立大教育观念，努力谋求学校、家庭、社会团结协作，共同育人的教育网络。班主任工作更不能孤军奋战，只有团结所有任课教师，才能较好地完成党交给我们的实施素质教育、共育良才的伟大事业。

九、修炼为师之道,在实践中实现专业成长

在网上我曾读到一位老师写的《师之道深　弟子必尊》的文章,缩写如下。

论年龄唐僧不过是20几岁的小青年和尚,而孙悟空在五行山下被压了五百年,孙悟空该是唐僧的爷爷的爷爷的爷爷了。猪八戒曾是天蓬元帅,沙和尚曾是天上的卷帘大将,都是一大把年纪了。论本领,唐僧是肉身凡胎,既不会腾云驾雾,又不会降妖伏怪。一遇到妖怪。他就成了脓包,成了"唐僧肉"。而他的三个徒弟各个本领高强,单说孙悟空就神通广大,孙悟空、猪八戒、沙和尚既年长,又那么大的本事,怎么会甘拜唐僧为师? 唐僧又凭什么让这三位"亲其师而信其道"呢?

是他们老实吗? 当然不是! 关键是唐僧的德行高、道法深。唐僧曾是"十世修行的好人",自幼修身养性,一心向善拜佛。不仅"讲授经文,口吐莲花",而且信念坚定,慈悲为怀。"比丘国拯救婴儿""凤仙郡劝善施霖"等故事,反映出唐僧确有一个大慈大悲的心肠和救苦救难的善良本性;"色邪淫戏唐三藏,性正修持不坏身""四圣试禅心,三藏不忘本"等故事,表现出唐僧具有"不到西天誓不东"的坚定信念;"寇员外喜待高僧,唐长老不贪富贵""法性西来逢女国""耿耿丹心访达摩"等故事,又表现出唐僧"富贵不能淫,威武不能屈,贫贱不能移"的高贵品质和坚强意志。而唐僧的三个徒弟,都没有唐僧的德行高,没有唐僧的道法深,所以他们都服服贴贴尊唐僧为师。

如今我们做教师的,要想让学生"亲其师,信其道"也必须牢记:"师之道深,弟子必尊;师之德高,世人必恭。"的道理。

党和政府倡导尊师重教。人们尊的是德行高的老师,敬的是道法深的先生。

试想,那些职业道德滑坡,学识浅陋,滥竽充数者,那些体罚学生,对"孔方兄"顶礼膜拜者,世人能尊他为师么?

我读过不少教师谈这个问题的案例,很生动,也很受启发,试将他们的观点,归纳为六部分,展示给读者。

(一)关爱学生

热爱每一个学生,是当好班主任的感情基础和快乐源泉。班主任工作任何时候都离不开一个"爱"字。高尔基曾经说:"谁爱孩子。孩子就爱谁,只有爱孩子的人。他才可以教育好孩子。"是的,一个老师,最基本的东西就是爱。

班主任的爱是公平公正无私的,不是只爱优生而冷落后进生,不是只爱有权有势有钱家庭的学生,而对家境贫寒的子弟不闻不问;不是只爱金凤凰,不爱丑小鸭。

班主任的爱是理智的,爱中有教育,有启迪,有委婉的批评,有善良的提醒,有时还需要当头的棒喝,而不是一味溺爱,无原则的迁就。

班主任的爱是恒久的,不能高兴时对学生爱多一点儿,不高兴时就迁怒学生;班主任的爱不是恨铁不成钢式的狂风暴雨,而是天长日久,点点滴滴,如春风化雨,如清荷扶风,滋润着学生的心田。

班主任的爱更是简单的,一个微笑,一次抚摸,一个赞赏,一句鼓励的评语,它包含着理解、尊重、宽容,让丝丝暖意荡漾在学生心中。爱,让班主任善待所有的学生;爱,更像磁石一样把学生吸引到班主任的身边。

班主任对学生的爱不是盲目的,是以客观公正地认识学生为基础的。每个学生都有向上、好学之心,学生暂时的落后不意味着未来的黑暗,学生的潜力巨大,可塑性强,对之永远不要放弃教育,怀抱着美好的期待与热诚,唤醒他身上成长的力量。班主任应该认识到学生的缺点一方面是出于他们好奇好玩的天性,一方面是出于他们的无知,还有一部分是教育环境不良使然。问题学生往往承受着更多的不幸。了解这一点,班主任就会对那些后进生多一分同情,少一分敌意;多一分理解,少一分苛求。学生精神的创伤要靠精神的温暖来医治,心灵的尘埃要用心灵的甘露来荡涤。要激起学生上进的信心,求学的兴趣,追求成功的欲望,从而改变其学习落后,习惯不良的局面,自觉奋发,走出低谷。多些科学含量,少些疲劳战术;多些团队合作,少些单打独拼。总之,谁热爱学生,学生就交谁来塑造。

对此，扶余县得胜镇第二中心小学宋柏红老师说："岁月匆匆，时间过得真快呀！一晃我的教育生涯已有 14 个年头了。回想自己经过的这许许多多个日夜，有辛酸，也有喜悦。但这十几年的教学生涯让我清楚地认识到，身为教师，对每个学生都应做到'捧着一颗心来，不带半根草去'，每位教师都要用爱心去培育学生健康成长，这是我们的天职。让我的教育故事就从'爱'说起吧。"

下面把抚顺外国语学校张京春老师的《把"爱心"化作"三心"》推荐给读者。

其实凡是热爱教师这行的人都有爱生如己出的心，但却有着不同的结果。有的能成为备受爱戴的优秀教师，有的却只能成为"等到成年时才会理解老师苦心"的所谓"严师"。同样是爱心，为何有这样的不同？16 年来我的亲身感受或许能与各位同仁产生一点儿共鸣——爱，只要近些再近些。要有爱的诚心，不要爱的私心。刚参加工作的我，一腔热血洒向我的教育事业，谦虚讨教老教师，认真钻研教材中的点滴，把学生看成生命。可是这份爱却因我缺乏师生中的融洽感情而让学生敬而远之。我只是想自己如何能在教师岗位上干出一番事业来，于是让学生必须按照我的要求去做，总是拿自己的经历鞭策学生，总认为"严师出高徒"，表情总是生硬的。记得有位"大胆"的学生写信说："老师，我知道您为我们付出很多，但您能否变换一下对我们爱的方式？我总觉得您私心太重，您就是为了我们考出好成绩，来成就您自己。"我的心就像被钉子戳了一下，真疼！为此我深思了好久。

这件事给了我很大的触动，从那以后我试着改变自己，课间与学生共同游戏，与学生肩并肩地走，了解他们的心思，尊重他们的人格，理解他们的苦衷，解决他们的困难。渐渐地，他们也爱我了，不再拒我于千里之外，也不觉得老师可怕了。上课时，如果遇到没有准备好或溜号的同学，我不再训斥而是唱起："你知道我在等你吗？"那个同学没有被拿到明处晾一晾，自尊心受到了保护，要比明确指出"某某你注意听讲""某某就剩下你还没有做完了"要人性得多；有时候同学答错了问题我就唱："为什么受伤的总是你？"这样学生不会感到因为答错而羞愧尴尬；有一次上课一名同学的解题思路很特别，我没有反应过来，就给否定了，那名学生竟然唱："其实你犯了不该犯的错,让我心中满是伤痕。"大家都笑了,学生也用这种方式保护了我的自尊心,这样的课堂氛围宽松愉快。

要有爱的耐心,不要爱的躁心。作为教师,与父母心情一样,父母望子成龙,望女成凤,教师也希望桃李满天下。课堂上学生只要有不举手的,我心里就特别上火,心想:"他怎么就不会呢?"课上有时间,我就再讲一遍,课上不会,课下再单独给他讲,可是在这个过程中,我的态度一不小心声音就高了八度,再不小心,就用"你真愁人,都要笨死了"这样的话训学生,教学效果事倍而功半,爱心又如何体现?

记得那是一节数学课,讲台前面的同学正与其他同学有问有答地交流问题,有一名刚转来的同学非常烦躁地按自动笔,啪啪的声音非常刺耳,我悄悄地走过去按住他的手,示意他别再按笔了,可是他腾地一下站起来推了我一个趔趄,当即我什么话也没有说,继续上课,课后学生告诉了班主任,敢打老师自然事情不小,学校让他在班级给我赔礼道歉,而且他的父亲当着我的面打了他,从那以后我发现他上我的课总把脸藏在前面学生的后面,我心里挺不是滋味儿。一天课上我发现他预习了,就让他到讲台讲题,他半信半疑地走到讲台前,非常吃力地讲完了,按照我们的加分办法给他个人加 1分,但给小组加了 2分,小组成员因为他给本组加分了,自然就与他交往多了,随着时间的推移,学生的心理阴影逐渐淡化了,也和其他同学一样自信、活泼地出现在讲台前。

要有爱的匠心,不要爱的粗心。理解是人与人之间沟通的平台,是到达对方心灵世界的通行证。刚参加工作那几年,我总认为放假就应该多留作业,要不然他们就得全忘了,而且认为多留作业也是负责任的表现,也是真心为学生好。可是每次双休日和法定长假回来后都会因为作业的事情与学生大动干戈,与家长的电话沟通也是频频不断,有时候还会出现因为家长假期带孩子出去旅游而没有完成作业的情况发生。

周末留的作业完成质量不高,批改难度也相当大。我一边批改一边生气,心情不好会带到课堂,带给学生,直接影响一周的教学效果。2005 年我又接了一届新生。第一个双休日,快放学了,班主任让科任老师留作业。我进了班级说:"今天你们就要回家了,有很多住宿生还要坐车,又晕车又累的,今天写不成作业了,明天又要洗澡洗衣服,时间又没了,后天又准备回来了，我就不留作业了。"，这时班级爆发出一片热烈的掌声。不留作业，就得买个人情，接着我说："我够意思吧，但平时的作业——"我特意拉长声调，他们自然明白我的意思，就大声喊："平时的作业好好做!"每周我都会给他们一个回家的好心情，不留任何作业，他们心情好我也心情好。平时他们完成作业质量特别高，比假期留作业强多了。

爱教育、爱学生的每一位老师，就让我们把爱的温暖传递到需要它的每一个学生身上，让坚毅的目光变得柔软，让散漫的心灵变得执着，让自私的心不再自私，让宽容的心更加宽容……爱不需要去强调，爱也不需要去演说，爱只要师生的心理距离近些再近些，走近学生的生活，这就是最成功的。

（二）阳光笑脸

陶行知先生曾经说过："微笑是活跃课堂气氛的润滑剂。老师带着微笑出现在课堂上，就会在教与学之间架起一座情感交流的桥梁，就能让学生在和蔼可亲的愉快气氛中喝下科学的乳浆。"这段话说得太好了! 在教育教学中，我也深深地体会到，微笑是教师人格魅力的展示，是老师最美丽的语言。教师不能没有笑容，没有笑容的教师是难以受到学生欢迎的。

平心而论，时下不会微笑的老师的确大有人在。倒不是他们的脸部肌肉欠发达，而是有奇怪的权威论、陈腐的教育观念作祟。师道尊严，岂能不摆出架子来威风威风? 师生有别，怎可对黄毛小儿笑脸相迎? 再有者，"严师出高徒"，这一笑，岂不失了一个严字? 如此等等，都是穿了长衫者的"之乎者也"。

殊不知，学生就像一面镜子，我们对他们微笑，他们就会对我们微笑。老师的微笑，的确让师生亲近了许多，会有一大群孩子围着你说这说那。这一切，都源于你对他们发自真心的笑，充满童心的笑，永远年轻的笑。

对班主任而言，微笑是一种胸怀，更是一种艺术。当你和学生促膝谈心时，微笑是一种气氛;当你让学生回答问题时，微笑是一种鼓励;当你指出学生错误时，微笑是一种谅解;当你表扬学生时，微笑是一种奖励;当你帮助学生克服困难时，微笑是一种力量……美国著名心理学家艾帕尔·梅拉别恩做了多次实验后得出这样的公式:信息的总效果 =10% 的文字 +35% 的音调 +55% 的面部表情。"面带微笑"恐怕是教师和学生沟通传递信息最好的表情了!

学生正处于成长阶段，偶尔会犯点儿"小错误"——可能由于好奇，进入网吧；可能因为贪玩，上课迟到；也可能因为疲倦，上课时小睡了一会儿；更可能因为学过的内容太多，没来得及整理，把老师讲过的内容忘了等。在这种情况下，老师也不能板着脸，学生有一点儿不是就大加指责，势必会伤害学生的自尊。老师一定要懂得尊重学生，要动之以情，晓之以理，带着微笑去处理这些问题。

微笑，作为老师在教育教学中不可缺少的表情，具有极大的鼓励作用。当学生在生活中或学习上受到挫折时，老师应给予鼓励的微笑，表达出"我相信你能行"的期待。学生感受到老师对自己的鼓励，就会萌发或增强学好的愿望，更加信赖、亲近老师，热爱学习。老师的微笑，可以让一些性格内向、胆怯而不敢开口的学生不再拘谨，让原先沉闷的课堂充满生机，让学生无拘无束地发表自己的见解。老师的微笑，还可以让一些厌学怕学的学生主动自信地学习。

老师带着微笑走进课堂，走进学生的心灵，受益的不仅仅是学生。我们的学生太可爱了。你给他一个微笑，他就会还你一个希望。当你的学生对你微笑如花的时候，你的心头一定会荡起幸福的涟漪——做老师真好！当清晨走进校园，面对一个个标准的队礼，一声声清脆的"老师早"；当走进神圣的课堂，看到一双双渴求甘霖的双眸，一颗颗等待塑造的纯洁心灵；当课间跟学生们泡在一起，看到一个个生龙活虎的身影，一张张天真烂漫的笑脸，我们将是那么激动，那么满足，那么幸福，脸上始终挂着微笑。

江苏新沂市时集小学华苏梅在《回忆我的老师》中这样写道。

一直以来，心中总有个小小的遗憾：想写一篇怀念老师的文章，可是却总写不尽自己对老师的思念。

我深深记着、念着的老师姓何，我至今叫不出她的名字，也永远不知道她的名字了。从小学到师范，再到工作十来年后的今天，已经有二十来年的光景了。记忆中日趋模糊的影像也在一日日褪色。然而，何老师，我敬爱的何老师，却在那模糊之中一日日地更加鲜明，始终忘不掉，也不想忘掉。

何老师并不算是真正的老师，她算是半路出家的吧，半路出家也只是出了几个月的家吧。当时我上一年级，那个班里挺厉害的班主任，我的数学老师忽然间就走了，小孩子不懂事，现在知道是请产假回家生孩子去了。当时老师紧缺，没办法，孩子不能一日无师啊。校领导们一商量，请个临时代课的吧，那个临时代课的就是我们的何老师。

　　何老师家离我们学校并不远，她家在学校后面，只有一小段路，走起来几分钟的样子。最妙的是她家前面有一条小小的窄窄的沟，沟边有一口井，旁边长着一些芦苇。那小沟边是我们小孩子最喜欢去的地方了，有时是折芦苇玩儿，有时拎个瓶子去井边提水喝。当时，我们中午很少回家，多是在家里随便带点干粮，中午渴了就到附近的井边拿了自带的瓶子拎点儿水上来。现在，去那小沟边，不光是这些简单地玩儿的事了，因为知道沟那边的小房子里有一个人马上要成为我们老师了！

　　何老师就在我们的企盼中，在我们好奇的眼光中走进了我们的课堂。何老师已经很老了，现在想来也有 60 岁的光景吧！印象中，她的头发已经花白了，脸上有了一道道的皱纹。她很爱笑，我们最喜欢看她笑着的样子。童年的记忆中总是认为何老师的"何"应该是"和"，因为她总是给人温和的感觉，让人从外暖和到内。何老师的脸是瓜子脸儿，属于白净的那种，我们这些小家伙当时还爱开玩笑，都说何老师年轻时肯定是大美人。是啊，这么爱笑的何老师，在我们的心里肯定是最美最美的人了！

我十分赞赏上海市枫泾中学申淑敏老师的案例《带着微笑善待每个学生》。

　　做学生时，我特别渴望看到老师真诚的笑脸！哪怕是一丝丝的微笑我都会珍藏在心间。

　　童年，我特别喜欢画画。每当傍晚小朋友们在打谷场上追逐打闹时，我总会静静地躺在谷草上望着天空那被夕阳染上了金边的白云。那朵朵白云时而像骏马，时而如绵羊，时而似雪山，时而如澎湃的浪花……在没有电视、没有电脑，甚至没有连环画和童话故事的 20 世纪 60 年代的山村，天空中的自然画面对一个孩童来说无疑是最奢侈、最易产生幻想的情境。于是我贪婪地欣赏着，心灵随着那美丽的、变化无穷的天空产生无比美妙的幻想。当全家人在昏暗的煤油灯下晚餐时，我总会把自己的观察和想象在父亲用过的记账本的背面勾画出让自己陶醉的画面。上学后，由于我对画画的喜爱，老师让我做了美术课代表。由于我的每一次图画作业都能得到一张"笑脸"评语，我画画的兴趣也就愈加浓厚。

　　没想到，一个至今也搞不明白的遭遇彻底打破了我学画的梦。

那是一个下午的课间，我正和两个要好的同学在校园里打闹嬉笑，突然听到一声大喝——"申淑敏!"我还没反应过来，就见美术老师指着我的鼻子狠狠地说:"你再给我骂一声，有种你喊着我的名字骂，骂呀!"说着就把我推了一个趔趄。我惊呆了，脑子里一片空白，再也听不清美术老师在吼叫什么了!之后，我迷迷糊糊上完了其他的课，沮丧地回家，再也没有心情到打谷场看夕阳下天空中变幻的云朵。至今我都不明白美术老师为什么突然指责我，我何曾骂过老师?难道是我和同学们的嬉笑打闹被美术老师误解了?

当时的我哪有胆量去跟老师理论啊!因为被冤枉，我的心里十分委屈。

从此，在我幼小的心灵里，美好的天空坍塌了，我在惊恐与不安中度过了很长一段时间。直到初一的第二学期，我们村一个下乡知青胡爱君老师做了我们的班主任和数学老师后，我才逐步走出这阴霾的天空。

在胡老师的第一节有关"行程问题"的数学课上，她要我板书示意图和解题过程。不知为什么，在我要画图时，脑海里突然出现了美术老师指责我时的画面，手不由自主地抖起来，再也画不出一笔。我很怕胡老师会当着全班同学的面训斥我，但出乎意料的是，胡老师和蔼地摸了摸我的头，微笑着说:"别怕，老师相信你会做出这道题，我来帮你先画出图形!你来求解，好不好?"在胡老师的鼓励下，我轻松地写出了答案，胡老师又满脸笑容带头为我鼓掌。那一刻，老师的笑脸和同学们的掌声就像清泉注入了我久渴的心田，像春风吹进了我心中灰色的篱笆墙，像温暖的阳光洒在我这棵冬天的草尖上。

从此，胡老师那温和真诚的笑容定格在我生命的历程中，召唤着我，激励着我!我暗暗发誓，将来要做一个像胡老师那样带着微笑善待每一个学生的老师。

我很喜欢普希金的那句名言:"面带微笑走向生活的人，生活也必将对他微笑。"做老师后，我带着微笑一路走来。因为我觉得，微笑是上帝赐予我们的最美丽的心灵沟通方式。在与学生沟通时，就应该尽心去寻找可以与对方产生共鸣的东西，搭建心心相印之路。给学生一个微笑，就能收到更多微笑的回报。当学生成绩不理想时，我用宽容的笑容驱散学生们心中的阴影，勉励他们不要放弃，继续努力;当学生获得成功时，我会投以赞许的微笑，让他们享受到被肯定的喜悦。

微笑是一种智慧。我们面对的是一个个生理、心理、智慧、情感等诸方面都在不断变化发展的生命主体。这就决定了教师的工作不能像机器一样程式化。在这生命的旅程中,相互微笑,可以说是一种心灵的约会。在微笑中,包含着信任,包含着宽容,包含着赞许,包含着理解与支持。

微笑是一种关怀。一个学生,就是一个家庭的希望。所以,在老师的肩上担负着家长的信任、学生的渴望和社会的期待。

微笑更是一种态度。它表明,老师和学生之间有着更多的民主、平等、合作与和谐。它体现了一种新型的师生关系:师生彼此尊重、信任与热爱。

我曾经接手过一个被其他老师称为"刺儿头"的班级。第一天,上课铃声响过,一个看上去很懒散的男生,一副悠闲无事的样子,摇晃着走进了教室。不用问,这一定就是全校鼎鼎大名的小放。我没有批评、没有训斥,而是用微笑示意他先上课。

下午放学后,小放手挠着后脑勺站在我的面前:"申老师,同学们都在议论您和以前的班主任不太一样,您总是微笑着走进教室,甚至我迟到了您还对我笑。"

教育的契机来了,我心中暗暗窃喜。于是,我摸摸他的头,对他说:"我想你迟到一定是有原因的,你也一定知道迟到不好,还需要我批评吗?"这下,他更不好意思了。这一天,小放和我谈了好多,从他的过去、现在谈到对前任班主任的印象,以及对班级现状的看法等。眼前的这个小伙子是一个精力充沛、有头脑但确实需要好好引导的男孩,现在他是一匹桀骜不驯的野马,将来或许会成为一匹不可多得的骏马。

经过一个多星期对小放以及全班学生的细致观察,我心里有底了。这是个独生子女集体,爱张扬、无纪律,自私、没有责任感,学习基础差、缺乏团队意识,但每一个人都渴望老师能带着微笑,给予他们更多的关注和关怀。作为班主任,如果只知道一味说教、训斥,甚至讽刺挖苦,很容易引发学生的抵触与不满情绪。于是在周末的班会上,我开始了自己的演说:"同学们,我知道大家喜欢我的微笑。我微笑,是因为我很乐意做你们的班主任;我微笑,是因为我欣赏你们对知识的渴求和对美好生活的憧憬;我微笑,是因为我相信你们中的每一个人都会成为学校的骄傲；我微笑，是因为我相信大家会接纳我，我们会成为很好的朋友……"

话音未落，教室里已响起雷鸣般的掌声。

后来，一位学生家长在电话中对我说："孩子说，每天看到你温馨真诚的笑容，不好意思再不努力学习了。"家长的话给了我很多的启发，使我再次感悟到：微笑，不仅仅是一个简单的表情，它体现的是一个老师对学生们的爱。爱，是一种给予，一种呵护，一种尊重。当教师站在珍视每个生命价值的高度去欣赏和关爱每个生命个体的成长、去保护学生自主发展的时候，教师与学生的关系，就一定是良师益友的关系，是同心、同行、同乐的朋友关系。课堂上，和学生一起学习，共同探究，让学生真正成为学习的主人；课外活动中，积极参与学生们喜欢的活动，和他们融为一体。这样一种关系，会让学生的生命意识不断提升。

追求成功的内在驱动力日益增强。有了这样一种关系，学生成才的概率会很大。

微笑不需要任何成本，人们都没有理由吝啬自己的微笑。教师真诚、会心和宽容的笑容对学生来就说是阳光、春风和甘露。它的教育功能是欣赏性的赞美、理解性的关怀、肯定性的鼓励、支持性的帮助和积极的引导。对教师来说，是对事业、对学科、对学生深情之爱的自然流露，又是教育美的生动体现。在未来的岁月中，愿我们每个老师都能带着善意的微笑，走进课堂，走进每一个学生的心灵。

营口市红旗小学王晓艳老师在《多给点阳光就让他们灿烂吧》的文章中阐述得具体而深刻，很有借鉴价值。

我是一个平时愿意和学生开玩笑的老师，学生们都很喜欢爱和他们开玩笑的教师，因此学生也都很喜欢我。但是当他们表现差强人意时，我也会发"雷霆之怒"的，而且震怒后的"余威"仍旧会延续数日。因此，有一句话成了他们的口头禅："给点阳光就灿烂，给点黑暗就完蛋。"每次听到学生们偷偷摸摸地调侃这句话，我都能感到他们心中对我的情感徘徊，尤其是班级中常犯错误的那些学生们。我反思自己，发现我的问题就是太"小气"，没有慷慨地把"阳光"给学生们,自然也没有更多地分享到"阳光"带给我和学生们的快乐。我该调整和改变了。

多给点理解的阳光

教师要想成为学生真正的朋友,要有愿意欣赏学生过错的博大胸怀。"人上一百,种种色色",一个班集体不可能全部是好学生。世界上谁没犯过错误?尤其是一群还不十分懂事的孩子,他们需要老师的引领、必要时的点拨,这就意味着老师必须心平气和地面对学生的过错,甚至要有勇气去欣赏学生的过错。

人们常常用华盛顿总统小时候砍倒了樱桃树的故事来教育孩子要说真话。可是,换个角度来看:华盛顿很幸运地有一位愿意欣赏他的诚实、正直与勇敢的父亲。

回想一下,我们小时候不小心打碎了爸爸喜爱的茶杯,或弄坏了妈妈喜爱的装饰品,得到的都可能是惩罚,而不是赞美。

当一个生命来到这个世界时,他是那么幼小无助,大人们就像是神一样,赐给他们所有的需要。当有了过错的孩子与大人有了冲突时,大人的气愤、恼怒甚至惩罚,对孩子来说,都是一种巨大的恐惧。为了让自己快乐地生存下来,孩子学会了说谎,学会了不再那么勇敢,那么诚实。

所以,当教师的我们抱怨学生不诚实或不勇敢时,也许该想一想,我有接纳、欣赏学生过错的胸怀吗?我能够像华盛顿的父亲那样,发自内心地为学生承认错误的勇敢与诚实而喜悦吗?我能够看到学生过错行为背后的正确动机吗?

"当你真愿意欣赏孩子的过错后,孩子也就有了勇敢、诚实和快乐。"

我终于体会到了这句话的真谛所在。教师教育犯错的学生是十分平常之事,因此教师有必要在恰当的时机,用博大的胸怀去欣赏学生的过错。多给点理解的阳光,学生会改过自新的。

多给点温暖的阳光

有人说:"教育是一门爱的艺术,只要你用心去沟通,用爱去交流,任何学生都会向你敞开心扉。"后进生大都因功课不好,或因屡犯过错而长期受到老师的批评、同学的冷落、家长的训斥,他们经常处在"冷"的环境和氛围中,他们自感不如别人,活泼向上的心理失去了平衡,心态是消极的。

他们对课堂学习和学校教育活动缺乏热情和平衡，便想方设法从另一个方面来表现自己，于是就出现了各种行为问题，招致更多的批评与指责，从而形成恶性循环。其实他们都是些思维活跃、情感丰富的生命个体，他们也有很强的自尊心和赢得别人尊重的迫切需要。对于这种学生，我觉得应运用冰"升温则水，降温则冰"的习性来感化他们。你越看不上我、厌烦我，我越接近你、亲近你，我不相信这块冰就融化不了。与此同时，我对他们加强基础知识的补习工作，使他们好胜心得到一点儿满足。找到切入点之后，逐渐深入他们的心灵深处，了解他们的想法，为什么这样做，而不那样做。

我两年前接的一个毕业班中，有一名男学生不爱学习、经常照抄同学作业，放学后东游西逛不回家，并且和初中的不良学生接触，回家后也是上网聊天、打游戏。我刚接班时没急着和他谈心，而是在课堂上经常提问他，他哪怕是答对一个很简单的问题我都表扬他。课下我和他一起打羽毛球、做游戏。慢慢地我发现，他不再像以前那样厌恶学习了。一次我听到他表扬班级的另一名"问题学生"，他说"××最大的优点就是孝顺。"听到他对同学的评价，我当时非常高兴。在接下来的日子里，他主动和我谈起了心事。他说他父母离异了，妈妈在外地工作，他和姥姥一起生活，以前的老师从来没表扬过他，还冤枉他偷东西，老师认为他是一个坏学生。听到他的这些话，我的心很痛，我要弥补，为教师的失德而弥补。此后，我总是在班级里表扬他的点滴进步，爱犯错误的他变成了阳光、帅气、快乐的大男孩！他也特别关心我，经常偷偷地把早餐放在我的桌上。我头疼时，他利用午休时给我买来止疼药。我感受到了以爱育爱的教育力量，也感受到了作为教师的快乐。我走入了学生的内心世界，爱心如温暖的阳光融化了学生内心的"冰山"。

多给点赞赏的阳光

"让每一个学生在学校里抬起头走路。"这是苏霍姆林斯基心灵的召唤。"数子十过，不如奖子一长"，后进生批评的话听得多了，一句表扬很可能唤起他们长眠于心的热情。后进生的长处、优点常常被短处、缺点所掩盖，所以在平时的生活中，教师要深入细致地观察，用欣赏的眼光，及时发现他们的"闪光点"，充分发掘他们的潜能。哪怕是一丁点儿，也要用肯定激励的语言强化、扩大其"闪光"的行为。如对他们说："我觉得你在进步""你很聪明""你在某某方面还真了不起""你有这方面的才华"……以此来激发他们,使其最终改掉不良行为。

还是两年前教的那个班中的一个男生,由于缺乏家教,养成了许多不良的习惯,升入五年级时已成了一匹"野马",同学们都不喜欢他。学生们告诉我:前任老师批评他时,他曾经站在窗台上用跳楼来恐吓老师,而且他的妈妈非常不讲道理。他的"劣迹"没有吓倒我,我注意观察他。我发现他对电脑非常感兴趣,也很精通,于是我便让他担任班级的计算机课代表,班级所有需要上交的电子材料和班级的成绩统计都由他负责。没想到这个工作居然系住了他的心。他每次都能高质量地完成任务,还不时提出自己的建议,得到了同学的赞扬。他也变得大度开朗了。是啊,作为教师必须"用放大镜看学生的优点"!

学生是那么信任老师,老师又何尝会吝啬对他们的关爱呢?这个世界,唯情是真,唯爱是本。有了老师爱的阳光滋润,那一颗颗冰封的心灵必能融化,多给点阳光,就让他们尽情地灿烂吧!

(三)尊重感受

有这样一个寓言故事:一位樵夫救了一只小熊,母熊对他感激不尽。有一天,樵夫迷路了,遇见了母熊,母熊安排他住宿,还以丰盛的晚宴款待了他。第二天早晨,樵夫对母熊说:"你招待得很好,但我唯一不喜欢的地方就是你身上的那股臭味。"母熊心里快快不悦,说:"作为补偿,你用你的斧头砍我的头吧。"樵夫按要求做了。若干年后,樵夫再次遇到了母熊,他问:"你头上的伤口好了吗?"母熊说:"噢,那次痛了一阵子,伤口愈合后我就忘了。不过那次你说的话,我一辈子也忘不了。"

看来,真正让人觉得受到伤害的,不只是肉体,还有比肉体伤害更重的精神伤害——如不尊重学生人格的讽刺、挖苦。古人说:"口能吐玫瑰,也能吐蒺藜。"从一个人的谈吐,就能看出一个人的修养。善良智慧或者温厚博学的语言,能融化冰雪,排除障碍直抵对方心岸。

我们教师尤其是班主任,有时候不就是因为一句话,能让学生亲其师而信其道;同样,有时也会因为一句话,让学生丧失学习的信心。因此,我们在面对学生时,不管讲什么话、做什么事,都应三思,想想学生会有什么感受?会造成什么后果?千万不能伤了学生。

"你真笨!"当你说出这句话的时候，是否考虑过正在听这句话的对象也是个有血有肉、有感情的活生生的人。

"这肯定是你做的，除了你，还有谁能做得出这样的事!"当你正在恶语相向时，你是否想到你当时正在用一把刀子伤人，别人的血在往心里流呢?

其实，任何人都有自己的不足，我们可以用另外的方式——激励，让他们感觉到自己有很多闪光的地方，让他们觉得自己还有努力的方向。这时候就需要你的一句温暖的话语了。这，难道就那样的困难吗?

亲爱的老师们，如果你无法做到用你的话让别人温暖一辈子，也没有关系，但千万别因你的一句话而让别人寒心一生。

广东阳江第一职业高级中学洪天慧老师的案例《给学生一个台阶》，读了让我非常感动，录后与读者分享。

记得我第一次给学生上课，正说得兴起，一不小心被讲台绊了一下，学生哄堂大笑。我尴尬极了，自嘲了一句:"这讲台也欺生呀。"学生的哄笑声戛然而止。这是我给自己找台阶下。在尴尬面前，懂得给自己找一个台阶下的人自然是明智的，然而作为教师更应该学会给错误中的学生一个台阶。人总是爱面子的，你的冷漠无情就像一把刀子，它会伤害学生的尊严，让他那稚嫩的生命疼痛甚至流血。所以，面对犯错的学生，我们不要用粗暴与野蛮的态度急于去批判、挞伐、惩处，而应该冷静地对待，用爱心与智慧给学生一个走出错误与尴尬的台阶，呵护他的自尊，让他感受到教育的宽容和善良。

给学生一个台阶，可以使他产生一种前所未有的改变自我的动力。这动力是讽刺、挖苦、辱骂之类永远无法比拟的。

给学生一个台阶，需要教师有一颗善待他人的宽容之心。没有缺点、错误的学生是没有的。教育是心与心的交融、情与情的共鸣，没有教育者的真情投入，哪有学生的真情回报?逼学生改过常常出现阳奉阴违的回应，有时还会激发学生对教师的对抗情绪，于教育有百弊而无一利。

给学生一个台阶，从机智的角度看，其实也是在给自己一个台阶，这是一种冷处理的教育方法，它可以避免矛盾升级，也为后面妥善解决矛盾留下了思考的时间、空间。

给学生一个台阶，不是教师对学生犯错误不管不问，消极退让，而是用更机智的措施、方法，在保护学生自尊心的基础上触及学生心灵，唤起自尊，引发自省。给学生一个台阶，在教育学生的过程中不仅能化解矛盾，让学生走出尴尬，也可使学生提高认识和精神境界。

记得那次是期中考试的最后一科，也许是题目太难，也许是学生太在意这场考试，提醒离考试结束还有15分钟的铃声刚刚响过，教室里便开始躁动不安起来。有的学生开始拿起笔来在草稿纸上画着，有的学生开始动来动去，还有的……

这时，我发现班上的学生小娜正四处张望，神情紧张地把一张纸条压在卷子下面，接着她小心翼翼地抄着，脸上露出喜悦的表情，好像胜利正向她招手。直觉告诉我——她在作弊。当我出其不意地把手按在她卷子上面时，我看到一张因极度恐慌而扭曲变形的脸，她的身体颤抖着，双手紧紧地握住手中的笔，用近乎哀求的目光怔怔地看着我。一刹那，我忽然动了恻隐之心，灵机一动，将卷子和纸条一起拿起来，装着看看她答得如何的样子，并迅速将纸条收走。然后我意味深长地说道："好好检查，不能有丝毫的侥幸心理，也许让你懊悔不迭的正是那些微乎其微的细节，差之毫厘，就谬以千里啊。"听了我的话，小娜慢慢地低下了头。

不久，我收到一张贺卡，上面有一行清秀的字迹："老师，真正让我难以忘记的不是您的循循善诱，也不是您的诲人不倦，而是您的宽容。您宽容地呵护着我的自尊，让我在愧疚之后还能平静而从容地抬起头，您的宽容是一份厚爱，让我感恩至今……"

时至今日，我仍庆幸自己不曾在刹那间做出鲁莽的事来。我不敢想象，一时冲动的我，如果当着众人的面把她的自尊和矜持不屑地撕成碎片，让她难堪得无地自容，要强好胜的她会不会从此一蹶不振呢？她心中曾经明朗的天空会不会从此留下一团挥不走的阴影？在我的启发、暗示下，小娜学会了自我反省，自我认识，自我教育。我用爱心为小娜筑就一个台阶，结果，真的如我所愿，她努力攀登到了新的高度。

给学生一个台阶吧，一个善解人意的台阶就是一粒真诚的种子，而所有真诚的种子都一定会有用翠绿春天回报大地的时候。

山东青岛平度第一中学张纪明老师的《当我还是个孩子的时候》一文，体现了他关注学生对自己一言一行的感受，而严于律己的态度。

有一天读书时，看到这样一句话："我想象自己在9月1日来到学校，见到学生们的时候，总觉得：我是永生的！"我被这句话震撼了，一时感慨万千。

我想，每一个教师，只要他将心血倾注于受教育者身上，具有善良、美好的心灵，以学生之忧而忧，以学生之乐而乐，富有同情心，就有可能成为一个"永生"的人。真正的教师是虽死犹生的，他们传授的知识可能很快被忘记，但他们的思想永存。

此后的每一天，我一想到这句话，就感到自豪无比。我暗暗嘱咐自己：新时代的教师，应该是这个时代的榜样，他们来到学生们中间，是为了提升他们的思想层次，是为了激起他们对学习的渴望，是为了让他们体味到生活的幸福。

此后的每天清晨，我都感觉到，今天得陪学生跑跑步。因为，一方面，我可以思考点问题；另一方面，和学生们在一起，我也可以感受到快乐和幸福，同时可以给学生更多的支持和鼓励。最主要的是，我想对学生们说："同学们，你们好！"虽然这句话我早想好了，但从来没有表达过。尽管无数次踏进教室，有无数机会向学生们表达这句话。然而，问题不在这句话本身，而是我将用怎样的语气和表情说出这句话，在说这句话的时候，我该用怎样的语调。

不用说，我的语气应该是和蔼可亲的，应该是满含真情的，应该是令人愉快的，我的表情应该也是这样的。这似乎是一清二楚的事情，但实际上能否真正做到，我仍然没有把握，因为只要对学生们说出这样的话，我就会觉得不满意。因为我如果力图显示出自己对学生们真正的爱，我就必须以最完美的方式去表达；因为我如果力图让自己的孩子感受到父亲的爱，我就必须以最努力的方式去呵护。

也许，我不必绞尽脑汁去思考这种学生们几乎觉察不到的问候语的语气。但是，我认为，这是一个重要的教育学问题，因为对于我来说，我想力图表示我对学生们的喜欢；对于我来说，在这一时刻，我总是做得不够，总是无法让学生们迅速感受到我的情感,总是无法让学生们迅速感觉到我对他们的信任和理解。

我想,当我还是个学生的时候,我或许真的不会一直记着老师对我说的话,但我可能会注意到老师说话的语气,我还会特别敏感地感觉到老师是信任我还是对我不屑一顾。

我想,当我还是个学生的时候,我或许真的能感受到老师令人好感的、和蔼可亲的语气。这种语气怎能不让我感到舒适,感到老师对我的关注和关心?怎能不值得被看作是人对人的爱和信任?

我想,当我还是个孩子的时候,我或许真的会因为老师的这种爱和信任,激发学习兴趣,传递幸福快乐的语气而高兴一阵子。这种语气怎能不让我开始循规蹈矩,开始投入学习,开始改变自己对老师的态度?

请你试着把"请坐"用傲慢或和蔼的语气对学生说说看,你一定会发现,同一句话,由于语气不同,将改变学生们对你的态度。

所以,在去学校的路上,我试着练习这句话:"同学们,你们好!"等我对自己的语气满意了,我一定要对学生们表达出这一句满含深情的话。因为当我还是个学生的时候,我喜欢这样的老师。

(四)自我批评

现在的师生关系应是民主平等的关系。不再是以前学生对老师的绝对服从。因此,在解决师生矛盾时,更多的是需要平等对话,如果老师能放下架子,在学生面前进行自我批评,更容易打动学生的心,使学生自己感到内疚。这让我们的教育更深入学生的心灵。在僵持不下的情况下,老师以退为进,也是一种教育艺术。

古人云:"有威则可畏,有信则乐从,凡欲服从者,必兼备威信。"对于老师来讲,在教育教学过程中难免出现错误,教师要敢于做自我批评,这样做不仅不会降低威信,还会给学生做出表率。

《无忌的童言》这篇文章由天津市北辰区王秦庄小学王建老师撰写。

那是在二年级语文试卷讲评课上。

在此之前,我由于在生字教学中一时疏忽,错把"丛"字的偏旁讲成

"一"部。测验时,全班同学都为此扣了3分。沮丧、惭愧——我心里就像打翻了五味瓶,真不知是什么滋味,更不知该如何面对我的学生,我怀着复杂的心情来到讲台。

学生们齐刷刷地坐下了,神情紧张地盯着我手中的试卷,我镇定了一下自己的情绪,轻描淡写地说道:"这次测验同学们都有了不同程度的进步,粗心现象也明显减少了。但大家注意,丛字的偏旁应为'人'部,这次的错误给了我们一个教训,下次注意吧!"我心中忐忑,极力掩盖自己的错误。教室里死一般的沉静,闷得人透不过气来,我没有勇气去看学生的目光。但我分明感到此刻全班学生的目光都聚集到我的身上,烧灼得我周身不自在。

"老师这不公平,"突然一个同学站起来,"是您讲错了,您要记住这个教训!"

这声音犹如平地响起一声惊雷,震得同学们目瞪口呆。我仿佛听到了自己急促的喘息声,血液一下子涌上了头顶。我的脸涨得通红,当我抬头望去,看到站起来的那名女同学镇定自若的神情中,似乎流露出几分轻蔑、几分不屑时,我惭愧地低下了头。

她只不过是一个9岁的孩子呀,但她的话着实令我汗颜。我教育学生要知错就改,而自己却为了维护面子,推卸责任,要学生代自己受过。这会给学生造成多大的负面影响啊!

此时,我度时如年,但我毕竟是老师,要迅速调整自己纷乱的思绪。我想,不能一错再错,抬起头来面对我的学生,深鞠一躬,诚恳地说:"感谢大家的批评。老师错了,向你们道歉。"

学生们如释重负,开心地笑了。下课后,那名女生欢快地跑到我的身旁,搂着我的脖子悄声说:"您真伟大,我们要向您学习!"

几年过去了,这件小事仍然令我刻骨铭心,那无忌的童言令我受益终生。

老师讲课出了错,为了面子,极力掩饰,还将错误推给无辜的学生。此时一个学生直言不讳,尖锐地指出:"老师这不公平!"真是"于无声处听惊雷"。这使老师汗颜、猛醒,没有一错再错,主动道歉。

学生的心是水晶般的纯净,他们勇于坚持真理,是何等可贵呀。给老师提意见，没有任何的顾虑，批评后依然天真、无邪，特别是在老师检讨后，搂着老师的脖子悄悄说："您真伟大！"纯洁、真诚、天真，没有包袱，是非分明，的确值得我们成人学习。

这足以说明老师出错文过饰非的害处，自我批评的价值。我还读过一篇江苏大丰市西团镇第二中心小学何继香老师撰写的案例《您应该向我的孩子道歉》。本文从学生家长的角度谈老师错了。

　　临近小学升学的紧张时刻，使我这么多年的带毕业班的班主任和任课老师也和学生一样，神经绷得紧紧的。

　　然而就在这紧要关头，学生小张却激起了我的怒火。小张是一位学习不错的学生，学习自觉性比较强，喜欢钻研一些有难度的题目，上课总能提出有一定思考价值的问题，是个令我欣赏的学生。但他也有缺点，就是常常自以为是，不够细心，越简单的题目越容易出错。这不，今天已经是第三次听写第四单元的词语了，可他错得最多。学生犯这样的错误，使一向以严厉著称的我难以容忍。我把他拉到讲台前大声训斥："就这几十个词语，都听写了3遍，你竟然还记不住，简直是一头笨驴！"我没想到，他听了我的话反应如此强烈：扔掉手中的笔，昂着头回到座位上。我气得嘴唇发抖，但当着全班同学的面，我只能强压怒火，继续完成我的教学任务。

　　"唉，这都是我平时娇宠他的结果"，我心里暗暗想到，"这么小的年纪，竟然这么不懂事，这还了得！不行，一定得把他的家长找来，好好教育教育。"

　　一下课，我就打电话给他的家长。接电话的是他的母亲，她答应放学前一定来。

　　这是一位衣着朴素的农村妇女，她到来时办公室里已无他人。见了我，她拘谨地笑了笑。不等她开口，我便把事情的经过一股脑地说出来。最后我以告诫的口吻说道："这样的孩子，回去后你一定要好好教育，否则难以成人啊！"我想这位母亲会和其他父母一样，首先代表孩子向我认错，然后承诺回去后认真教育，因为他们是能够理解我的出发点和良苦用心的。我正等待着这位母亲的表态以结束我们之间的谈话，只见这位母亲张了张嘴，像是鼓足了勇气似的望着我说："我想，您应该向我的孩子道歉！"她声音不大，却让我愣在那儿。我简直不敢相信自己的耳朵:"你说什么?"她并没有显出咄咄逼人的气势,只是涨红了脸急切地说:"我的孩子很聪明,他喜欢读书,喜欢提出问题,并喜欢自己动脑筋来解决一些问题;他可以一个人完成复杂而琐碎的家务,他能热心帮助同学、朋友,他善良可爱。对于您给予他'笨驴'的说法,我很难接受。我想这肯定也伤到了孩子的自尊。所以,请您务必在适当的时候向我的孩子道歉。至于我的孩子,回去后我也会和他好好谈谈。"

我僵硬地站在那里,一动不动,不知过了多长时间,不知小张的母亲是什么时候离开的。但她的话像重锤一样一直敲击着我的耳膜。从教十多年来,每当学生犯错叫来家长,不管多么威风凛凛的家长,都是招之即来,来之则俯首帖耳,听我诉说孩子的"罪状"和自认为是恰当的家教措施;他们还会诚惶诚恐地道歉,说自己的孩子给老师添了麻烦,并保证回去后按照我的要求严肃教育,力争让自己的孩子变得乖巧听话、循规蹈矩。表面看,他们是多么坚定地和我站在同一条战线上,是多么支持我的决断!这么多年来,我已习惯于和家长这样居高临下地交流了,从没想过家长内心是否真的认可我的做法,从没与家长平等沟通过,从没认真倾听过家长的心声,从没想过自己在教育学生的方式方法上是否合理。

真要感谢小张的母亲!是她的话敲醒了我,不是吗?在整个事情中,小张固然有不对的地方,但起因完全在我啊!如果当时我能控制住自己的情绪,耐心地询问小张词语出错的原因,然后和他共同商量纠正的办法,相信小张一定会乐于接受。而我竟然情绪失控,侮辱了学生的人格,使事情发展得如此之糟,继而以强者的身份向家长告状。我的举动是多么失责啊!记得我常教育学生:做人首先要懂得什么是对、什么是错,不管什么人做错了事情,都得为自己的过失承担责任。现在,是该为自己的过失承担责任的时候了。

我决定:下午,一定要当着全班同学的面向小张道歉,并一定登门向小张的母亲道歉。

我非常赞赏何老师反思后的正确决定。相信这样做一定会得到学生和家长的谅解。

福建福清市江镜城坂小学何刚的案例《应该道歉的是老师》又从教师自身谈了这个问题。

"老师,请您原谅我好吗?"在舞台后面,靖对我说了这句话。

靖是我的学生,是这次毕业班文艺汇演的主持人。望着靖那双澄澈的眼,我一头雾水,不知道靖请我原谅什么。

"可以原谅我吗,老师?"靖说她曾经深深误会过我,后来事实证明是她错了。靖说如果得不到我的原谅,她将永远无法释怀。

我真的不知道靖到底指的是哪一件事。接过靖所在的这个班已一年时间了,我似乎常常忽略靖。而在这之前,靖一直被鲜花和掌声包围着。靖是一位出色的学生,但浑身充满反叛和傲气,用时下流行的说法就是属于"新新人类"的那种。平心而论,我更倾注心血于靖的同桌——慧,我把机会更多地给了慧,使她在这一年的时间里常成为同龄人注目的焦点。我知道靖和慧一直在暗中较劲,她俩都努力地在我面前表现得更出色。

我偏爱谦逊顺从的学生,而慧属于这种。如果在靖和慧之间架一个天平,我想我的感情砝码会重重偏向慧的那一头。

本来,我已选定慧担任这次学校文艺演出的主持人。可演出前夕,慧却因感冒声音嘶哑而委婉地向我提出换个人主持,我才想到靖。靖的音色不错,普通话也很好,形象可人,很受同学们的欢迎。靖很惊讶我将这次机会给了她,这让她有点儿不知所措,但她很快就进入角色,主持得很成功。

靖其实是个优秀的女孩,假如她能再谦逊点儿,我会将更多机会给她。而靖原来是多么在乎老师的关注,尽管她表面上装作毫不在乎。她本来可以更出类拔萃的,但我却极少走近她。想想自己也是这样过来的,我不禁扪心自问,对于现在的学生,对于他们的内心世界,我又了解了多少呢?在课堂上板着一副冷霜面孔教训他们,口口声声地说自己公正、公平;下了课就将他们拒之千里之外,仿佛自己是纤尘不染的圣贤……我不由得深深自责。

本来,再过几天学生们就离开校园了,靖完全可以将她对我的看法埋在心里,让它成为永远的秘密。而现在,靖却向我袒露心迹,并恳求我的原谅。这对于一个桀骜不驯的学生来说,需要多大的勇气啊!

靖要我原谅的究竟是哪一件事早已不重要了,我只是感到惭愧。望着纯真的靖，我无言以对。我想靖并没有错，错的是我。每个学生都需要关心，不论他们曾经怎样。我无法补偿我的失职，但靖却让我懂得了许多。

我轻抚着靖的头，说："靖，你并没有错，应该道歉的是老师！"

（五）心灵沟通

教育是师生平等沟通的过程，是人与人心灵的相遇和对话。这种对话永远是一个开放的未完成的动态过程。它的美学价值来源于师生之间精神上平等的相遇。交谈和对话就意味着对学生作为对话一方的独立性和内在自由的承认，意味着以平等的态度在与学生经验共享的过程中进行相互的造就，意味着通过对话而使师生共同进入一个尚不熟悉的未知的领域，意味着对学生个体生活世界特别是内心世界的关注，意味着对来自学生不同观点之间争论的赞许，意味着教师海纳百川的胸怀和永远作为一个学习者的姿态。在同学生说话的时候，我们不断地进入到他的思想世界，我们吸引他，他也吸引我们，于是，对话丰富了自我，也证明了生命的真实的存在。在这一过程中，教师特别是班主任不是以绝对真理的拥有者自居，不是作为高高在上的权力者出现，不做学生讨厌的"训导员"。不扼杀学生不断提出"为什么"问题时的猜想冲动，不磨灭学生与生俱来的热情探究世界的火花。班主任只是一个交谈环境的创设者，对话过程的引导者和倾听者，是学生游戏的伙伴和可信赖的朋友。"这种对话远甚于'谈话'，因为大部分内容几乎都是不知不觉由师生间的个人交流而传递下去。教育的不幸恰恰在于，在柔弱的青年时期内闪烁着的某些微光，到成年时早就完全熄灭了，因此成人无能力把那些微光燃成火焰。""真正的对话发生在对话双方自由的探究中或自发的讨论中，发生在对话双方精神上真正的相互回应与相互碰撞中，发生在双方认知视界的真正融合中。"这样的对话不仅使教育充满着流动生成的变化美，而且由于师生的视界从外部转向了自身，转向了双方的心灵互动，就使得理解在更高的层面上得以实现。这就是师生交往的含义，这才是审美化的教育。

苏霍姆林斯基曾有个十分精彩的比喻：要像对待荷叶上的露珠一样，小心翼翼地保护学生幼小的心灵。晶莹透亮的露珠美丽可爱，却又十分脆弱，一不小心露珠滚落，就会破碎，不复存在。因此，我常常想，在大多数的时间里，我们对学生的所作所为，都是用我们的所感所想去做评价，而不做深层次的理解，不去触摸学生那一颗颗稚嫩的心。因而，我们对学生的举动常有曲解，使他们的美好愿望渐趋泯灭,最终失去前进的动力。学生是一本本"活书"。读好这本书,我们要从多方位、多角度、多层次着手,辩证、全面地读,而不能"一叶障目,不见泰山",也不能"一俊遮百丑",尤其要发现一些容易忽略的东西,给予学生以及时的关怀和理解。为此,广州市越秀区署前路小学李静老师为了和学生进行《心灵的对话》,创设了"心灵对话本",期望通过老师、学生和家长三方的心灵沟通,以尊重赢得尊重,以心灵浇灌心灵,使我们的道德教育更具人格魅力。

她从以下三个方面总结了自己的经验。

1. 寄寓期望

善于理解学生是一种教育境界,有了理解,干涸的心灵会得到滋润,不毛之地会长出参天大树,孤独的小溪能享受大海的抚爱。要正确理解学生,就必须深入学生群体当中。我总觉得和学生交往是一种乐趣,我相信每个学生都能成为一个好人。我喜欢和学生们交往,关心他们的快乐和悲伤,并把日常所得用富有情感的语言在心灵对话本上表达出来,使这些肺腑之言成为开启学生心灵的"金钥匙",成为点燃他们激情的火种、陶冶他们情操的"催化剂",并进而打动他们的感情、陶冶他们的心灵、引起他们的思索、启迪他们的智慧。

当学生裕荣带病坚持回学校上学时,我以感动的笔触写下:最近,你因为哮喘病发作,经常要去医院治疗,身体也不太好。说真的,老师心里十分担心你的身体。可是,你对学习的那份热爱,那份执着,又令老师十分欣慰。老师要对你说一句,学习是重要的,可是一定要保重身体,希望你尽快把病治好,开心、快乐地投入于学习中去!

当看到学生身上存在缺点时,我会以激励的笔触写下:你真是一个善良、有爱心的孩子。每次听到同学们精彩地回答问题,你总会带头给予热烈的掌声。这种行为,老师十分赞赏,希望你能坚持下去。可是,令老师担心的是,最近在你的身上出现了一些小毛病,那就是喜欢讲闲话。这样,不仅会影响你自己的学习,还会影响老师上课。你是一个聪明的孩子,老师相信你一定会克服缺点的!

当看到学生遇到挫折灰心丧气时,我会以鼓励的笔触写下:这两周,你的表现总的来说还是不错的,热爱学习,尊敬老师,老师也很喜欢你。但是,美中不足的是，老师发现你很怕苦。吹笛子的确不是一件简单的事，要想学好它，必须具有不怕苦的精神和勤学苦练的意志。我多么希望你能做一名坚强的孩子。老师相信你只要多练，一定能找到正确的吹笛方法，笛子的演奏技巧一定会越来越好的！

当看到学生进步时，我会以赞赏的笔触写下：最近，老师真高兴，你对学习十分认真，积极举手发言，书写整洁漂亮。对待劳动，你也同样热情参与，经常利用下课时去倒垃圾，真值得表扬！因为你的进步，这一周你当选为值日班长。加油！

谈心，以它独具的形式触发感召力与诱发力，推心置腹而不剑拔弩张，效果显著而不兴师动众，确实起到了"随风潜入夜，润物细无声"的效果。

2. 抒发心声

在学生们的心中，教师往往是威严而高高在上的。他们很少会想到能与老师交流自己的感情。可是，在心灵对话本里，学生们尽情地向我吐露心声，说出想法。每当我阅读了一篇篇充满童趣的"心灵之语"后，总是感慨良多。这一个个学生的内心世界，纯真又有趣；这一块块没有风雨的天空，轻松而愉快。在心灵对话本里，学生们畅所欲言。当学生们遇到烦恼时，喜欢向我倾诉，寻求我的帮助。而我的建议与宽慰会像"强心剂"，使他们消除顾虑，全身心投入于学习之中。一句句"老师，我不会令您失望，我一定会继续努力""老师，您不用再为我担心了，我一定会努力改正缺点的"则是对我工作的最大肯定。

当我在工作上出现失误时，学生们会一针见血地指出来。他们的监督使我更加严谨地进行教育教学工作，容不得半点马虎，从而也促进了良好班风的形成。特别令我感动的是，在心灵对话本里，学生们学会了体贴、关心身边的人。孩子们看到我每天这么忙，也好心疼。不少同学在心灵对话本里写道："李老师，您就像我们的妈妈一样爱我们。您那么关心我们的身体，我们也很爱您，可是，您一定要保重身体，不要太劳累了。"学生们质朴的话语像一阵春风温暖了我的心，就算再累，我也要坚持下去，因为有一群爱我的学生在督促着我。

人心与人心之间，像高山与高山之间一样，你对着对方心灵的大山呼唤"我尊重你……"，对方心灵的高山就会传来回音"我尊重你……"；你喊"我理解你……",对方的回音也会是"我理解你……"。在心灵对话本里,语言以其独特的魅力吸引学生,感染学生,沟通师生感情,融洽师生关系,使师生的心灵与情感都得到升华。

3.蕴涵关爱

家长与孩子之间有天然血统的亲密情感,这种亲密性决定了父母在孩子心目中的神圣地位,具有无与伦比的榜样作用。因而,父母的言谈举止、生活方式等都有意无意、潜移默化地影响着孩子的道德观念、行为准则和习惯养成。可是,由于生活节奏的加快与工作任务的繁忙,不少家长都忽略了与子女的交流及与老师的沟通。心灵对话本就像一座桥梁,使老师、学生与家长三方紧密联系,构成了一个坚固的三维立体,帮助孩子顺利成长。

尤其是家长的话语能成为孩子前进的动力,推动他们朝着更高的目标迈进。如:看了你在学校的表现,妈妈真是很欣慰,希望你继续发扬优点,更上一层楼。另外,如果你做事能再利索点,那就更好了。此外,家长善解人意的话语也会增加教师的信心,提高教育教学质量。比如,仲果的母亲非常重视孩子的教育,她在心灵对话本里写道:心灵对话本真好,它使家长知道孩子在校的表现。作为家长,我们都希望知道自己孩子优秀的一面,但我更想了解孩子在学校的缺点与不足,以便及时发现并与老师配合对孩子进行管理及教育。在这之前,我们都是通过孩子的学习成绩大致了解他的学习情况,其实,除了学习,家长还想了解孩子其他方面的情况,使家长更能及时、有针对性地对孩子进行教育,希望他全面发展,身心健康。每当在工作上遇到烦恼的时候,我就会常常想起家长的话语,它使我充满斗志,信心百倍地投入工作中去。

现代教育更多的应当是爱心和情感的教育。学生的心敏感脆弱,需要教师用真诚、热爱、赏识去唤醒、呵护。高尔基说过:"谁不爱孩子,孩子就不爱他。只有爱孩子的人,才能教育孩子。"教师尊重学生,学生就会尊重教师。教师了解学生,学生也就会了解教师;教师蹲下身来向学生学习,学生就会加倍努力向教师学习。寄语是心灵的录音带,它可以传递心声,保存心声,什么时候想"听",便将它找出来,打开。此时,一颗赤诚的心会在眼前跳动,催人奋进。而教师与学生这种感情的共鸣、行为的互促,将使学生和教师一同竭尽全力,在道德生命的成长之路上携手共进。

从学生角度说，师生沟通中《学生喜欢"好说话"的班主任》，这是江苏徐州经济开发区大庙镇中小学孙鹏忠老师的案例。

学生总会有犯错误的时候，作为教师，特别是班主任，该如何对待犯错误的学生？孔子教育弟子"过则勿惮改"，有过则改即为善，"过而不改是为过矣"。学生是愿意接受老师正确批评的，所不能接受的往往是老师批评的方法。鉴于此，我认为，学生是喜欢好说话的班主任的。老师应该"好说话"，给予犯错误学生四种权利。

1. 给予学生诉说权——说明错误经过的权利

绝大多数学生犯错误都不是有意为之，有的学生虽然犯了错误，但可能已尽了最大的努力来降低错误的程度，仅此一点就该肯定。假如老师只看到错误的结果，而不了解事情发生的过程，就不分青红皂白，任自己宣泄情绪，不给学生说话的权利，若学生诉说一下"苦衷"，便斥责学生强词夺理，态度不好，不服管教等，这种简单粗暴的做法往往会造成学生的抵触情绪，加大工作的难度。

给学生诉说权，作用至少有三：教师在倾听学生诉说中明白真相，便于找到教育的切入点，此其一；其二，学生在诉说中表现沮丧或害怕或不在乎等情绪，老师应准确判断这种心态，以便对症下药；其三，学生叙述错误的过程，本身就是认识、承认错误的开始，有时也是良心发现的具体表现。这样教育的效果应该是更有效的。教师对犯错误学生的教育，不能仅仅停留在告诉他或启发他知道错在哪里这个层次上，教育的最高层次应是唤醒他知错的良知和改错的行为。给学生诉说权，是达到"唤醒"这一层次的必要条件。

2. 给予学生商讨权——提出恰当要求的权利

教师不能因为抓住了学生的"小辫子"就得理不饶人。学生有错，在正常情况下往往不敢与老师"讨价还价"，只是被动地接受批评，这时，如果老师能俯下身子征求一下学生的意见，就已经让学生感到惊讶了，若能够满足学生提出的恰当要求，打消他们的种种顾虑，学生必定感激老师给了面子——错，岂有不改之理！

学生与老师商讨处理的办法，有时甚至是哀求，说明学生有自尊心，有改过的愿望，老师应该抓住这个教育的契机满足他们提出的类似"保密"的要求(如偷窃、早恋等敏感话题)，不让他们在家长面前不好交代、在同学面前丢面子。而后，老师还要耐心疏导，单独启发教育，其效果应该很明显；否则，如果老师在气愤之下采取过激的处理办法，不给学生台阶下，学生势必会产生压抑情绪或干脆一不做二不休，"破罐子破摔"，教育的效果可想而知。即使是有些问题确实不能完全满足学生的要求，也可通过商讨的方法寻求学生能够接受的解决问题的最佳途径。

给学生商讨权，对于维护学生的尊严，提升学生对老师的信任，改善师生关系，更好地让学生改错，作用十分显著。

3. 给予学生弥补权——弥补过失的机会

学生犯了错误，最好让其"将功补过"。这样不至于让其放纵或内疚下去。如有学生买饭插队被值勤人员抓住，可让其协助维持纪律，这样，既让其他学生知道该生违纪了，又让该生在维持纪律的过程中增强责任感，对自己过错的认识更加深刻，改错的主动性会更为显见。

魏书生老师让犯错学生唱歌或做好事，根据错误情节的轻重而采取不同的方法。如某生迟到，本不是多大的"过"，可以让他选取合适的时间为大家唱歌，这样既活跃了气氛，给大家带来了快乐，又让学生知道有错必究。

如情节稍重些，可让其打扫教室、洗洗窗帘等。这样犯错学生乐于接受，又为集体做了事，何乐而不为？

4. 给予学生反省权——一定时间冷静思考的权利

不要希望犯错学生能一下子改掉缺点错误，要给他们台阶，一步一步地让他们下来，使他们的心理状态有个调整的过程。因为有时犯错学生一时还没有走出刚发生纠纷的圈子，情绪仍不能平静下来，如果老师此时处理过于急躁，劈头盖脸将其训斥一通，只会将事情办糟。

给学生反省权，让学生走出暴躁冲动，老师或感化或启发，让其获得足够的尊重，摆脱情绪的左右，冷静理智地思考，自我解悟，自我反省，并心悦诚服地接受批评，进而认错改错。

给予犯错学生此四种权利，做一个他们心中"好说话"的班主任，相信他们会为此而改变。

从教师的角度说,师生沟通是否畅通,教师是关键。因此《班主任要会说话,把话说好》,看看江苏常州第五中学万秋萍老师是怎么说的吧!

常言说:话多不如话少,话少不如话好。夸美纽斯说过:"教师的嘴是一个源泉,从那里可以产生知识的溪流。"教师语言能力的强弱"很大程度上决定着学生脑力劳动效率",班主任与学生之间的交流十分频繁。同样的一句话,一个意思,不同的说话方式会产生截然不同的效果。班主任有必要掌握说话的语言艺术,并不断锤炼、提高自己的语言技巧。

1. 用感召的语言点燃激情

班主任是以"磨嘴皮"作为重要工作方式,然而中学生的自我意识比较强,他们对于来自家庭、社会、学校的说教容易产生"听觉疲劳"。因此班主任在与学生说话时应针对所讲的内容,对所运用的语言仔细推敲,反复提炼。

(1)号召时要具有鼓动性,让学生听了精神振奋,干劲倍增。当代的中学生虽说是被家庭社会宠坏的一代,但他们和任何时代的青年一样,对外面的世界充满好奇,有强烈的求知欲和实现自我价值的意识。他们充满激情,活力四射。因此,如果说他们是一列正欲前进的火车头的话,那么班主任的舌尖便是点火器,充满激情的号召和振奋人心的鼓动便能激发他们火一般的热情。

以下是我与2003年高一新生的首次谈话:同学们,从你们一双双清澈明亮的眼睛中,我能读懂你们对未知世界强烈的探索欲望和实现自我人生价值的强烈意识。年轻是我们的财富,但我们不能用我们的青春去赌明天,而应用青春、汗水、智慧谱写我们人生精彩壮观的乐章。让我们做那搏击惊涛骇浪而不沉沦的勇士,不要做在风平浪静中也会溺水的懦夫。我相信我们在座的每位同学都会将自己潜藏的能量像火山一样爆发出来,来实现自己的人生价值。现在让我们挺起胸膛、昂起头,一起大声说:我能行,我最棒!

在学生的大声呐喊中我似乎听到学生隐藏着的激情在流动。首次谈话是否具有鼓动性和号召力,很大程度上影响着新班级今后的精神面貌,影响着班主任在学生心目中的形象——班主任积极向上的精神面貌会时时刻刻给学生一种积极的心理暗示。

(2)抒情时要具有感化力,让学生听了产生共鸣,释放情感。学生从小到大,从家庭到学校听惯了单调无味的说教,慢慢产生了"听觉疲劳"。有些学生甚至产生了一种与他们年龄不相称的冷漠,被爱包围却出现爱的饥荒。然而这些只不过是他们表面的一种幼稚的逆反和偏执,在他们的内心深处仍然隐藏着丰富的情感和一颗未泯的爱心。而这时,作为学校教育工作的主要执行者的班主任,在用自己的行动让他们明白什么是爱怎样去爱的同时,经常用诗化的抒情的语言对他们进行爱的教育,对他们产生情感上的共鸣、释放情感、洗涤灵魂有着不可估量的作用。

我利用3月8日妇女节这一特殊的日子进行了一次"母亲,我拿什么献给你"的主题班会活动。在班会上我给学生诵读了《读者》中的一篇文章:文中年轻母亲撕心裂肺的丧子之痛,加上我的真情演绎使全班陷入一片沉寂,只听到学生的抽泣之声,甚至男生也在偷偷拭泪。我最后总结发言:同学们,文中的母爱震撼了我们原本以为早已坚硬的心。母爱是这世界上最伟大的爱,它离我们遥远吗?不,我们无时无刻地在母爱中沐浴着。然而我们又有多少人能像此时此刻一样为我们自己的母亲给我们的爱而感动呢?相反我们有些同学对妈妈的爱置若罔闻,更有甚者把这种爱当成一种束缚,对妈妈呼来喝去,不知尊敬。你知道妈妈又多了几缕白发?你知道妈妈又添了几道皱纹?我们可曾问过自己这白发和皱纹之中包含了妈妈对我们的多少爱?爱自己的母亲吧!尽力去实现母亲寄托在我们身上的希望是献给母亲最好的礼物,是对母亲最好的回报。

娓娓道来的一席话把学生从感受文章中的母爱引入了"母亲,我拿什么献给你"的沉思中。学生在周记中写道:老师你在班会上诵读的文章及你那看似轻声慢语的一席话如当头棒喝般震撼了我们麻木的神经,唤醒了我们的心灵,让我们意识到了自己的无知和幼稚。谢谢!

(3)讲理时要具有说服力,让学生低头沉思,心服口服。中学生已经有了较强的自我意识,如果班主任一味采取居高临下、强制打压、上纲上线的语言表达方式,非但起不到教育的作用,反而引起学生的逆反对抗心理,影响班主任在学生心里的地位,影响班级管理工作的顺利开展。因此在这种情况下班主任应当言之有序,言之有理,言之有据。切忌东拉西扯,语无伦次,不得要领,甚至带着轻蔑的语气。亦不可新账旧账一起算,甚至情绪冲动说一些有伤学生自尊的话。

高三最后冲刺阶段的一节自习课已经上了十几分钟了,小施的座位上还是空的。我强忍了半天的怒火,终于忍耐不住直奔操场。楼梯上我们遇上了,我一言不发地盯着他,居然他也不甘示弱地看着我,一副有理的样子:我不过就是去打会儿篮球放松一下嘛。我马上读懂了他的眼神。"小施,最近提出的英语问题还很多吗,谢谢你没让我资源浪费哟。"我边说边把他引到了办公室,搬了张椅子,"请坐。"小施满脸狐疑地看着我。"你的颈椎最近还好吧,看书写作业后可要记得多抬头,放松一下颈椎(他有比较严重的颈椎病,他母亲早就关照我让他少打篮球)。我知道你酷爱篮球,也的确需要放松一下,但你的颈椎不允许你在这么仓促的时间做这么剧烈的运动,我很担心,如果这时出点儿什么差错的话,我怎么向你的父母交代啊(他很孝顺母亲,他母亲有脑瘤)。"本想和我辩驳一番的他低下了头。"再说在自习课时打篮球是在不适当的时间做了原本正确的事情。""老师,我错了,我保证以后不但不犯类似的错误,而且看到本班学生犯同样错误时我会去劝阻他们。"我拍了拍他的肩膀,"真好,我很高兴有你这样的学生。"最后我和他击掌以示赞赏鼓励,并笑着说:Nothing is impossible(他的座右铭)。后来他不但没犯同样的错误,而且在最后冲刺阶段,情绪高涨且稳定,在高考中取得了非常理想的成绩。

2. 用灵活的语言沉着应对

班主任的工作对象是学生,而学生是千差万别的,班主任在运用语言技巧时,应因地因时因事因人而异,决不能千篇一律,单调重复。

(1)针对不同的对象,选择不同的语言方式。个体与个体之间存在很大的差异,如性别、性格、心理承受能力的差异等。如果班主任在日常工作中不注意这些差异的存在而千篇一律用同样的语言表达方式,那么班主任的日常班级管理工作一定会处处碰壁,更谈不上教育效果了。

女生小王,曾因违反纪律而受到过学校的行政记过处分,从此以后小王郁郁寡欢,敏感易情绪化。男生小刘性情耿直,但口无遮拦。有次为小事两人发生争执,小刘情急之下,揭了小王的伤疤,小王含泪夺门而出。我了解了事情的原委后,决定先找小刘,用非常严肃的语气说:为人之道,岂能口无遮拦?揭人伤疤,实非君子所为。你平时里也忠厚耿直,明辨是非,可你这张嘴就是爱惹事。再说小王是女生,你堂堂七尺男儿,怎能胸怀狭小,即使小王有所不对,你一个大男生也应该承让三分啊。万一小王一时想不开,我看你怎能负得起这个责任。在我有理有据、一张一弛的剖析后,小刘承认错误,并主动提出要向小王道歉。在学校的休息室,我和哭得双眼红肿的小王促膝而谈,我为小王擦去委屈的眼泪,将去搭在脸上的刘海儿,抚摸着她那双冰冷而略微颤抖的手,开始了我和风细雨的劝慰。这一系列的体态语言似乎比任何过头语言更加有效,使她找到了一种安慰、一种安全感。

(2)针对不同的事件,选择不同的语言方式。班主任的工作内容是多方面的,上课时,语言严谨简练有逻辑性和启发性;班会课上,语言有感召力、鼓动性;课下与学生交谈时,语言有亲切感;学生犯了性质严重的错误时,语言有震慑力。

小周是一位音乐专长的女生,动不动就会歇斯底里发脾气,过后却又风平浪静,弃之脑后。有次因她犯错,我把她母亲请到了学校。在办公室,她居然不服她母亲的说教,开始了她一贯的歇斯底里的发作。她母亲眼泪汪汪,束手无策。见势我突然起身猛拍桌子,大声怒喝道:你想干什么?这声怒喝把她震住了,随即便蜷缩在地,号啕大哭。哭,是一种不良情绪的宣泄。等她哭过后,我拉了张椅子让她坐下,递过面巾纸,然后开始了我入情入理的教育。

(3)针对不同的时间、地点,选择不同的语言方式。谈话的时间、地点,对谈话的效果影响是很大的。一般说来,能不当全班批评,就不当全班批评,找一个僻静的地方推心置腹地谈;能不在办公室批评,就不在办公室批评,在操场一角或花园长椅静静地谈;能不口头批评的,就不口头批评,一张纸条、一个眼神、一个动作更能奏效。

小薛在省美术专业考试中取得了非常优异的成绩,正当他信心百倍地向终点冲刺的时候,有天他神情忧郁地找到了我。我把他带到了操场,原来是遇到了所谓的情感问题。五月的清晨,清风徐来,万物生机盎然。我借景抒情,喻理于景,慢慢打开了他的心结。操场空间开阔,人放眼远处,心胸顿宽,比在空间狭隘有压抑感的办公室效果更佳。

3. 用激励的语言指明方向

心灵的成长需要很多东西来滋养——一个赞许的眼神,一次肯定的点头或一句鼓励的话语等。值得一提的是,运用文学语言进行描述性的表扬会使学生回味无穷,并备受鼓舞,甚至会留下长久牢固的记忆而影响一生。我经常用周记本、作业本、书信、纸条、学期评语甚至手机短信来进行文学性的文字沟通,给学生带来全新的感触。因为文字沟通不像口头语言那样,有时显得突兀、不自然,它更容易被趋于理性化的高中学生接受。"……每次看到你像忙于采集的小蜜蜂一样埋头苦干的时候,老师就会想起自己的学生时代,你和那时候的我有太多的相似之处。你文静、优雅、善良,你那幽幽兰花般的外表却掩不住你那坚忍不拔的意志。"这是我写在一位女学生作业本上的话,三年之后,她进入了理想的大学。她母亲打电话告诉我:孩子把这段话贴在了床头,三年来她从入学时的四十多名不断进步,一直稳定在班级前十名左右并进入理想的大学,这和老师赏识、鼓励的话是分不开的。

4. 用民主的语言树立威信

班主任在学生心目中应逐渐树立威信,这威信不是居高临下、强买强卖的方式能树立起来的,而需要班主任用精湛的语言艺术把自己的知识和人格魅力恰到好处地表现出来。班主任应用民主性的语言表达方式来维护自己在学生心目中的地位。如请学生做事时,"某同学,请你帮我……好吗",指出学生的无心之错时,"我可以给你提个建议吗",再如与学生讲话时多用"我们",少用"你们"。班主任在工作中不可避免会失误,这时班主任就应该放下架子,主动向学生承认错误。可以当着全班口头道歉并鞠躬以示诚意,也可以书信的形式向当事的学生主动认错。以我的亲身体验,班主任给学生主动道歉认错,不仅不会降低在学生中的威信,相反能得到学生的肯定而进一步提高威信。

我们只有不断提炼自己的语言技巧,将自己内在的知识、理想、道德价值外化为语言作用于学生,才能使学生领会并受到深刻感染。

(六)关注细节

曾经读过一首名为《钉子》的小诗:丢失了一个钉子,坏了一只蹄铁;坏了一只蹄铁,折了一匹战马;折了一匹战马,伤了一位骑士;伤了一位骑士,输了一场战斗;输了一场战斗,亡了一个国家。

这首小诗还是蛮有哲理的,这种哲理同样适用于我们的教育。

成功的教育往往是从教会孩子做好每件小事开始的,而不单是告诉他们一些大道理。如果把人生比作一个金字塔,构成金字塔塔基的,恰恰是他们所做的每件小事及做事的细节。

生活,是由一个又一个细节串联而成的,教育同样如此。都说一滴水能折射出太阳的光芒。教育中的每一个细节,都会因为它的自在性、自然性和真实性,而透析出教师特别是班主任行为背后内隐但却自觉的教育思考、教育智慧和教育观念。有时是一个稍纵即逝的眼神;有时是不自觉的一番话语;有时是一次发自内心的微笑;有时是一次教育突发事件后的应景式反应;有时又是师生对话、互动中的灵光一现……但只要细细品味,你都会有所发现,有所领悟。

是的,课堂上的教师应该用"心"去看、去听,看出别样的表情,听出不和谐声音中的心情。教师与学生就应该这样"心心相印"。

因为作为教师,我们不能忽视课堂及班主任工作中的"细节"。

著名教育学家马卡连科曾经说过:教育孩子,首先要对孩子提出尽可能高的要求,对孩子要表现出尽可能出自内心的尊重。"孩子智力开发与艺术素质从小培养固然重要,但生活习惯的教养也绝不能忽视,且教育必须从细节开始。"教育过程中有许多有待发掘的细节,学生的一句话,一个表情,一个手势,一次低头,甚至是一件饰品,都有可能成为让我们为之一振的精彩细节。只要我们敏锐地抓住它,深入地挖掘它,就可能找到教育的突破口,甚至可能形成一股强劲的教育旋风,让学生的心海泛起波澜。

细节,让教育真实;细节,让教育生辉,让我们的教育关注细节。

一次校庆,同学们聚在一起,回顾起中学时的校园生活,讨论起哪位老师让你难忘?七嘴八舌说了许多,那师之爱生,弟子必恭的情怀溢于言表。

有说英俊潇洒的,有说幽默风趣的,有说认真、严格的,还有说知识渊博无所不知的……

但也有同学却认为这些特点不算什么,从大的范围看也很普遍。就算有印象,也只是一般的感觉。正当双方为此各抒己见时,使我记起了上初二那年,我入团了,班主任曹老师见了我伸出手对我说:'小杨,祝贺你!'当时我真的感动极了。当我的手与曹老师的手握在一起的时候,一股暖流流过全身,这种感觉令我刻骨铭心!提起曹老师,还有一件事让我终生难忘。那次曹老师给我们班拍毕业照,轮到我时,她伸手轻轻地把我的分头捋得整齐些。三十多年了,我一直记着这个细节。至于其他的情景,却没多大印象了。这不能不让我为之触动:一个老师,能让学生一直珍藏的,不是讲了什么道理,也不是课上得多么精彩,而是课堂之外与教学无关的一个小小的"动作"。这的确值得思索!或许在曹老师的心里,她早就忘记了这件小事,甚至当时做它时,也可能只是无意间的一个平常举动而已,但对我们学生却是刻骨铭心。让我体会到了曹老师是关心我、在意我的,而且这种关心和在意看得见摸得着。我觉得她是个观察仔细、心思细腻的老师。不管她实际上是不是这样的人,我都会根深蒂固地认为,她能站在学生的角度,想学生之所想。她不只是为了教学,她重视的是学生这个人!

曹老师所做的,是一个触动心灵的动作,是一个人个性化的细节。

广东省东莞市厚街湖景中学江灿权老师的《教育始于细节》一文具体阐述了把握细节在教育中的作用。

一天,一位家长向我谈到他儿子回家叙说的一件事:昨天上课,该生和同桌先后被我提问,两人的回答都正确。我对他儿子的同桌说的是"请坐下",而对他儿子说的却是"坐下去"。他儿子当时感受到很委屈,觉得我偏心,再也无法平心静气地去听课了。

听完这位家长的叙述,当时,我不以为然,觉得只是小事,这位学生真是小心眼,纯属小题大做。后来,我仔细琢磨,可能我是说者无意,然而学生是听者有心。我的一句无意的用语却打破了一个学生内心的平衡,挫伤了一个学生可贵的自尊。

在日常教育过程中,我们的老师,特别是班主任,你的一个动作,一种眼神,一句话语都会在学生心里产生意想不到的影响,但很少有人去注意这些小事细节,更不用说去注意由这些小事细节而造成的失误与伤害。所以我应该感谢这位学生的小题大做,这位家长的真诚告白。

小事为小,细节为细,就因为它不至于引起我们太多的注意,因此我们也许并不在意,但在这些小事、细节上的粗枝大叶对学生所产生的影响,造成的伤害,却不容忽视,该引起我们的关注与思考。

一位教师在教育学生要注意清洁卫生时,随手指了坐在前排的一位学生说:"大家看,某某同学的耳朵有多脏啊!"在全班同学的注视下,这位学生羞愧得无地自容。此后,每次上课,他都觉得老师和同学正注视他的耳朵,精力总是集中不起来,学习成绩日渐落后。老师早已忘了批评他的耳朵不干净的事,更没想到这样一句在成人看来并无多少恶意的话,却无意中给这位同学一个不小的伤害。

一个蔑视的眼神可以让一个学生自信心的天平从此失去平衡,而一个鼓励的眼神却可以在他的心里燃起希望的火花。因为教师的工作决定了教师言行的特殊性,因为"天地间再没有什么东西,能比孩子的眼睛更加精细、更加敏锐、对于人生心理上各种微妙变化更富于敏感的了,再没有任何人像孩子的眼睛那样能捕捉一切最细微的事物"(加里宁语)。

教育过程是一个知行统一、情意结合的过程,教育细节是教育过程中有待开发的教育资源。学生的一句话,一个表情,一个手势都有可能成为让我们为之一振的教育细节;教师的一声问候,一个动作,一次表扬也有可能演绎精彩的教育。只要我们敏锐地抓住它,深入地挖掘它,就可能找到教育的突破口,甚至可能形成一股强劲的教育旋风,让学生的心海卷起波澜。

对教育过程中细节的处理是一门科学,也是一门艺术。精心打造教育细节,依赖于对文本、学生、环境的深入把握和对各种资源的有效利用。细节是可以预设的,是预设中的生成与生成中的预设的和谐统一。教师用浪漫的情怀去预设适宜的教学情境,便于精彩生成。在教与学、师与生、生与生的良性互动中,教师要敏锐发现、善于捕捉有价值的细节,抓住教育时机,深入挖掘,寓教育于无痕。珍视细节教育,教师要永远对教育主体充满真切关注和终极关怀,要让细节教育回归"生命关怀"的教育本质,有效触动学生心灵,让灵动的智慧和人文的光辉盈溢在课堂内外。这样,我们就能在细节处见精神、显功夫,就能在打造细节的同时成就人生,成就完美。让我们的教育焕发出生命的活力,有效促进每一位学生的发展,这需要我们从关注细节开始。注意教育细节,绝不是要我们患得患失,刻意求之。只要我们清醒地认识自己所从事工作的特殊意义,我们就能做得更好。

教育细节是教育过程中有待开发的教育资源。智慧发掘细节、合理利用资源将彰显教育的魅力，体现教育的本真，在无声无痕的细节关注中让教育的智慧、教育的真爱为实现真正的教育而散发迷人的光彩。细节无声，无痕，无语，教育却有慧，有情，有爱。教师唯有具备一颗慧心，拥有一片真情，付出一份真爱，才能发现一个个细节中蕴含的教育真谛，让教育演绎出迷人的精彩。

参考文献

(1)浙江日报编辑部.学人谈治学[M].杭州:浙江文艺出版社,1983.

(2)茅以升.学习研究十六字诀[M].杭州:浙江文艺出版社,1983.

(3)杨连山.构建班主任专业化的长效机制[J].天津教育,2010(8).

(4)肖正德.促进生态取向教师学习方式的变革[N].中国教育报 2010 - 5 - 14.

(5)郭子其.读书——教师专业成长的必由之路[J].中小学教师培训,2012(8).

(6)杨连山.班集体活动创新论[M].北京:中国教育出版社,2005.

(7)杨连山.班主任必备的 300 个精彩教育故事品读[M].天津:天津教育出版社,2014.

(8)韩晓华.做好小学生综合素质评价 促进学生全面发展[N].中国教育报,2008 - 8 - 3.

(9)杨连山.即时性评语的特点与功能[J].天津教育,2000(10).

(10)杨连山.专业性岗位与班主任专业化[M].天津:天津教育出版社,2008.

(11)王宝祥,余风冈(杨连山执行主编).教师职业道德的建构与修养[M].北京:中国和平出版社,2000.

(12)杨连山.班主任要坚持自主专业发展[J].班主任,2007(2).

(13)杨连山.班主任专业化成长策略[M].重庆:西南师范大学出版社,2013.